广东省特殊儿童发展与教育重点实验室（岭南师范学院）资助
湛江市中小学教育科学“十三五”规划课题（2019ZJYB116）资助

特殊儿童心理辅导

理论与实务

主　编 / 郑荣双
副主编 / 张俊杰
参　编 / 林宛儒　谭玉婷　陈奕妙　申紫薇　薛　颖

中国人民大学出版社
· 北京 ·

图书在版编目(CIP)数据

特殊儿童心理辅导：理论与实务 / 郑荣双主编. --北京：中国人民大学出版社，2020.7
ISBN 978-7-300-28292-3

Ⅰ.①特… Ⅱ.①郑… Ⅲ.①特殊教育－儿童心理学 Ⅳ.①G76②B844.1

中国版本图书馆CIP数据核字（2020）第111178号

特殊儿童心理辅导：理论与实务
主　编　郑荣双
副主编　张俊杰
参　编　林宛儒　谭玉婷　陈奕妙　申紫薇　薛　颖
Teshu Ertong Xinli Fudao：Lilun yu Shiwu

出版发行	中国人民大学出版社		
社　　址	北京中关村大街31号	邮政编码	100080
电　　话	010-62511242（总编室）		010-62511770（质管部）
	010-82501766（邮购部）		010-62514148（门市部）
	010-62515195（发行公司）		010-62515275（盗版举报）
网　　址	http://www.crup.com.cn		
经　　销	新华书店		
印　　刷	运河（唐山）印务有限公司		
规　　格	185mm×260mm　16开本	版　　次	2020年7月第1版
印　　张	12	印　　次	2024年9月第2次印刷
字　　数	246 000	定　　价	35.00元

前 言

特殊儿童由于身心方面的特殊性，相较正常发展儿童而言，在生活和成长过程中面临着更多的适应性问题以及心理困惑和行为障碍。他们的心理极为敏感和脆弱，更为经常地感受到无奈、挫折和失败，甚至出现严重的精神疾病，加重了本身所具有的障碍的严重程度，给他们接受教育和康复造成了更大的困难。特殊儿童障碍的症状很多是通过身心异常表现出来的。因此，心理辅导不但可以减轻其精神方面的症状，使其更好地适应环境，同时还能够提升他们的教育和康复效果。

本书共有五章。第一章为特殊儿童心理辅导概论，主要阐述了心理健康的影响因素、特殊儿童心理辅导的意义等；第二章为特殊儿童心理评估与测量，介绍了心理评估的方法、类型和过程以及特殊儿童心理评估中常用的测验；第三章为心理辅导与治疗的主要流派和方法，阐释了人本主义和行为主义等辅导方法的理论基础和技术；第四章为特殊儿童心理辅导与治疗的基本方法，比较详细地介绍了支持性心理治疗、艺术辅导与治疗和游戏辅导与治疗等；第五章为特殊儿童常见的心理行为问题及辅导，论述了特殊儿童行为障碍的概念及分类，探讨了情绪与人际交往障碍、暴发性行为等形成的原因以及应对方法。

本书的主编是郑荣双，副主编是张俊杰，主要负责大纲、样章的拟定以及统稿。具体编写分工为：第一章由林宛儒编写，第二章由谭玉婷和陈奕妙编写，第三章由张俊杰编写，第四章由申紫薇编写，第五章由薛颖编写。

由于各种原因，本书可能存在一些错漏，望各位读者不吝赐教，以期今后进一步改进。

目　录

第一章　特殊儿童心理辅导概论

知识目标

- 掌握心理健康的定义和影响因素。
- 了解心理辅导的定义和方法。
- 探讨特殊儿童心理辅导的重要性。
- 掌握特殊儿童心理辅导的任务、内容和方法。

技能目标

- 能够根据评定标准对个体的心理健康水平做出判断。
- 能够使用心理辅导的方法帮助特殊儿童改善心理健康状况。

第一节　心理健康的界定及标准

1984年世界卫生组织指出，“健康不仅仅是没有疾病或不虚弱的状态，还应该是躯体上、精神上和社会上的完全状态”。健康是一个人生存和发展的基础，只有在生理健康和心理健康的基础上，个体才能完成身心发展和社会性发展。一个拥有健康心理的人往往拥有良好的适应能力，能认识并发展自身的潜能，正确全面地评价自己等。而心理健康水平较低的人往往在生存与发展的过程中出现较多的问题，甚至是障碍缺陷。

一、心理健康的定义

对于心理健康的定义，研究重点不同的心理学家观点不同，例如荣格认为意识能够指导潜意识是理想的心理健康状态；弗洛姆认为心理健康是社会文化对个体的影响程度；奥尔波特认为心理健康是能够摆脱过去的不良情绪，且能够被当前或未来的紧张和期待所影响。李蔚在总结了各大流派心理学家对心理健康的观点之后提出的定义为："心理健康不是消极地维持正常状态，治疗、矫正和预防心理疾病或心理障碍的一门学科，而是有意识控制自己，正确了解自己，立足于现在，朝向未来，渴望在生活中的挑战和新的奋斗目标，从而推动自我成长的最佳心理状态。"[①]有学者从健康的角度出发将心理健康定义为："心理健康不仅是为了消极地保持心理的正常状态，治疗和预防心理疾病的学科；而且是一门研究如何增进心理良好状态的方法，以及如何实现有效方法的学问。"但心理健康的内涵不应只是如此，有学者提出相对更全面的定义，认为心理健康是一种持续的心理状态。在这种状态之下，个体具有生命活力、内心的积极体验、良好的社会适应能力，能够主动发挥个人的身心潜力与积极社会功能[②]。

俞国良给出更详细的定义："心理健康是一种生活适应良好的状态。心理健康包括两层含义：一层是无心理疾病，这是心理健康的最基本条件，心理疾病包括各种心理与行为异常的情形；二层是具有一种积极发展的心理状态，即能够维持自己的心理健康，主动减少问题行为和解决心理困扰[③]。"

可见，心理健康不仅是一个人健康无疾病，还应该是积极应对生存与发展，有活跃的生命动力，且不断发展以维持协调的状态。当个体的心理处于不平衡、不和谐的状态时，容易出现心理问题，比如抑郁、焦虑、自卑、自闭等。

二、心理健康的影响因素

一个人的成长必然受很多因素的影响，个体的生理因素、心理因素和环境因素是三大重要因素[④⑤]，其中包含的各个大小变量在以直接或间接的方式影响着个体的心理发展。

（一）生理因素

1. 遗传基因

由父母遗传给个体的基因直接影响着个体的身心发展状况，研究发现，精神分裂、多动症和癔症等问题与遗传基因有着相关关系。同时，个体的心理发展、气质类型和智力水平均受基因和环境的影响，而环境又决定了特定基因的表达方式。

2. 产前发展

从受精卵形成开始，到胚胎期，再到胎儿期，生命的发展均与母体的发展有着密

① 李蔚 . 心理健康的定义和特点［J］. 教育研究，2003（10）：69-75.
② 刘华山 . 心理健康概念与标准的再认识［J］. 心理科学，2001，24（4）：481.
③ 俞国良 . 现代心理健康教育［M］. 北京：人民教育出版社，2007.
④ 高平 . 影响中小学生心理健康的因素分析［J］. 天津师范大学学报（社科版），2002（2）：77-81.
⑤ 罗伯特 · 费尔德曼 . 发展心理学：人的毕生发展［M］. 北京：世界图书出版公司，2013.

切的关系。母亲的饮食营养是否充足会影响胎儿的发育，尤其是胎儿的智商；母亲的年龄、身体健康状况和药物与酒精的使用都直接影响胎儿的身体健康，直接或间接影响胎儿的心理健康；母亲感受到的社会支持和情绪状态更直接地影响着胎儿的心理发展。例如一位拥有良好家庭支持的母亲在怀孕期间受到足够的关爱和尊重，她的孕期焦虑能够在关爱中得到缓解，所以在怀孕的过程中较少产生消极情绪，对孩子的出生有较为积极的期待，母体的情绪又直接或间接地影响了胎儿的情绪，从而影响孩子的身心健康发展。

3. 躯体疾病

某些传染性疾病容易影响人的脑神经组织，不仅影响了个体的身体健康，也可能通过直接影响脑组织的方式或间接影响个体的情绪和认知的方式引发某些心理疾病。长期患有生理疾病的个体常常表现出较为消极的生活态度，容易出现抑郁情绪或是社交退缩行为。

4. 内分泌失调

内分泌激素调节着个体的身心发展，例如甲状腺素分泌不足容易导致智力发育迟滞、记忆力衰退、言语迟缓等心理问题。因此，甲状腺素、肾上腺素、性腺素、脑垂体等内分泌激素分泌不均衡容易影响心理健康。

（二）心理因素

1. 需要满足程度

人本主义心理学家认为：需要是一个人生存和发展的动力，每个人的活动都是为了满足自己的生理或社会需求。合理的需要得到适当的满足，是个体发展的最佳状态。生理需要的满足是个体生存和发展的基础性条件，安全、爱与归属等高层次需要的满足是个体心理健康发展的必要条件。如果个体的合理需要得不到充分满足，个体容易出现异常行为、性格缺陷、认知偏差、情绪失调等心理问题。例如，如果一个人的爱与归属需要得不到充分满足，则可能出现社交障碍，对社交信息的认知出现偏差，存在冷漠、敌对的社交态度，甚至可能形成自卑、孤僻、敌对等性格特点，影响其社会性发展。

2. 心理冲突

心理发展过程中必然产生心理冲突，心理冲突的发生与解决是心理发展的动力。中小学生的心理冲突主要有四个方面：认知冲突、情感冲突、知情冲突和动机冲突。如果当事人没有足够的能力协调和解决当下的心理冲突，则容易产生心理困扰，甚至导致心理障碍和心理问题。例如当个体存在动机冲突的时候，需要做出选择，而选择必然是有利有弊，因此个体会表现出双驱冲突、双避冲突、趋避冲突以及双重趋避冲突四种形式。

3. 人格特征

每个人拥有自己独特的气质和性格，个性差异是个体差异性的重要体现。人格特征与心理健康之间关系紧密，例如性格内向的中学生对事情的感知比较敏感，情绪容易波动，因此较容易产生抑郁、焦虑等心理问题①。再如，个体的气质类型对心理健康起到一定的预测作用，多血质气质类型群体心理健康水平相对较高②，气质性乐观和青少年心理健康紧密相关③。

4. 挫折与意志力

生活不可避免地给人们带来某些压力感和挫折感，使人感到紧张和焦虑。应激反应往往伴随着压力出现，当人们感受到压力的时候，也会产生紧张、焦虑的体验，表现出心跳加快、血压升高、反应灵敏等特点。适当的挫折和压力能够推动个体的心理发展，增强个体的承受能力，充分发挥意志力的作用，承受挫折。但是当压力和挫折超过个体的承受范围的时候，个体容易产生心理状态不平衡，出现心理障碍或心理问题。

（三）环境因素

1. 家庭环境

父母的受教育程度直接影响了父母的教育观念，错误的教育方式会对个体的心理健康造成负面的影响，受教育程度较高的父母能够接触到更多科学的教育方式，对教学方式的科学性和可行性有着更高的鉴别能力。高学历的父母对子女的期望较高，他们在特殊儿童教育问题上主动寻求专业帮助的意识更强，搜集资料的能力更强，应对方式也相对积极。

父母教养方式的差异对个体的心理健康发展影响显著。教养方式与个体的抑郁症状、人格品行、注意力等心理问题关系密切，尤其是拒绝、放纵、控制、惩罚等消极教养方式对个体的心理健康发展会造成负面影响。例如父母过度保护、干涉轻度智力障碍儿童会使其产生过敏、恐怖和躯体症状，而父母的拒绝则会使轻度智力障碍儿童产生独孤感④。孩子是父母的镜子，父母的榜样作用影响儿童的心理和行为发展。例如在暴力家庭中成长的儿童相对容易习得暴力行为，呈现暴力行为的概率更高⑤。

另外，家庭经济社会地位和家庭成员之间的关系都能够影响个体的心理健康发展。经济地位高的家庭一般拥有更多的社会支持，而社会支持和家庭经济地位又以直接或间接的方式影响亲子关系。亲子关系不良会对个体的心理健康造成消极影响，父母关系冲突也会给个体的成长带来心理创伤，使得个体对社会信息倾向消极解释，不容易与他人建立信任、和睦的人际关系。家庭结构完整与否影响着儿童心理健康发展，离

---

① 郭慧萍．中学生人格特征与心理健康的研究［D］．晋中：山西医科大学，2010.

② 刘连龙．大学生心理健康状况与其气质类型的关系［J］．高等理科教育，2005（6）：129-133.

③ 周宗奎，刘丽中，田媛，等．青少年气质性乐观与心理健康的元分析［J］．心理与行为研究，2015，13（5）：655-663.

④ 江琴娣．轻度智力落后学生心理健康水平与父母教养方式的关系［J］．中国特殊教育，2004（7）.

⑤ 陈郑之．家庭暴力中目睹儿童代际传递的研究现状综述［J］．社会工作与管理，2018（2）.

异家庭的孩子心理健康水平相对较低。

2. 学校环境

学生的学业负担过重、压力过大容易使学生出现部分心理问题与障碍，学生在面对考试焦虑、紧张的时候容易出现头痛、呕吐、失眠等生理反应。因此学校应该密切关注学生的学业压力，通过校园心理活动或心理健康课为学生传递更多的心理健康知识，例如纾解考试压力的方法。

同时学生在学校的人际关系也是影响个体心理健康发展的重要因素，同学关系和师生关系是中小学生最重要的人际关系，良好的师生关系和同学关系能够使学生得到足够的尊重、信任和理解，为学生积极参与社交活动奠定基础。

教师的素质、榜样作用、教学方式等都在以直接或间接的方式影响学生的认知、情感和行为。例如，素质较低的教师可能出现一些偏激行为，不尊重学生，甚至羞辱学生，使学生产生不稳定的负面情绪，进而造成心理障碍和心理问题。

3. 社会因素

任何一个个体的成长都离不开当下政治、经济和文化相互作用、共同营造的时代大背景，社会经济、政治和文化影响着社会成员的认知方式、行为方式、情绪情感表达、生活态度等。例如改革开放之后，我国人民的世界观发生了巨大的变化，生活态度更加开放，但随着经济的发展，人们的生活也相对更加紧张和焦虑。同时，每个民族都有自己的社会风俗、信仰、习惯等意识形态方面的因素，这些因素潜移默化地影响着人们。例如，奉行集体主义的民族和奉行个人主义的民族对幸福、自尊、抑郁等概念的认识存在差异。

社会主流和大众传媒传播的文化和意识会带给我们正面、积极的信息，例如爱国、诚信、友善等正能量传递；也能给我们带来负面、消极的信息，例如网络的不当使用会影响青少年的心理健康发展，网络成瘾者的心理健康水平较低，更容易出现抑郁、焦虑、敌对、恐惧、人际交往困难等心理问题[1]。

三、心理健康标准及其依据

（一）心理健康标准

心理健康标准是根据心理健康的概念具体化而制定的衡量标准，心理健康标准的制定为我们了解自己或他人的心理健康水平提供了参照，便于我们更全面、更客观地看待自己或他人的心理状态或特征。衡量个体心理健康水平应从躯体疾病状况、人际交往能力、情绪识别加工能力、适应能力、发展潜能等多个维度进行。

奥尔波特认为心理健康应符合：（1）积极的自我成长；（2）客观地认识自我；

---

① 吴春华，张亮，谢守付，等. 初中生网络使用与心理健康状况关系的研究［J］. 中国健康心理学杂志，2010，18（2）：221-222.

（3）与他人建立人际关系；（4）学习生存的知识和技能；（5）具有同情心、情感上的安全性；（6）内在统一的人生观；（7）现实客观的自我形象。

林崇德认为，中小学心理健康的标准主要包括敬业、乐群、自我修养。心理健康具体体现在以下几个方面：（1）学习方面。体现为学习的主体性；学习中获得满足感；学习中增进体脑发展；在学习中保持和现实环境的接触；学习中排除不必要的恐惧；学习中形成良好习惯。（2）人际关系方面。了解彼此的权利和义务；能客观地了解他人；关心他人的需要；诚心赞美和善意批评；积极地沟通；保持自身人格的完整性。（3）自我方面的心理健康。善于正确地评价自我；通过别人来认识自己；及时正确地归因；扩展自己的生活经验；根据自身情况确立抱负水平；具有自制力。[①]

俞国良认为心理健康的标准主要有：（1）智力正常，心理健康个体智商应在 80 分以上；（2）人际关系和谐，心理健康个体能够与他人维持良好的人际关系，既能沉思独处，又能积极与人交往；（3）心理与行为符合年龄特征，心理与行为是毕生发展的，个体在任何一个年龄阶段都可以与常模群体的心理与行为表现做对比；（4）了解自我，悦纳自我，心理健康个体能够正确客观地定位自我，肯定并发挥自己的优势，接受自己的不足并努力进步；（5）面对和接受现实，心理健康个体能够积极面对现实、适应现实、改造现实，既能拥有足够的勇气应对生活的挑战，又能脚踏实地改造现实；（6）能协调与控制情绪，心境良好，心理健康的个体能够体验到喜乐等积极情绪和怒哀悲愁忧等消极情绪，但是以积极情绪为主导，能够控制自己的情绪，能够恰当地表达情绪；（7）人格完整独立，心理健康个体人格和谐稳定，心理与行为表现得当；（8）热爱生活，乐于工作，心理健康个体以积极的态度应对生活和工作，积极向上。[②]

也有学者从中国本土文化的角度解释心理健康标准：（1）知己知彼，心理健康个体对自我以及自我与自然、自我与他人以及自我与社会的关系有着清晰的认识；（2）反应适当，心理健康个体能够做出恰当的情感和行为反应，适应环境、情绪表达和控制得当；（3）真实和谐，脚踏实地，真实表达自我，与自然和谐发展。[③]

无论是参照哪种心理健康标准，我们应该避免依照个体单一、暂时的行为表现而做出定论。评定个体的心理健康水平应从躯体疾病与智商水平、人际交往与社会适应、客观认识自我和现实、完善的人格和积极应对生活的态度，以及稳定和谐的情绪系统等多个方面综合考虑。

（二）心理健康标准的依据

心理健康标准的依据主要有以下七种[④]：

---

① 唐龙云．心理学基础［M］．杭州：浙江大学出版社，2015.

② 俞国良．心理健康教育（教师用书）［M］．北京：高等教育出版社，2005.

③ 邓云龙，戴吉．心理健康标准的中国文化解读尝试［J］．中国临床心理学杂志，2010，18（1）：125-126.

④ 郑日昌，高翔，刘视湘．心理健康测评和全人教育模型［J］．教育测量与评价：理论版，2008（7）：4-8.

1. 统计学标准

常采用均值和标准差来表现，根据某一个体的心理行为偏离常模分数均值的位置来评价个体是否健康。这种划分标准能够将评价结果采用数值表现，相对客观和易于操作，但是心理健康与非心理健康之间不存在明确的数据界限，因此，心理健康与非心理健康之间也并非绝对对立。而且，并非所有在某些指标上偏离常态的个体就一定是异常个体。

2. 社会规范标准

以个体行为是否符合社会大众认可的行为规范为标准，如果个体的行为能够为社会大众所接受，且符合社会规范，则评定为心理健康。以社会规范为标准能够更好地评价个体的社会适应能力，但是这种评价标准也存在局限，例如文化差异、时代变迁、政治环境都会影响社会规范的制定和评价。可能过去适用的标准已经适应不了当下的社会状况了，且东方文化和西方文化对某一行为规范的标准也常存在差异。

3. 医学症状标准

以个体是否存在医学上的心理疾病为依据判断其心理是否健康。根据医学症状来区分心理健康与非心理健康是相对客观的做法，即表现出心理疾病就是心理不健康，但是这种评价标准更适用于临床诊断，而心理健康更需要的是预防。

4. 社会适应能力标准

是否能够学习、适应生活是评价个体心理健康的标准。行为得当是心理健康的重要表现，该标准能够更好地评价个体的社会学习和适应能力。但该标准并不能完全解释个体的心理素质，因为学习适应和生活适应的影响因素不仅仅是心理因素。

5. 个人主观经验标准

根据个体是否感受到痛苦或抑郁等不良情绪而评价其健康与否。个体的主观感受是心理辅导的重要衡量标准，但是该标准只适用于正常个体，有些心理疾病患者不能客观地认识自己的感受，自我整合能力较差。尤其是精神疾病患者可能会表现出异于常规的情绪状态，例如过度兴奋。

6. 心理成熟和发展水平标准

根据个体的心理发展成熟程度与其年龄阶段常模的成熟程度之间的差异评价心理健康程度。衡量个体心理发展水平的变量诸多，例如个体的社会性发展水平、情绪识别能力等。该标准欠缺客观性和可操作性。

7. 心理机能充分发挥标准

心理机能的健全状态是心理健康标准的核心。个体在社会互动中能够真实反映现实、有效解决问题、较好地适应环境即为心理健康。充分发挥潜能、追求成就和自我实现是心理健康水平发展较高的表现。一个心理健康的人能够发挥主观能动性，努力去追求自己想要的生活，积极实现自己的奋斗目标。

四、心理健康的评定及应注意的问题

心理健康标准常用来衡量个体的心理健康水平，一般从个体有无躯体疾病、个体的社会适应能力以及个体的潜能发挥发展等多个层次进行衡量。同时，对于心理健康标准的使用，我们还应该注意以下几点：

（一）用发展的眼光看待心理健康标准

不断更新标准内容，以适应变化发展着的常模群体的心理健康内容的变化。个体心理的发展特点具有代际差异，文化和经济的变化直接或间接地影响了人们的价值观和人生观，也影响了人们心理平衡状态的标准。

（二）根据较长时间内动态变化的状况进行评定

我们不应该根据一时的和单一的评价结果断定个体的心理健康是否存在问题，依靠单一暂时性的表现评定结果不稳定，我们应该根据个体长时间动态发展的心理行为表现来评定个体的心理健康。一个人的心理特点并非能够通过某一时刻的观察获得，长时间稳定的信息才能更准确地反映个体的心理和行为特点。

（三）兼顾社会性和个性发展

我们应该综合个体性和社会性的发展来评定个体的心理健康水平，个体特质、心理成熟、心理状态等是个体层面的心理健康评价变量，社会性发展水平是个体社会层面心理健康的重要变量，我们不可单一根据个体的社会性或个体性评定其心理健康与否，应该综合个体多方面的心理和行为特点进行评定。

（四）兼顾适应性和发展性两个标准

适应是个体生存和发展的重要基础，而发展能够增强个体适应环境的能力。评定个体心理健康水平，既要考虑其当下适应情况，又要关注其发展变化能力，综合个体的适应能力和发展能力，能够更科学地评定个体的心理健康状况。

第二节　心理辅导概述

我们在日常生活中，在与他人的交流交往中，或是在学习成长中，常因为这样或那样的问题出现心理矛盾状态。心理不平衡状态常出现在我们的认知、行为或情感不一致的时候，这个时候，我们需要借助心理辅导者专业的知识和技能帮助我们发现问题、解决问题。心理辅导的根本任务是帮助求助者解决心理困扰，发展求助者的学习能力和适应能力，帮助他们发挥主观能动性，完成自我实现。

一、心理辅导的含义

心理辅导是在辅导者与求助者之间建立信任关系的基础上，辅导者运用自身的心理学知识和技能，帮助求助者分析自身问题或障碍，使其更全面了解并悦纳自我，充分发挥主观能动性走出成长困境，努力走向自我实现。

罗杰斯强调心理辅导是一个帮助求助者接纳自我、经验统合、实现自我的过程。心理辅导是辅导者提供教育和指导，求助者逐渐克服成长障碍的过程，而其中求助者认识自我和接纳自我是有效心理辅导的关键部分。心理辅导的目的是帮助求助者更清晰地认识自己所处的困境，引导其认识自己的问题，更全面更深入地探索自我，能够在认知自我所存在问题的基础上，勇敢探索解决的方法，并且能够接纳自身的优缺点及困难，鼓励求助者主动去改变困境，学会用积极正向的思维去思考，勇敢面对和克服成长的困难，不断完善人格。

与心理辅导相区分的概念有心理咨询和心理治疗。心理咨询是针对普通求助者（非临床诊断的心理疾病患者）的一般心理问题，通过建立咨询师与来访者之间的关系协助来访者解决心理困扰。心理治疗则是侧重为被临床诊断有心理疾病的求助者服务，心理治疗的对象必须是经过严格的心理诊断确定为具有心理疾病的个体。因此，三者之间的区别在于：心理治疗的对象是具备临床诊断的心理疾病的，而心理咨询和辅导的对象则是普通人群；心理辅导是从属于心理咨询的一个具体概念，主要是针对中小学生的心理健康辅导，以预防为主要工作方式。①

二、心理辅导的任务

由心理辅导的定义可知，心理辅导能够帮助求助者克服障碍，逐渐适应社会生活，从而更好地把握自己的情绪体验，更积极地实现人生价值。

（一）帮助求助者正视内心冲突，深入认识自我

长期压抑自己的想法容易造成认知冲突，心理辅导帮助求助者敢于认识自己的内心冲突和矛盾，找到冲突的根源，将压抑在意识深处的东西经意识层面表达出来，从而帮助求助者更全面更深入地了解自己，勇敢面对过往的经验，承担责任，努力做到自我实现。

（二）帮助求助者认识并纠正错误信念

心理辅导的关键任务是确认求助者的认知信念是否正确，如果个体的错误信念没有得到及时纠正，形成错误认知，容易出现心理问题。辅导者应该帮助求助者认识到原本给他们造成痛苦的并非某些事件或挫折，而是他们自己对待这些事件和挫折的态度。

---

① 汤梅．论心理咨询与心理治疗和心理辅导的联系与区别［J］．中国心理卫生杂志，2006（3）：203-204.

（三）帮助求助者主动适应生活

提升个体的学习能力和生活能力是心理辅导有效性的重要体现。通过心理辅导，鼓励求助者积极面对学习和生活，以积极向上的心态去适应生活。心理辅导的任务是给予求助者心理力量支持和生活机能辅导，帮助求助者有效地适应社会生活。

（四）帮助求助者建立有效的人际关系

与他人建立有效的人际关系是个体社会生活的首要基础，人格发展和社会性发展都离不开人际互动。辅导者在帮助求助者认识到人际关系的重要性之外，还应通过求助者与辅导者身份之间的关系，让求助者感受到人际交往之间的真诚、信任、尊重，给予求助者与他人建立有效人际关系的信心。

（五）帮助求助者增强心理弹性

帮助求助者保持内在经验一致性，增强心理自由度，接纳自己的不完美，接受不确定性。助人自助是心理辅导的核心观念，帮助求助者学会将在心理辅导过程中学习到的经验有效推广到生活中，增强自身心理弹性。

（六）帮助求助者增强做出有效行动的动力

通过心理辅导解决求助者的心理问题之后，鼓励其积极发现当下的自己与过去的自己有什么进步，探索理想结果出现的时候，现实情况中存在什么样的条件。帮助求助者根据过去的成功经验，建构新的行为模式。

三、心理辅导的途径

（一）学校方面

1. 开设心理健康教育课程

以班级为单位开展以学生为中心的发展性课程，融合教育学和心理学的教学内容应与学生的实际成长需求相呼应，教学方式体现自主性、启发性、活动性，以预防和培养为主导，避免成为另一门德育课。在学校开展心理健康教育，聘请专职的心理健康教师上课。

2. 将心理健康教育内容渗透进其他课程教学

心理健康教育是一门相对特殊的课程，课程有其专业性，但其学科知识也能融合在其他学科课程教学之中，心理健康教育更适合与其他课程或校内外活动相结合，将教学内容与生活实际相结合。在课堂教学中渗透心理健康的知识，发挥心理健康教育的预防作用。

3. 建立心理辅导室，提供心理辅导和咨询

目前我国中小学基本实现配备一间心理辅导室，但并非所有的心理辅导室的辅导

老师都是心理学专业教师。学校应该在相对安静的位置设置一间心理辅导室，配备相对完整的设施，最重要的是聘请一位专业的心理辅导教师①。

4. 组建班级互助小组

6～7名学生组建一个小组，小组成员共同为自己的小组定下具有代表性意义的小组名称和口号。以小组为单位参加心理活动，能够增强团队凝聚力，并且在心理活动中能够促使小组成员之间互相帮助，共同成长②。同辈之间建立良好的人际关系，有利于青少年的社会性发展，互相之间形成坚实的情感依靠。

5. 开展班级团体心理辅导

定期开展班级团体辅导活动，团体辅导能够改善学生人际关系、注意力、自我控制能力等。总而言之，团体辅导能够提高学生的认知水平和社会性发展水平，有利于班级团队建设。团体辅导活动的设计可以根据活动的主题和目的采用结构式团体辅导和半结构式团体辅导③。

（二）社会方面

1. 建设有利于社会成员心理健康发展的社会环境

根据布朗芬布伦纳的生态系统理论，社会环境是影响个体心理发展的宏观系统④，社会环境能够以主流意识的形式影响着每个社会成员，建设积极、正面的文化环境有利于社会成员树立正确的人生观和价值观，避免或减少出现某些负面的社会问题，例如欺凌行为。

2. 提供心理急救援助热线和网络平台服务

我国的心理辅导系统逐渐完善，心理救助干预的方式多元化，目前国内不少城市已经开通心理危机急救热线服务，例如上海市的心理援助热线：021-12320-5；北京市心理援助热线：800-810-1117或010-82951332；广州心理危机干预中心：020-81899120，020-12320-5。同时，目前也有许多网络公益心理咨询网站，例如525心理网、中国心理咨询网等。

3. 组织公益性心理辅导活动

在心理辅导逐渐为大众所接受的今天，心理咨询的费用却不是每个人都承受得起的，政府成立公益心理辅导机构或组织营利性机构提供一些公益性的心理辅导，为更多有需要的人提供及时的帮助，尽力去挽救每个生命，尽力去帮助每个求助者。将心理健康的预防和辅导治疗知识传播到基层，尤其注重将心理辅导资源带给更多偏远地区居民。

---

① 叶一舵.中小学心理辅导（咨询）机构建设十问题［J］.教育科学研究，2003（2）：50-53.

② 李品安.心理健康活动课中小组模式的构建研究［J］.中小学心理健康教育，2010（14）：8-10.

③ 吴际.半结构式团体辅导在中小学心理健康教育中的应用［J］.中小学心理健康教育，2016（14）：13-15.

④ 刘杰，孟会敏.关于布郎芬布伦纳发展心理学生态系统理论［J］.中国健康心理学杂志，2009，17（2）：250-252.

4. 引导公众正确认识心理健康

引导公众对心理健康树立正确的认知是心理健康教育的一项重要任务。引导公众客观、科学地看待心理健康问题，敢于面对自己的心理问题，积极求助，不因自己有心理问题而害怕、回避；也能使公众更客观地看待别人的心理问题，避免一些灾难的发生，有利于社会和谐稳定。

5. 引导正确的心理健康知识文化传播

网络迅猛发展使得信息以惊人的速度在各种网络平台上传播，而且影响范围极广，因此，各种媒体传播平台应该严格把关，将真实的、有用的、积极的心理学知识传播给公众。将有价值的基础研究结果及时普及给大众，是心理科普工作的重要任务。媒体和自媒体工作者都应该具备一定的心理知识素养，精确评估所传播的信息对公众心理健康发展的影响程度。

（三）家庭方面

家庭为个体的成长提供最基础、最关键的环境，家庭的温馨和谐直接影响个体的心理发展。家庭成员之间尤其是父母之间关系的和谐程度，更是直接或间接地影响个体的心理成长。因此家庭作为最小的社会单位，应该为个体的发展提供一个和谐温暖的成长环境，与学校和社会融洽合作，给予每个家庭成员足够的关怀和鼓励。家长应经常与孩子互动，对孩子的情绪和行为反应给予及时而具体的反馈。

四、心理辅导的原则

（一）以人为本，尊重个体差异

在心理辅导的过程中，不能简单地将人当作组织来研究，应该尊重个体的主体性和差异性，以人为本，尊重每个人的发展速度。而且心理健康的评定标准应该是多元的，允许不同层次的心理健康存在，心理健康的评定标准是相对的，不同人对心理平衡状态的追求不一样。因此在心理辅导的时候，辅导者应该考虑心理健康标准的多层次特征。

（二）理解尊重求助者的多元文化背景

心理辅导不可忽视求助者成长背景的文化差异，文化背景下的社会制度、语言符号、宗教信仰、价值观念等变量都存在民族间或区域间的差异。例如西方文化强调个人主义，追求个人的自主、独立、独特，而东方文化则强调集体主义，追求集体团结、合作、和谐。关注求助者成长背景的多元化，可以帮助辅导者更全面、更准确地了解求助者的问题成因，更好地理解求助者心理问题的发生、发展，能够为求助者提供更精确的服务。

（三）注重辅导结果的生态效度

心理辅导不是一个简单按照流程完成计划步骤的模式化过程，心理辅导进行的速度应该根据求助的具体情况而定。心理辅导的结果也并非只是完成书面上的计划目标，而是应该注重协助求助者将在心理辅导过程中获得的经验转化到更广阔的现实生活中，将新的经验服务于生活。

（四）辅导方法和内容具有灵活性、科学性、可操作性

心理辅导的方法发展更新迅猛，各种新的辅导方法逐渐登上心理辅导的舞台。除了主流的精神分析、认知行为疗法、人本主义疗法等，也有像焦点解决短期治疗、沙盘疗法、生命叙事疗法等适用于学校心理辅导的可操作性较强的方法。心理辅导方法的选择应适合辅导者自身的风格，要有科学的理论支持，操作明了，不过分强调神秘色彩。

（五）辅导者对求助者持发展的态度

辅导者要相信求助者有改变的愿望和能力，相信求助者只是在发展的过程中遇到一点困难，在获得新经验之后，求助者能够自己去面对生活的挫折，去战胜挫折。相信求助者每一天、每个阶段都在变化发展着，不能对求助者持单一、固定不变的态度，相信求助者有朝向正面发展的能力。

【知识链接】建构解决之道——焦点解决短期治疗

焦点解决短期治疗（SFBT）从属于短期治疗，强调将过去的失败经验的影响降到最小，将注意力转向当事人的优势和成功经验。焦点解决短期治疗强调不要从病理学的方向分析当事人的问题因果，病理性的标签不仅没法受当事人控制，反而会让当事人陷在问题之中。焦点解决短期治疗强调心理治疗是一个过程，当事人和辅导者共同商量建构当事人的目标，辅导者协助当事人发展出从不同角度看待自身、行为与人际模式和身处情景，并且能充分运用既存优势与胜任能力来发展有效的解决之道。

焦点解决短期治疗强调重视当事人的成功经验、资源、力量、希望，积极发现当事人已经发生的小改变和设定可行的目标，相信当事人有能力解决自己的问题。

焦点解决短期治疗的基本信念为：

1. 基于建构解决之道，非问题解决。

2. 治疗的焦点在于当事人期待的未来，非过去的或现在的问题和冲突。

3. 鼓励当事人增加有效行为。

4. 问题不会一直发生，应寻求在本应发生问题的时刻却没有出现问题的例外情况，可以用来建构解决之道。

5. 协助当事人发现：对于当下不想要的行为模式，可以发展出其他选择。

6. 与行为治疗介入及技能建构取向的不同在于，焦点解决短期治疗相信解决之道的相关行为已经体现在当事人身上了。

7. 小改变的叠加为大改变的出现做铺垫。

8. 焦点解决短期治疗的晤谈会话逻辑和技巧有别于其他疗法。

与其他治疗方法相区别，焦点解决短期治疗有自己独特的特点：

1. 焦点解决短期治疗将重点放在不发生问题时的状况，放弃了将重点放在问题的修订上的治疗方式。本应出现的问题没有出现，这便是意外，说明问题并非一直在发展，而是有改善的余地。让当事人积极发现自己问题之外的意外情况，当事人从中获得行动的力量，发现改变的方向。焦点解决短期治疗的方法更能体现心理辅导的"助人自助"。

2. 焦点解决短期治疗的过程相对简洁、目标明确、语言逻辑清晰。该疗法认为相对于花时间在了解问题发生的原因上，不如朝向解决的目标和方法。因此焦点解决短期治疗需要的时间较短，加上问题解决的目标明确，比较适合在学校心理辅导中使用。

3. 焦点解决短期治疗的会谈结构相对完整，辅导者常常采用假设性问句进行提问，这样的提问方式具有启发性。奇迹问句是焦点解决短期治疗的特色问句，例如，"假如今天晚上发生奇迹，明天早上你醒过来的时候发现问题都已经解决了，你会发现有什么不同吗？"使用一些言语技巧，使对话朝正面、积极的方向发展。焦点解决短期治疗的会谈技巧带有振奋性和激励性，辅导者引导当事人回忆以往的成功经验，例如，"以前你遇到过类似的情况吗？你是怎么解决的？"通过使当事人回忆成功经验而逐渐领悟当下问题的解决方法。

资料来源：许维素．建构解决之道［M］．宁波：宁波出版社，2013.

第三节　特殊儿童心理辅导的必要性

关注特殊儿童的心理健康是特殊儿童教育的重要任务，特殊儿童的成长比正常儿童更为困难，可能会经历更多的挫折，心理的发展可能会更容易出现不平衡状态，更加需要有效的支持和指导。因此对特殊儿童的心理辅导是非常必要的，心理辅导能够及时缓解和解决特殊儿童的心理矛盾，为特殊儿童的发展提供心理支持，帮助特殊儿童学习适应学习和生活的技能，为特殊儿童的身心健康发展奠定坚实的基础。

一、特殊儿童的心理健康

特殊儿童是指身心发展存在障碍的儿童，例如智力障碍、视力障碍、听力障碍、言语障碍、情绪障碍、行为障碍、身体残疾等。特殊儿童常因为生理、心理和社会的特点，心理健康相对正常儿童更易受影响[①]。由于自身存在某些身心发展缺陷，特殊儿童在感知事物的时候比较敏感，内心往往产生自卑、焦虑、恐惧等情绪情感，在行为上容易出现人际退缩，因此特殊儿童的心理健康水平明显低于正常儿童群体[②]。

特殊儿童的心理健康状况不容乐观，例如，接近30%的听障中学生心理健康出现问题，普遍存在强迫、偏执和躯体化[③]；相对于正常学生，聋哑学生的焦虑、孤独和躯体化症状都较为明显，在自我评价上存在自卑倾向[④]；听障儿童的自我意识独立性较差，调节控制能力较差，抱负水平较低[⑤]。视障儿童的观点采择能力较差，具体表现在认知观点采择、情感观点采择和社会观点采择均显著差于正常儿童[⑥]；由于对事物的感知觉不够完整，对事物本质特征的认知存在较大的困难，因此分类能力、分析能力和抽象概括能力存在较明显的发展困难。智障儿童对面部表情的识别加工能力较差，对冲突情绪的理解存在困难；同伴关系也明显差于正常儿童，具体表现在同伴数量少、同伴接受性差[⑦]。

二、特殊儿童心理健康特点

特殊儿童行为、认知和情绪等方面的表现常与正常儿童存在差异，可能是生理上的缺陷，也可能是行为倾向异常，抑或是情绪加工障碍等问题，特殊儿童的心理健康水平一般比较低，常表现出以下心理特点：

（一）出现情绪暴躁、失控等情绪障碍

一个人的情绪识别是情绪加工和反应的基础，面部表情、肢体动作、语调都是人们识别他人情绪的重要变量。特殊儿童由于智力或者感觉器官的缺陷，对他人的情绪识别不够准确，因此在情绪理解和情绪表达上存在困难，容易出现不恰当的情绪反应，加上特殊儿童对自身缺陷的消极反应，常表现出情绪暴躁、自我控制能力弱。

（二）有较强的敌对意识和攻击性

当内心冲突出现的时候，特殊儿童为了缓解内心的痛苦和不安，常常会采取一些极端的行为，例如打架斗殴、酗酒、吸烟等。尤其是视障或听障儿童[⑧]，对社交信息的加工缺乏多个感觉器官的配合，对他人的情绪、行为和语言加工编码存在偏差，对事

---

① 何侃．特殊儿童心理健康教育［M］．南京：江苏大学出版社，2008.

② 高俊杰，陈晓科，李祚山，等．特殊儿童学校心理健康教育现状［J］．中国学校卫生，2013，34（9）：1122-1123.

③ 徐方忠，冯年琴．听力残疾中学生心理健康状况调查［J］．中国学校卫生，2005，26（2）：145-146.

④ 张颉．天津地区聋哑初中生心理健康调查报告［J］．社会心理科学，2008（1）：76-82.

⑤ 张宁生．听力残疾儿童心理与教育［M］．大连：辽宁师范大学出版社，2002.

⑥ 李洁瑛．视障儿童社会观点采择能力的发展［J］．中国特殊教育，2012（5）：35-40.

⑦ 贺荟中，左娟娟．近十年来我国特殊儿童同伴关系特点研究［J］．中国特殊教育，2012（2）：8-11.

⑧ 张海丛，吴彤，刘美玉，等．北京听力障碍儿童情绪管理能力现状［J］．中国学校卫生，2013，34（3）：351-352.

件的把握欠缺完整性，内心更容易产生恐惧、害怕的感觉，因此容易对他人产生敌对的态度，甚至是攻击他人。

（三）存在自闭、自卑、焦虑等症状

由于发展的缺陷问题，特殊儿童在某些方面的发展跟不上其他人，难以跟他人共同学习和生活。长时间脱离群体活动容易使特殊儿童封闭自己的内心，与他人保持较大距离，产生孤独感。而这种孤独的感觉和行为更容易使特殊儿童在发展中出现自卑、自闭、焦虑等心理问题。

（四）对周围事物敏感多疑，防御心理较强

对父母产生安全依恋是儿童发展安全感的重要基础，如果缺失安全的亲子关系，孩子在发展的过程中容易表现出情感冷漠、缺乏安全感、猜疑和怀疑他人[①]。特殊儿童在被发现缺陷之日起，其自身和家庭都要承担更大的责任，父母的担心和焦虑影响着孩子的心理发展，也影响着家庭的整体情况。来自家庭和社会异样的关注会使特殊儿童更加敏感，防御心理较强。

（五）存在睡眠或躯体化问题

自闭症儿童存在明显的睡眠障碍，例如出现入睡困难、梦呓、梦魇等睡眠症状，甚至自闭症家庭的兄弟姐妹也会出现上述睡眠问题。同时也因为特殊儿童的睡眠障碍影响了社交活动和体育训练，他们身体健康状况较差，所以较容易出现躯体疾病，并且恢复能力较差，速度较慢。

三、特殊儿童心理辅导的必要性

当前我国特殊儿童的心理健康状况不容乐观，主要有四个因素：一是特殊儿童自身的生理容易引发更多心理问题。二是学校的教育不足，当前我国特殊教育学校的招生数量仍然不能满足需求，师资力量也不够强大，专业技能较差。三是特殊儿童的家庭教养不当，并非每位特殊儿童家长都具备较强的教养能力和经济能力，一般的特殊儿童家庭对孩子的特殊情况和对特殊教育的了解不深或实践能力较差，导致在教育上容易犯错误。家长往往容易出现溺爱孩子、讽刺孩子、孤立孩子等不恰当的教育方式，严重影响了孩子的心理健康发展。四是社会环境的影响，社会对特殊儿童的歧视容易对其心理健康发展造成消极影响，加重孩子的孤独和自卑倾向。

智障儿童、视障儿童和听障儿童在心理健康的孤独倾向、自责倾向、过敏倾向、身体症状和恐怖倾向等维度上显著差于正常儿童[②]。特殊儿童常常面对更大的成长压力，

---

① 谢晓琳．亲子关系对听障学生亲社会心理及行为的影响［C］．中华预防医学会儿少卫生分会学术交流会，2011.

② 赵均．重庆市特殊儿童心理健康与心理服务的现状及对策研究［D］．重庆：重庆师范大学，2009.

与他人在某一方面的差异使得他们对周围事物的感知觉相对敏感，存在与他人交流困难、情绪处理不当、社会适应困难等问题。这些问题使得特殊儿童容易体验到低自尊、内疚、自卑等负性情绪和一味自我否定的不良认知，而负性情绪、不适应的行为倾向、错误的认知信念不但不利于特殊儿童问题的改善，而且还使特殊儿童的发展陷入一个消极的“恶性循环”。因此，为特殊儿童提供能够改善其心理健康水平的辅导具有重大的意义。

（一）对特殊儿童的重要意义

1. 改善特殊儿童的心理状态

改善特殊儿童的焦虑、孤独、抑郁等消极心理状态，当心理困扰得到缓解或解决的时候，特殊儿童能够更客观地看待自己的缺陷，增强对生活的信心，以更好的姿态面对生活的困境。心理辅导帮助特殊儿童建立积极的人际关系，改善适应能力等。改善特殊儿童的心理状态是基础，帮助特殊儿童更好地将辅导过程中学习到的经验转化到生活中才是心理辅导的最终目标。心理弹性的改善和增强，具体表现在特殊儿童客观感知周围事物，学习和生活适应技能得到改善，情绪理解和表达能力有所提升。

2. 帮助特殊儿童客观认识自身问题

协助特殊儿童对自身的学习、生活以及发展问题做出调整，客观分析自己的长处和短处，发现自身的既有资源和可能获得资源，充分利用自身优势，挖掘自己的独特之处，学会正确归因，有利于特殊儿童建立积极的人生观和价值观。只有全面了解自己，才能找到适合自己的发展途径，为未来做出适当的发展规划。

3. 提升特殊儿童的适应能力

特殊儿童的焦虑和抑郁会影响其社会适应能力和生活适应能力，特殊儿童学习能力较差，学习速度较慢，同伴关系也相对不理想，且在生活中的自理能力较差。心理辅导的目标之一是帮助特殊儿童增强适应能力，提升其学习能力和适应能力。

4. 改善特殊儿童的人际关系

焦虑和抑郁也是影响特殊儿童社交能力的重要因素，特殊儿童在社交中体会到不安全感，比较容易出现社交退缩，难以与他人开始和维持友谊关系，甚至有的特殊儿童会有严重的社交恐惧，害怕与陌生人交谈，不乐意参与娱乐活动，拒绝接受社会化[①]。因此特殊儿童在学校与老师和同学的关系并不理想，在社会活动中，与不同社会距离的人交往的能力和态度也比较不理想，心理辅导的重要任务便是帮助特殊儿童改善人际关系。

5. 帮助特殊儿童管理自己的情绪情感

帮助特殊儿童正确认知他人的面部表情、语言符号和行为举止所表达的情绪情感，重点帮助特殊儿童理解自己内心的情绪体验，重新认识自己的情绪体验，了解自己的

---

① 李红菊，梁海萍. 智力落后儿童不良情绪与学校适应研究现状及展望［J］. 中国特殊教育，2006（3）：11-14.

情绪情感对他人的影响程度和影响途径，明白情绪管理的重要性，增强情绪自我管理能力，逐渐完善自己的情绪控制能力。

6. 有助于发挥特殊儿童的独特潜能

人本主义心理学家认为，自我实现是个体发展的最高境界，每个人都有自我发展的意识和潜能，每个人都能通过自己的努力实现理想目标。培养全面发展的学生是素质教育的目标，但对于特殊儿童，更重要的是扬长避短，发现特殊儿童的独特之处，帮助特殊儿童将其独特才能发挥到极致，帮助特殊儿童从个人特质考虑发展问题，协助每个特殊儿童制定自己独特的发展规划，为特殊儿童的发展创造更大的可能。

（二）对家庭的重要意义

1. 有利于改善亲子关系，促进家庭和谐

相对来说，特殊儿童的父母需要承受更大的经济压力和精神压力，父母能否妥善处理自己的情绪直接影响父母与特殊儿童之间的亲子关系，心理辅导能够改善特殊儿童的心理状况，也改善父母的心理状况，增强父母的心理弹性，增强适应能力，帮助父母接纳自己的孩子。因此，心理辅导有利于帮助特殊儿童家庭改善亲子关系，维持家庭的和谐稳定。

2. 有助于父母更多地了解特殊儿童的心理状态，给予恰当的教育

特殊儿童的到来对家庭来说是一场重大的变故，父母需要经历一系列过程才能逐渐转换心态，积极应对。心理辅导不仅可以帮助特殊儿童父母接纳孩子的特殊性，还能够帮助特殊儿童家庭成员更好地了解特殊儿童心理发展的独特之处，例如听障儿童听觉缺失，对待周围事物比较敏感多疑，父母需要与其进行细致、及时的沟通。了解特殊儿童心理发展的自卑、抑郁、焦虑、恐惧等问题，有利于特殊儿童父母给予孩子及时和恰当的关爱。

3. 特殊儿童心理健康水平的提升能够减轻家庭压力，提升家庭生活质量

家庭调整与适应应对模型认为，特殊儿童的出现给家庭带来压力和生活危机，家庭借助既有资源和应对行为来处理面临的困境，家庭功能因此得到调整。心理辅导为特殊儿童及其家庭提供情感支持，为特殊儿童的发展提供专业性指导，给予特殊儿童家庭多样化的帮助，能够减轻父母的养育压力，让父母有更多的时间和精力创造财富。

（三）对学校的重要意义

特殊儿童的心理辅导能够帮助他们提高学习能力。同时，心理辅导可以帮助教师及时发现学生的心理健康问题，必要时给予及时的转介治疗；对于处于康复期的学生，心理辅导能够给予他们更多的心理支持，使其改善与同学和老师的人际关系。心理健康教育有利于完善教学内容，完善教学机制，预防特殊儿童的意外行为出现，帮助学生适应学校生活，发挥潜力学习知识和技能。

（四）对社会的重要意义

特殊儿童的心理辅导能够改善个体的心理健康水平，提升个体幸福感和自我效能感，对全社会人们的主观幸福感影响甚大。特殊儿童心理健康的变化使得家庭生活状况得到改善，直接和间接地减弱了对社会的消极影响，特殊儿童家庭承受的压力逐渐减小，社会对特殊儿童家庭的情感支持和经济支持压力也逐渐变小。

另外，特殊儿童的心理健康的改善也能为社会带来正能量，给更多的特殊儿童家庭带来希望，让特殊儿童家庭看到特殊儿童发展好转的希望。特殊儿童的心理健康辅导，不仅对特殊儿童自身有着积极的影响，还能影响特殊儿童家庭及整个社会的和谐稳定发展。

为特殊儿童提供心理辅导具有重大的意义，对于特殊儿童的个人心理状况、适应能力、潜能挖掘等都有着积极的影响作用，对于家庭和社会更是意义重大。心理健康影响特殊儿童的发展，特殊儿童的发展影响着家庭发展，家庭发展影响着社会的和谐稳定。

【知识链接】特殊儿童父母的心理健康

徐琴芳等人对特殊儿童价值的心理健康现状和调节因素进行元分析，对比了 40 篇采用 SCL-90 作为测评工具的文献，结果发现，特殊儿童父母存在中等程度的心理健康问题，各类特殊儿童的父母心理压力较大，普遍存在焦虑和抑郁症状。

在特殊儿童的成长过程中，父母扮演着不可缺少的角色，从孩子出生之日起便要承担起抚养和教育的责任。在特殊儿童的成长过程中，父母要承受的压力明显大于一般家长，除了对孩子教养策略的茫然，还要承受个别人异样的眼光。家长担心孩子当前的缺陷，担心孩子将来的发展与别人的差距太大，担心孩子适应不了社会生活……这些担心和害怕使得父母情绪紧张、焦虑，有些家长因长期情绪低落导致抑郁、敌对、恐惧等心理问题。而家长的这些心理问题会影响其日常工作，影响家庭的经济功能和社会功能，例如家长不愿意参与讨论自己的孩子，也影响了对孩子的养育、教育。在健康上，照顾特殊儿童会给家长带来精神疲惫、失眠、头痛、记忆力衰退、胃溃疡等躯体症状，甚至会导致家庭经济困难、社交困难、工作效率低下、家庭关系破裂。

特殊儿童家庭的母亲的心理问题比父亲更严重，分析原因可能有这几点：（1）女性的生理原因使得女性多愁善感、情绪不稳定、压力承受能力弱、孤独无助、自我调节能力较差；（2）母亲角色需要在养育孩子方面承担更多的责任，孩子的躯体状况、心理状况和康复情况都在影响着母亲的心理健康。

特殊儿童父母的心理健康与受教育水平关系紧密，父母受教育程度越高，对特殊儿童问题的认识和接受程度越高，对科学的新知识和教育技能的接受程度越高。于是在孩子的养育问题上，受教育程度高的父母较易接纳自己孩子的缺陷，积极采用科学的方式帮助其以自己的方式成长。另外家庭经济地位、家庭成员的关系、社会支持等因素均会影响特殊儿童父母的心理健康。

父母的心理健康水平对孩子和整个家庭的发展的影响极为重要，因此对特殊儿童父母的心理健康干预是不可或缺的。我们可以通过讲座的方式将释放心理压力的正确方式传播给家长，也可以通过一些团体活动帮助家长改善人际关系，缓解焦虑和抑郁情绪，获得特殊儿童家长彼此间的关爱和互助。

资料来源：徐琴芳，房悦，张文，等．特殊儿童家长心理健康状况及其调节因素的元分析［J］．中国特殊教育，2018（2）．

第四节　特殊儿童心理辅导的目标及原则

特殊儿童的心理辅导与正常群体的心理辅导存在一些差异，首先是在设定对特殊儿童心理辅导的目标时应该考虑特殊儿童自身存在的缺陷，顾及求助者的具体情况，设定一个可行性高的目标。其次是心理辅导的过程或者是结果的评定同样要考虑特殊儿童的现实情况，尊重特殊儿童的个体性和整体性，坚持用发展的眼光看待求助者的发展变化。

一、特殊儿童心理辅导的目标

心理健康的目标是帮助个体认识自我、发展自我、完善自我。我们希望通过对特殊儿童进行心理辅导，改善其心理健康状况，提高特殊儿童适应社会生活的能力，帮助特殊儿童发挥潜能，开拓未来。特殊儿童心理辅导的目标具体表现在以下几个方面：

（一）开发特殊儿童的潜能，尊重特殊儿童的多元发展

通过心理辅导帮助特殊儿童找到自己的“发光点”，鼓励特殊儿童勇敢挑战生活的障碍，努力成长，形成正确的价值观和人生观。帮助特殊儿童在特色活动中找到自己的兴趣，在参与实践中感受自己的进步，提高自我效能感。辅导者不能局限于如何去矫正和弥补特殊儿童的缺陷，不妨考虑一下如何发挥特殊儿童的优势，使长处得到充分发展，尊重特殊儿童的多元智能发展。在技能的学习和展现的过程中，特殊儿童的潜能得到充分开发，有助于特殊儿童的自我成长。

（二）帮助特殊儿童重建自信，提高特殊儿童的自我效能感

特殊儿童常因为自身缺陷问题出现活动受限制或是行动失败的情况，体验成功的机会较少，因此在成长过程中往往缺乏自信。心理辅导能够帮助特殊儿童认识到自己的优点所在，使其自信心得到增强，参与社会活动的勇气也有所提升，在实践活动中提升自我效能感，从而坚定信心，逐渐克服自身发展障碍。

（三）促进特殊儿童正确认识自我，客观感知现实

特殊儿童对自我的认识往往存在偏差，对现实的认识欠缺客观的态度，例如听障儿童表现出以自我为中心、猜疑、行为固定化、自我意识独立性差、自我评价抽象水平低的特点[①]。因此，心理辅导需要帮助特殊儿童学习客观地认识自己所面临的困境，避免形成片面的、情绪性的、极端的认知；帮助特殊儿童学习听取他人的建议以弥补自身感知觉的缺陷，形成正确的自我概念。同时，特殊儿童也能通过心理辅导了解自己存在的认知问题，学习从多个角度、多种途径了解客观事物。

（四）提升学习适应和生活适应能力

特殊儿童在学习适应的某些方面能力相对较差，例如学习动机薄弱、注意力不集中、学习技能较差等问题。通过心理辅导的专业认知训练，可以提高特殊儿童的注意力，利用动机原理和强化原理训练特殊儿童形成正确的学习行为，例如对特殊儿童的行为给予及时和具体的反馈。另外，对于存在轻度障碍或处于康复期的特殊儿童来说，社会化和社会适应仍然是一个较大的挑战，在融入社会生活中必然要反复经历挫折。因此，心理辅导的目标是帮助特殊儿童逐步适应学习和生活，在应对挫折中成长。

（五）完善特殊儿童的人格

心理辅导需要帮助特殊儿童更好地认识和接受身心发展缺陷对性格发展的不良影响，帮助特殊儿童纠正认知偏差，克服敏感多疑、自卑、对他人不信任和敌意的性格特征，增强为人处世的灵活性，转变自卑和低自尊的性格特点。心理健康辅导还能够改善特殊儿童依赖他人、冲动、意志薄弱的性格特点，帮助特殊儿童在社会生活中学习独立、坚持、善始善终的处事方式[②]。可见，心理健康辅导对特殊儿童完善人格起着非常重要的作用。

二、特殊儿童心理辅导的原则

对于特殊儿童的心理辅导，我们不能一成不变地挪用正常个体心理辅导的程序，应该考虑每个特殊儿童的独特性，例如自闭症儿童的社交能力培养要求辅导者有更高超的技术和更强大的爱心。最重要的是，特殊儿童的个性差异要求我们根据个体

---

① SCHLESINGER H. Sound and sign：childhood deafness and mental health［J］. Orlans，1972.

② 蒋科星 . 特殊儿童“缺陷人格”的教育关怀研究［D］. 南京：南京师范大学，2011.

的差异性适当调整心理辅导目标和辅导程序。因此特殊儿童的心理辅导应注意设定适当的辅导目标，采用适合的辅导方法和评估方式，考虑辅导结果的相对性等。对特殊儿童的心理辅导需要遵照以下具体原则[①]：

（一）心理健康辅导过程的个体差异

尊重每个个体心理的发展差异是心理辅导者的基本素质。心理辅导的初始诊断和结果评估应该考虑特殊儿童与正常求助者之间的差异，不能简单凭借一般常模的标准做判断。应该考虑个体发展差异，多层次多维度看待特殊儿童的心理发展，辅导方案也应该根据特殊儿童的具体情况制定。同时，特殊儿童心理问题改善的速度可能不及正常求助者，因此，我们不能用正常群体改变的速度来评价，允许其经历一个相对漫长的变化过程。总而言之，对特殊儿童心理辅导的一系列评判标准都应该尊重个体差异。

（二）特殊儿童的主体性

尽管特殊儿童在某些方面的感知觉存在偏差，但在心理辅导过程中仍应以其感受为重要准则。特殊儿童需要的不是同情和怜悯，他们更需要感受到来自他人的尊重。对特殊儿童的心理辅导需要考虑是否是他们需要的，很多时候我们自以为对于特殊儿童有益的活动并不能真正帮到他们，甚至，我们的一些“爱心”行为给他们带来了焦虑、不安以及自尊心受损。例如，当在路上遇到一位视障儿童过马路时，一般热心人士都会上前给予一些语言指导或是直接牵着他过马路。我们是出于对残障人士的关爱，但是这样的爱心可能会使特殊儿童因受到陌生人突然的帮助而觉得紧张不安，并且在日后面对相同情况的时候，特殊儿童会不知所措，觉得自己没有足够的能力去应对。发挥特殊儿童的主动性和积极性，心理辅导能够更好地实现“助人自助”。尊重特殊儿童存在的缺陷的客观事实，尊重他们的选择，尊重他们在弥补自身缺陷中所做的努力。

（三）特殊儿童心理健康的发展性

特殊儿童的心理状况变化可能不如正常求助者明显，但我们应该注意特殊儿童的细微进步，特殊儿童是发展存在缺陷的群体，他们的认识和行动能力明显差于正常群体，他们需要付出比常人多数倍的努力才能呈现出发展变化。对特殊儿童持过于完美、苛刻的要求，不仅不利于特殊儿童的心理健康发展，而且还会使他们变得更加自卑、抑郁、低自尊、恐惧……我们应该用辩证的眼光看待特殊儿童的缺陷，积极看待儿童发展过程中的细小变化。比较特殊儿童发展过程中过去与当下的差异，并对他们每个细小的进步给予及时和具体的反馈。心理辅导的进行应该以特殊儿童的发展需要为取向，给予他们可持续的发展指导。

---

① 杨广学．特殊儿童的心理治疗［M］．北京：北京大学出版社，2011.

（四）特殊儿童的创造性表达

特殊儿童的想象力丰富，甚至出现难以区分现实与幻想的情况，对特殊儿童的心理干预应注重想象性表达与现实生活相结合。特殊儿童在抽象思维和逻辑思维发展水平较低的情况下，发展了象征性意义的创造性表达。特殊儿童在绘画、舞蹈、音乐、游戏等活动中的创造性表达是特殊儿童人生意义探索的表达，没有社会化成分的修饰，表达的是特殊儿童的真实情绪。特殊儿童这些幻想、无逻辑的故事、随意的肢体动作、自发的游戏都是其表达的方式，能够促进特殊儿童理解和表达能力的发展，是特殊儿童心理健康发展的基础。

（五）注重特殊儿童的整体性

对特殊儿童的心理辅导要注重求助者的身心整合统一，避免片面看待求助者的问题，尤其是在评定心理健康水平的时候，对于心理问题的评估，一定要谨慎细致，从多个信息来源判断特殊儿童的心理问题。评价特殊儿童心理健康要从其发展的整体历程入手，心理辅导的过程应尊重个体的整体性，帮助特殊儿童及时建构一致的认知、情绪和行为模式，将新学习的经验有效地转化到生活中。另外心理辅导的过程还要注重个体与家庭和社会的有机结合，既可以发挥多方力量帮助特殊儿童成长，又可以为特殊儿童适应社会生活提供更多线索。

（六）特殊儿童的活动性

心理辅导不仅是认知知识的传递，辅导者还应为特殊儿童提供练习生活技能和提高社会适应能力的活动，使特殊儿童在各种有效的活动中成长。心理辅导要帮助特殊儿童在学习和生活活动中掌握认识自我、调节自我、改变自我的方法，最重要的是学习如何将新知识和经验应用到生活中。心理辅导应该根据特殊儿童的具体情况，设计恰当的参与性活动，使特殊儿童能在活动中练习和学习生活技能。在参与活动中，特殊儿童学习与人相处的交流技巧，在过程中探索自我，锻炼生活的技能①。

（七）宽容对待特殊儿童心理问题的反复出现

上文我们已经提及特殊儿童的心理状态变化速度不及正常群体，但还有比这更不如意的情况，那便是特殊儿童的心理问题可能会反复出现，而且无论采用什么样的辅导方式都无法解决此类特殊儿童的心理问题。面对这种情况，我们不能一味抱怨这些孩子“无可救药”，而是应该从特殊儿童的角度出发看待问题的发生发展，对他们的错误行为给予足够的耐心和宽容。允许特殊儿童心理问题的反复出现，耐心协助他们在反复发生问题中发现自己的问题所在，反思发展过程中的关键错误，逐渐解决问题。

---

① 马卓男 . 试论对学生健康心理辅导的原则与途径［J］. 才智，2010（30）：223.

【知识链接】随班就读特殊儿童

我国教育部1994年颁布《关于开展残疾儿童少年随班就读工作的试行办法》，残疾儿童少年随班就读有利于提高残疾儿童少年的入学率，有助于残疾儿童的社会适应发展。

根据该办法的规定，随班就读的招生对象"主要是指视力（包括盲和低视力）、听力语言（包括聋和重听）、智力（轻度，有条件的学校可以包括中度）等类别的残疾儿童少年"。而且规定了招生对象需要经过医疗部门、特殊学校或残疾儿童康复部门的专业人员的检测和鉴定，尤其强调智力残疾儿童的鉴定一定要经过严格的筛选，不能轻易下定论。

随班就读对学校教学内容、管理形式和教师质量有一定的要求：每个班级随班就读的人数不能超过3人；普通学校不能拒绝本校服务范围内的在校随班就读儿童；随班就读儿童使用的教材根据学生的具体情况弹性处理；考核评估内容应包括思想品德、缺陷矫正、文化知识、补偿以及社会适应能力等方面；随班就读的任课教师除了具备思想积极、业务好、关爱学生等基本素质之外，还应当掌握特殊教育的基础知识和技能，掌握随班就读班级教育教学的基本原则和方法。

特殊儿童随班就读是完成特殊儿童义务教育的有效教育方式。随着特殊教育的逐渐普及，随班就读办学形式也逐渐受到认可和接纳，随班就读的教学和管理质量也在逐渐提高，教育有关部门的投入完善了教学的硬件设备，任课教师的素质逐渐提升，还有来自社会的支持，义工和家长的积极参与，使得随班就读质量不断提升。而且，随班就读的形式融合了普通教育和特殊教育，为特殊儿童和普通儿童相互合作、共同成长创造了条件。

随班就读特殊儿童的评价内容有别于正常学生，主要包括：（1）言语能力的发展，考核听力障碍、孤独症、智力障碍为主的特殊儿童的言语理解能力和言语表达能力；（2）社会适应能力的发展，主要考核特殊儿童的生活自理能力、社会交往能力、职业技能等能力的发展情况；（3）智力的发展，主要考核特殊儿童的创造力、记忆力、想象力、观察力等；（4）心理缺陷的补偿，通过心理辅导改善特殊儿童的心理健康状况，并结合不同类型的特殊儿童的具体情况进行多层次多方面的评价；（5）缺陷行为和动作的矫正，不良行为的矫正和发展缺陷的改善是特殊教育的主要目标，这也是评价随班就读的重要标准；（6）文化知识的学习和学习技能的提高，随班就读特殊儿童的教学内容与普通学生一致，因此知识文化的考核也是评价的重要内容。轻度障碍儿童主要以知识文化的学习和学习技能的提升为考核内容，中度以上障碍的儿童主要以缺陷补偿和能力养成为评价内容。

资料来源：邢同渊．特殊儿童随班就读教育［M］．北京：中国轻工业出版社，2015.

第五节　特殊儿童心理辅导的任务、内容和方法

心理辅导不仅能够帮助求助者解决当下的认知或情绪困扰，还能够帮助求助者学会总结过去的成功经验，积极应对当下和未来的生活，达到自我实现。由于特殊儿童可能存在某些生理上的缺陷，对他们的心理辅导需要一个相对漫长的过程。事实上，能够帮助特殊儿童提升心理健康水平的不仅是心理辅导者，以父母为主的家庭成员能够为特殊儿童提供情感温暖，从而给予特殊儿童莫大的力量；学校的老师和同学可以帮助特殊儿童建立诚信可靠的人际关系，这对缓解特殊儿童的焦虑和改善社会适应状况有重要的作用。

一、特殊儿童心理辅导的任务

心理辅导的任务是协助求助者走出心理困境，以积极的态度面对生活，迎接未来。特殊儿童的心理辅导要求辅导者给予更具个性化的辅助，帮助特殊儿童解决心理矛盾，增强心理自信，学习生活技能，发挥发展潜能以适应社会生活。

（一）及时发现特殊儿童的心理健康问题

心理诊断可以帮助教育者及时了解特殊儿童的心理状况，及时发现特殊儿童的心理健康问题，避免心理健康问题给特殊儿童的发展带来更大的压力。例如，对于自闭症儿童，我们需要时刻关注其心理发展，避免自卑、低自尊、焦虑等负性情绪，使其在生活中体验到更多积极的情绪。

（二）缓解或解决儿童的心理健康问题

相对于正常儿童，特殊儿童的心理健康更容易受到伤害，及时给予辅导，可缓解和解决特殊儿童的心理健康问题。心理辅导的目标是提高特殊儿童的心理弹性，提高特殊儿童的适应能力和调节能力，并通过调节自身的认知和情绪保持心理健康。

（三）为特殊儿童心理健康发展提供专业指导

心理辅导的作用不仅是治疗，更是防患于未然。在上文我们已经提及特殊儿童的心理更敏感更易受伤，因此，心理辅导要为心理健康的特殊儿童和已经走出心理障碍的特殊儿童及其教育者提供专业的康复心理健康知识讲授和技能培训。

（四）辅助家庭和学校开发特殊儿童的潜力

相信每个特殊儿童都有自己潜在的优势，心理辅导要注重挖掘特殊儿童的潜在力量，帮助特殊儿童发挥主观能动性，克服自身的发展障碍，积极适应生活。而且心理辅导的重任之一是帮助教师和家庭相信特殊儿童具有发展潜力，相信他们能够通过发挥自己的主观能动性，在生活中学习和应用技能。

二、特殊儿童心理辅导的内容

特殊儿童与正常儿童的差异主要体现在三个方面：特殊儿童存在较多的身心缺陷、存在较大的个体差异、适应能力较差。例如视觉障碍儿童只能依靠听觉、触觉、嗅觉等来感知世界；而听觉障碍儿童在听说方面存在缺陷，不利于思维和社会性的发展；肢体残疾儿童在动作技能方面存在缺陷。这三类儿童因为自身的缺陷不能完整感知事物，更容易存在自卑、敏感、怨恨、内疚等心理状态。特殊儿童与正常儿童在学习能力、人际交往、社会适应等方面也存在较大缺陷，例如智力缺陷儿童的学习速度比较慢，学习起点比较晚。因此对特殊儿童的心理辅导，我们应从心理健康发展、行为矫正和潜能开发等方面入手。

（一）特殊儿童的自我认知

在上文我们已经提及特殊儿童容易出现自卑、内疚、孤独等问题，这些问题与特殊个体原本的缺陷共同影响了特殊儿童的认知，使其容易形成不良的自我认知，形成自我消极评价。心理辅导的首要任务是帮助特殊儿童形成正确的自我认知。协助父母给予特殊儿童无条件的关爱、客观的评价和合理的预期，有助于特殊儿童对自己的特点和能力形成客观、正确的自我认识和自我评价。

（二）特殊儿童的学习适应

特殊儿童在学习过程中产生的心理和行为问题有学习困难、多动、注意力缺陷、学校恐惧、厌学、说谎等，还会产生以紧张、焦虑、恐惧和抑郁为主的负性情绪。心理辅导的重点在于解决特殊儿童的学习适应问题，提高特殊儿童的学习动力，改变特殊儿童的学习态度。首先是特殊儿童的学习动机问题，心理辅导帮助特殊儿童将教学目标和自己的学习目标联系起来，使特殊儿童从内心认可学习的重要性，再及时将过去学习过程中收获的成功经验与当下或未来面对的问题联系起来，过程中，需要辅导老师给予及时的反馈和奖励。在此过程中，特殊儿童感受到自己在学习方面的变化，发现自己或大或小的进步，学习能力不断提升。

（三）特殊儿童的生活适应

1. 人际关系适应

为了帮助特殊儿童更好地适应生活，需要帮助特殊儿童正确认识和处理各种人际关系，掌握人际交往技巧，例如解决冲突、提出拒绝和合作，学习尊重、支持、信任等交往原则。鼓励特殊儿童参与一些团体教学活动，例如模拟社交活动、小组手工创作、艺术创作等。通过小组合作锻炼特殊儿童的合作和交流能力，帮助特殊儿童学会识别他人的表情和语言符号，学会正确表达情绪情感，学会与他人建立和维持人际关系。

2. 行为矫正

行为矫正适用于改变特殊儿童在活动中出现的不良行为，例如退缩、说谎等。利用行为矫正的原理和方法来改变和塑造特殊儿童的行为，部分发展障碍程度较轻的特殊儿童能够因此而得到明显的改变。例如轻度智障的儿童经过训练之后可以完成一些简单的工作，或是获得独立生活的能力。行为矫正有几种基本方法：（1）正强化，即采用强化物鼓励特殊儿童正确行为的出现；（2）惩罚，即对特殊儿童的不恰当行为给予及时的惩罚，以达到减少错误行为出现的目的；（3）负强化，即在特殊儿童出现一些恰当的行为之后，撤销引起特殊儿童产生不舒服感觉的刺激；（4）塑造，即帮助特殊儿童从基础行为开始，再逐步学习新的行为，实现最终目标。另外还有系统脱敏、认知行为疗法、链锁等行为矫正法[①]。

3. 性健康教育

保护特殊儿童免受性骚扰应是当下社会的重要课题，尤其是智商低下儿童的性健康教育极为重要，特殊儿童必须接受正确的性健康教育，掌握科学全面的性知识，掌握恋爱交友的技能。性健康教育同样影响了特殊儿童的人生观、价值观、恋爱观和婚姻观的发展。但并非所有的特殊儿童都能够接受性健康教育，应该视具体情况而定，避免某些特殊儿童在接受不恰当的性健康教育之后出现攻击异性和同性恋交往等情况[②]。另外，特殊儿童遇到性骚扰的危险较大，当不幸发生的时候，教师和家长需要及时为其提供专业的心理疏导，陪伴他们走出困境。

4. 情绪教育

帮助特殊儿童正确认识事物、产生恰当的情绪体验、正确表达情绪情感、学习理解他人情绪、合理宣泄情绪的技能。通过一些表达性的创作，例如绘画、游戏、音乐等，特殊儿童可以深刻体会并表达来自内心深处的情绪情感。帮助特殊儿童发展识别他人情绪的能力，发展心理理论，有助于特殊儿童正确地理解他人的情绪。帮助特殊儿童通过一些舞蹈动作、游戏活动、绘画作品宣泄内心积压的情绪，合理的情绪宣泄有利于心理健康发展。

（四）特殊儿童的潜能开发和人格完善

辅导者应该树立多元智能观，给予特殊儿童必要的感知觉训练和社会适应技能训

---

① 雷江华．学前特殊儿童教育［M］．武汉：华中师范大学出版社，2008.

② 赵蕴楠．特殊儿童的性教育研究综述［J］．新课程（中），2014（6）：179-180.

练，帮助特殊儿童发现自己的兴趣和特长，相信特殊儿童与正常儿童一样，可以通过努力实现相对理想的人生目标和拥有完善的人格。学校或培训机构为不同类型的特殊儿童开发各种特色技能课程，根据学生的类型和层次水平规划不同的学习内容和方法。例如陶艺、插花、手工制作、绘画、十字绣等课程适应不同发展特点和兴趣的学生。通过这种特色技能课程训练的方式补偿特殊儿童的发展缺陷，并开发特殊儿童的发展潜能。而且课堂中的合作学习能够帮助特殊儿童与同学形成良好的人际关系，教学过程中老师的鼓励和关爱也有利于特殊儿童的心理健康发展。

（五）特殊儿童心理问题的辅导

特殊儿童因为自身的某一缺陷而产生较多的心理问题，甚至会造成心理障碍。特殊儿童的心理发展比较容易出现敏感多疑、内疚、自卑、情绪表达和控制困难等问题，需要辅导者针对具体问题给予有效辅导。

1. 自卑感

存在视觉、听觉、肢体缺陷的个体常常因为自己不能和正常人一样活动和生活而感到自己是“没用的”，且在生活中还会受到其他人的歧视，这使特殊儿童容易产生自卑心理。严重的情况下，特殊儿童还会产生轻生的念头。因此，改善自卑感是特殊儿童心理辅导的主要内容。除了专业的认知辅导之外，还可以为特殊儿童设置一些难度适当的任务，让特殊儿童在完成任务的过程中获得自信，提升自我效能感。

2. 敏感多思

认识到自己与他人的生理和心理差异使得特殊儿童对周围事物的感知更为敏感。例如视觉障碍儿童主要依靠听觉和触觉来感知事物，对事物的感知不够全面完整，容易对事物形成主观和片面的认识，形成敏感多疑的性格特点。通过心理辅导，可以帮助特殊儿童认识自己的认知特点，辩证地看待自己和他人的观点，减少猜疑。同时，家长和教师对特殊儿童的认知、行为和情感做出及时的反馈，有助于特殊儿童正确认知客观事物。

3. 内疚感

特殊儿童的生活能力不及正常人，甚至还需要他人的帮助，使得特殊儿童容易产生自己是家人的累赘的想法，产生内疚心理。营造一个充满温暖、关心和关爱的成长环境对特殊儿童的心理健康发展起着极为关键的作用。因为通过正确的关爱方式，特殊儿童感受到家人的关爱和尊重，有助于他们感知到自己对于家庭的重要性，通过积极的应对方式减少内疚感。辅导者则需要采用专业的心理辅导，修正特殊儿童的认知偏差。

4. 情绪暴躁

听力、视力、动作能力等技能的丧失常使特殊儿童因不能准确接收和理解别人的信息而感到愤怒，容易产生强烈的情绪体验，而且情绪控制能力较弱，情绪暴躁。解决特殊儿童的情绪问题，首先是帮助他们正确识别和理解情绪，发展共情能力。家长和教师应该为特殊儿童创造一些参与团体活动的机会，特殊儿童在人际交往中锻炼情绪理解和表达的能力。另外，家长和教师也要帮助特殊儿童通过适当的宣泄方式合理地宣泄情绪，而不是一味地打击压抑他们的愤怒情绪。

5. 孤独感

特殊儿童常表现出人际交往困难，尤其是自闭症儿童长期的封闭状态使他们觉得自己与大众格格不入，不被社会接受，因此产生强烈的孤独感。来自家庭的鼓励和温暖是自闭症儿童最大的支持，尤其是父母的关爱能帮助其提升心理弹性，帮助自闭症儿童学会表达自己的愿望，改变其原本依靠刻板重复的肢体动作表达意愿的模式。

6. 敌意

由于认知的偏差、行为的局限、情绪体验和表达的困难，特殊儿童常感觉到他人对其持有不公平或歧视的态度，容易对他人产生敌意，容易急躁冲动、焦虑不安、对他人有攻击性。心理辅导应该通过模拟社交等形式帮助特殊儿童正确理解他人的言语和行为目的，体会自己与他人之间的公平和平等。而社会更要为特殊儿童的成长创造一个公平、平等、温暖的环境，消除或减少社会大众对特殊儿童的偏见和歧视，普及特殊儿童的心理健康教育知识。

三、特殊儿童心理辅导的方法

特殊儿童不同于正常个体，他们可能存在感觉器官的缺陷，或是理解他人言语困难，或是生理性和功能性表达障碍，所以一般的认知疗法可能不适用于特殊儿童的心理辅导，一些以采用某些器材或题材为媒介的心理辅导方法变成了特殊儿童心理辅导的新选择，包括沙盘游戏治疗、音乐治疗、舞蹈治疗、团体游戏治疗、绘画治疗、感觉统合训练等。

（一）沙盘游戏治疗

沙盘游戏治疗（箱庭疗法）是根据求助者在沙盘中摆放玩具的位置、属性以及作品的整体状态，结合精神分析理论分析沙盘主题特征，理解和辅导特殊儿童存在的心理健康问题，同时，沙盘游戏的过程有助于特殊儿童表达内心压抑的体验和感受。沙盘游戏治疗在特殊儿童心理辅导应用上取得了一定的成果，沙盘游戏可以锻炼特殊儿童的语言表达和社会互动。例如沙盘游戏治疗能够促进高功能自闭症儿童的社会交往[①]和语言表达能力[②]；改善读写困难儿童的情绪行为问题[③]；改善听障儿童的社交焦虑，提

---

① 袁圆．沙盘游戏治疗对自闭症儿童社会交往的影响［D］．杭州：杭州师范大学，2015.

② 郑荣双，邱海英．高功能自闭症儿童沙盘干预的个案研究——基于自闭症谱系认知理论的分析［J］．赣南师范大学学报，2014，35（1）：91-95.

③ 王滔，杜欢．沙盘游戏改善读写困难儿童情绪行为问题的个案研究［J］．中国临床心理学杂志，2016，24（4）：752-758.

高人际交往质量，扩大交友范围[①]。张日昇在《箱庭疗法的心理临床》一书中介绍了箱庭疗法在抑郁症、强迫症、品行障碍、儿童虐待、多动症、哀伤情绪等心理问题上的治疗效果，通过详细的案例介绍特殊儿童在箱庭治疗过程中的变化[②]。

（二）音乐治疗

音乐治疗以心理学治疗原理为基础，通过音乐活动的听、唱和演奏等多种形式刺激身体反应来实现促进个体身心健康的目的。尤其是在自闭症儿童的治疗上，音乐治疗通过音律和语言符号等促进自闭症儿童的语言发展；改善自闭症儿童的情绪表达能力；影响自闭症儿童的社会行为；改善自闭症儿童的感知觉能力；提高自闭症儿童的社交能力。[③]音乐和教学活动的结合能够帮助学生延长注意时间，降低焦虑水平。根据情景记忆理论，将记忆知识和音乐旋律结合在一起，创造一个带有积极情绪的学习环境，有利于知识的记忆、回忆和提取。

（三）舞蹈治疗

舞蹈治疗通过借助舞蹈体验的形式来帮助特殊儿童提升心理健康水平。当前研究发现，舞蹈治疗对特殊儿童的心理健康发展、创造力和人格培养的影响非常大，例如舞蹈治疗可以减少情绪与行为障碍儿童的冲动性行为，使其形成正确的社会化认知，提高注意的广度[④]。舞蹈治疗通过肢体动作协调人际交流，促进特殊儿童人际关系的建立。舞蹈的表达性功能可以帮助一些有表达性障碍的儿童通过肢体动作来表达意愿，与他人沟通交流。通过舞蹈动作的诱导与肢体语言的表达，可以帮助特殊儿童将潜意识的深层内容表达出来，有助于特殊儿童的身心健康和人格完善。同时，特殊儿童在舞蹈治疗的过程中学会协调自己与环境的关系，增强自身适应环境和生活的能力。

（四）团体游戏治疗

游戏是幼儿的主要活动方式，游戏活动还是天然的沟通媒介。团体游戏治疗同样对改善特殊儿童的语言表达、人际交往和认知问题有着显著的作用。例如特殊儿童在参与团体游戏活动中学习与他人互动，获得团体归属感，感受到团体的温暖和接纳，并且在活动中获得人际交往的经验。而团体游戏治疗的另一个重要作用是，游戏时间是让人自由放松、尽情享受、真性情表达的时刻，所以特殊儿童在游戏的过程中，可以按照自己的意愿摆动肢体、选择游戏和操作玩具等。因此团体游戏治疗对特殊儿童的学习困难、情感表达、社会技能、孤独感等方面有明显的治疗作用[⑤]。

---

① 王萍，黄钢，杨少文，等．聋童社交焦虑障碍沙盘游戏治疗的倒返设计研究［J］．中国健康心理学杂志，2008，16（12）：1375-1378.

② 张日昇．箱庭疗法的心理临床［M］．北京：北京师范大学出版社，2016.

③ 石志敏，林桂红，谢清．音乐疗法对自闭症患儿情绪、语言、行为、社交能力影响的 Meta 分析［J］．护理研究，2016（8）：922-926.

④ 庞佳．舞动疗法运用于特殊儿童康复研究述评［J］．中国特殊教育，2015（11）.

⑤ 李艳非．试论游戏对特殊儿童身心干预的有效性［J］．中国校外教育，2018（12）.

（五）绘画治疗

绘画治疗的环境相对安静、安全、包容，特殊儿童在自由、平等的环境中真实地将自己的想法和情感通过结构、线条和颜色淋漓尽致地表达出来。因此，在绘画的过程中，特殊儿童体会到自由、平等和尊重，也有勇气去探索和表达自己的真实情感和思想。在绘画治疗的过程，特殊儿童变得乐于与他人分享感受，愿意表达自己的积极情感，对事物有了新的感受，体验新的人际交往方式，开始认识到人际交往是愉快的①。绘画治疗具有较大的灵活性，适用于不同年龄阶段、不同的智商水平、不同的语言使用者……而且大多数特殊儿童都能做到用画笔或是肢体动作来进行绘画创作。

（六）感觉统合训练

感觉统合训练通过视觉、听觉、平衡觉、空间知觉等方面的训练，让特殊儿童将这些感觉在自身内部整合，并作出反应。感觉统合训练适用于普通人群、自闭症儿童、多动症儿童、智力障碍儿童和学习困难儿童。例如感觉统合训练有利于平复自闭症儿童的情绪波动；提高自闭症儿童的自我控制能力；提高自闭症儿童的合作能力；提高自闭症儿童的注意力水平；提高自闭症儿童的预压表达能力；②减少自闭症儿童的刻板行为③。感觉统合训练对孤独症的治疗效果明显，能够改善孤独症儿童的精神状态④。感觉统合训练对特殊儿童言语迟缓、神经系统不平衡、注意力差、怕生、脾气暴躁、手脚不灵活、多动症、语言组织困难等问题的改善起到显著的作用⑤。

【知识链接】特殊教育专业大学生的发展

贺文均（2013）编制了《特教专业大学生社会支持问卷》《特教专业大学生学习责任心问卷》《特教专业大学生专业承诺问卷》，且通过调查发现，特殊教育专业大学生的社会支持、专业承诺和责任心在总体上是不错的。在具体的维度中表现出：特教大学生从家人处获得的社会支持最大，其次是环境支持、教师支持和同伴支持；特教大学生的规范承诺最佳，其次是情感承诺、理想承诺和继续承诺；特教大学生学习认知责任心最强，其次是学习情绪、学习意志、学习态度和学习行为。

李翔（2018）编制了《特殊教育专业大学生对特殊儿童外显态度问卷》，正式问卷共有26道题，信效度良好，包括情感意向、认知意向和行为意向，

① 胡艺凡．画笔，打开轻障儿童心门的钥匙——绘画疗法对有情绪障碍学生康复效果的个案研究［J］．吉林教育，2017（42）．

② 赵敏芹．浅谈感觉统合训练对自闭症儿童的干预治疗［J］．中国校外教育，2015（9）：17.

③ 陈辰．感觉统合训练对自闭症儿童刻板行为影响的个案研究［D］．上海：上海体育学院，2015.

④ 刘照佩．感觉统合训练治疗儿童孤独症的疗效分析［D］．石家庄：河北师范大学，2014.

⑤ 黄培红．感觉统合训练对自闭症儿童行为改善的作用［J］．中国卫生工程学，2018（3）．

该问卷主要用于测量特殊教育专业大学生对特殊儿童的态度倾向。

在李翔的研究中，特殊教育专业大学生对特殊儿童的态度表现出情感意向和行为意向上的中等偏消极倾向，以及认知意向上的中等偏积极倾向。对比大一到大四特殊教育专业大学生的态度倾向，发现四个年级学生的态度存在年级差异；且相对于未经过特殊教育课程学习的大学生，经过特殊教育课程学习的大学生对特殊儿童的态度较为积极。另外，李翔还通过内隐范式探讨特殊教育专业大学生和非特殊教育专业大学生对特殊儿童的内隐态度，结果发现，大学生普遍对特殊儿童持消极内隐态度；而特殊教育专业的男性大学生对特殊儿童的态度表现出消极倾向，特殊教育专业的女性大学生则对特殊儿童持有中性的内隐态度。

资料来源：李翔．特殊教育专业大学生对特殊儿童的态度研究［D］．淮北：淮北师范大学，2018；贺文均．社会支持与特教专业大学生的专业承诺、学习责任心的关系研究［D］．重庆：西南大学，2013.

知识巩固

1. 简述影响心理健康的主要因素。
2. 简述心理辅导对个体身心发展的重要意义。
3. 特殊儿童的心理健康有什么特点？
4. 特殊儿童心理辅导的重要原则有哪些？
5. 父母在特殊儿童心理辅导中应承担什么样的角色？

第二章　特殊儿童心理评估与测量

知识目标

- 掌握心理评估的概念，辨析心理评估与心理测量的关系。
- 探讨心理评估的方法、类型及过程。
- 掌握特殊儿童心理评估中常用的测验。

技能目标

- 能够正确选择心理测验为特殊儿童进行心理评估。

第一节　心理评估概述

心理评估是特殊教育与教学中的重要环节。教师及教育工作者通过对特殊儿童的心理评估来收集所需的资料，进而对特殊儿童进行鉴别诊断和安置，以及在全面了解特殊儿童心理发展状况的基础上，为给特殊儿童制定个别化教育目标、实施教育管理等提供依据。

一、心理评估的定义

心理评估是指依据心理学的方法和技术来收集资料，对特殊儿童的心理特征与行为表现进行评估与鉴定，以确定其性质和水平并进行分类诊断的过程。心理评估既可采用标准化的方法，如心理测验；也可采用非标准化的方法，如评估性会谈、观察法、自述法等[①]。从另一个角度来看，心理评估也是一个收集资料的过程。按获得资料的时

① 陈美荣，胡永萍．教育心理学［M］．广州：中山大学出版社，2012.

间，可将评估收集的资料划分为现有的资料和新收集的资料。

（一）现有的资料

儿童在成长过程中通常会接受不同的检查，保留着各种各样的记录。如儿童刚出生时会测量身高和体重，出生后的头几年一般要定期做身体检查；儿童去医院看病会有治疗记录；入学时，学校通常会登记学生及家庭的基本情况（如姓名、性别、出生年月、家庭住址、父母职业、父母文化程度等）；入学后，学生参加考试和测验后会保留各种类型的分数记录，每个学年会有自我评定表等。这些记录通常作为档案性资料保留在学校、医院或家里。如果能以适当的方式收集到这些资料，就能为评估该儿童提供大量的信息。此外，有些学生以前做过作业或作品，如课堂练习、作文、绘画、手工作品等，这些也可作为评估的资料。若有些老师或家长仍保留着学生的部分作业或作品，那么这些资料也能为心理评估提供一些有用的信息。有些教师习惯对班中的特别事件做观察日志。评估人员可以借助教师的观察日志，判断学生是否具有行为问题，如攻击行为、违纪行为等。如果学生有问题行为，也可了解其行为发生的具体情况。此外，评估者可以通过具体的事例了解教师此前所采取的教学方法等是否恰当，进而为该教师提供有效的指导。

利用现有的资料做评估时，须知这类资料有一定的局限性。如有些资料在评估时看起来重要，被予以重视，然而有些资料当时看起来不重要，就往往容易被忽略。此外，如果因为评估者没有重视以前收集的资料，导致儿童的某些重要资料没有被记录或保留，而只能利用现有的资料去做评估，那么这样评估的结果可能不全面，还需要评估者用新的资料作补充。另外，接手的评估者常常不了解已有的资料收集时的具体情况①，因此，在使用此类资料进行评估时必须非常慎重。

（二）新收集的资料

新收集的资料包括最近刚完成或即将进行的观察、访谈、课堂考试、行为评定、智力测验、标准化成就测验及医学检查等。这类资料有这样的优点：（1）能说明被评估者目前的特征和发展水平，有助于评估者或教师根据评估结果设定目前的教学目标和内容。（2）评估者可根据自己的目的收集所需的各种资料，因此可以保证所收集的评估资料是全面的。（3）新收集的资料清晰可见，而且较易核实，所以一般来说新收集的资料比较可靠。但评估者通常由于时间、精力有限，不能在短时间内收集儿童每个方面的资料②，因此还需结合已有的资料来对该儿童进行评估。

评估者有时还需了解儿童过去的情况，了解其发展的过程，也要收集一些以前保留下来的资料。将已有资料与新收集的资料结合起来评估儿童的求助问题，更能体现该问题的动态发展情况，更有利于做出科学的判断。

---

①② 韦小满，蔡雅娟．特殊儿童心理评估［M］．2 版．北京：华夏出版社，2016.

此外，心理评估收集的资料包括求助问题的描述，被评估者的既往精神和躯体疾病史、家族史，成长环境和重要事件，人格特点和社会支持情况等。其中求助问题描述的内容包括问题现在性质、强度频率、出现时间、可能诱因、演变和处理经过以及影响[①]。这些资料对评估儿童的心理发展程度和行为问题非常重要。

二、心理评估的方法

（一）观察法

观察法是根据教师和教育工作者的目的，有计划、系统地直接观察儿童的行为表现，收集其行为表现的第一手资料，并对观察到的事实加以记录和客观解释，以评估儿童心理和行为特征的一种方法[②]。评估师可以与儿童面对面直接接触，也可以通过单向玻璃或录像设备间接观察儿童，结合项目检核表、评定量表和轶事记录等进行记录。

根据不同的标准，可将观察法划分为不同的类型。在这里，我们把观察法分为非系统观察和系统观察两大类。

1. 非系统观察

在这种方法的指导下，观察者并不是依照一定的观察规则进行观察，而是只注意被观察者在自然情景中的表现，对与观察目标有关的所有特征及重要的行为反应进行记录[③]。

轶事记录是观察法中最简单、最常见的一种形式，属于定性的观察。轶事记录并非观察固定的儿童或固定的行为，既不受观察计划的约束，也不受时间和地点的限制，只要是观察者认为值得记录的事情或行为，都可以记录[④]，因此，轶事记录在运用过程中非常灵活方便。

2. 系统观察

系统观察是针对特殊儿童在特定的环境中的某几项特别行为或障碍情况和程度进行仔细观察。观察者必须设计时间表，并安排观察顺序，以探究行为背后隐藏的问题[⑤]。

与系统观察相比较，前面提到的轶事记录就缺乏客观性和精确性。因此，为了发挥轶事记录在评估中的作用，评估者使用轶事记录收集资料时应注意做到：（1）记录要及时，以避免遗忘；（2）尽可能详细记录，记录的内容应包括事件发生的时间、地点、当时的情境及事件发生的过程；（3）尽可能用准确的文字把事件中重要人物的基

---

① 姚树娇．心理评估［M］.2 版．北京：人民卫生出版社，2013.
② 陈美荣，胡永萍．教育心理学［M］．广州：中山大学出版社，2012.
③ 王辉．特殊儿童教育诊断与评估［M］.2 版，南京：南京大学出版社，2015.
④ 韦小满．特殊儿童心理评估［M］．北京：华夏出版社，2006.
⑤ 同③.

本情况记录下来[①]。这样一来，评估者分析该资料时能准确回忆记录时的情况，而且其他评估者也能准确还原与理解记录的内容。

（二）访谈法

访谈法是指评估者通过有目的的交谈来收集有关特殊儿童心理特征和行为表现资料的一种方法[②]。

从访谈法的结构特征角度看，访谈基本可划分为三大类：结构性访谈、半结构性访谈和非结构性访谈。

1. 结构性访谈

结构性访谈，是指访谈限定于一定的结构模式，即按照设计好的访谈结构进行的访谈。首先，受访者的范围有限定的结构；其次，访谈中的话题、问题及答案也有固定结构；最后是按照一定的结构模式收集和记录访谈信息或资料[③]。

2. 半结构性访谈

在半结构性访谈中，评估者或老师通常会事先拟定一份访谈大纲，以大纲为主题进行访谈。而受访者的答案通常没有固定形式。如家庭访问，评估者或老师事先都会计划要了解的内容，然后对家长进行访谈[④]。

3. 非结构性访谈

非结构性访谈是指不受固定结构模式限制而进行的访谈。非结构性访谈无论在形式、程序上，还是在内容方面，都具有较大的灵活性、开放性和独特性。非结构性访谈通常不是按照研究设计中的访谈计划进行的，而是在即兴场合中进行的，也就是在访谈者与受访者的交流互动过程中演进的。比如家长到学校接孩子，老师借此机会向家长询问关于学生在家学习情况的相关问题，作为了解学生的资料。因此，非结构性访谈的意义更多地体现在这样的互动实践之中[⑤⑥]。

在整个访谈过程中，评估者需做到：（1）谨记方案设计，遵循着自己的发问线索；（2）发问方式不应带有任何偏见，以得到所需要的信息。例如，你在提问线索中可能希望知道“为什么”某一特殊事件会那样发生。贝克（Becker）于 1998 年分析了向信息提供者提出“为什么（why）”和“怎么样（how）”之间的重要区别。他认为前一类问题会引起访谈对象的防卫心理，他比较倾向用提“怎么样”这类问题来代替询问“为什么”。由此可见，访谈应同时满足两个要求——得到所需要的信息，以及通过开放式访谈收到“友好”“没有威胁性”的提问效果[⑦]。

---

① 韦小满，蔡雅娟．特殊儿童心理评估［M］.2 版．北京：华夏出版社，2016.
② 王辉．特殊儿童教育诊断与评估［M］.2 版．南京：南京大学出版社，2015.
③ 陆益龙．定性社会研究方法［M］. 2 版．北京：商务印书馆，2011.
④ 同②.
⑤ 同③.
⑥ 同②.
⑦ 罗伯特 · K. 殷．案例研究：设计与方法：第 5 版［M］. 重庆：重庆大学出版社，2017.

关于在访谈中要不要录音，比起其他方法，使用录音设备在准确性上的优势显而易见。但在以下情况不宜使用录音设备：（1）受访者表示不同意，或者录音时受访者表现得很不自然；（2）评估者缺少转录和系统地去听记录的具体计划，因为转录过程需耗费大量的时间和精力；（3）评估者不能熟练使用录音设备，这会干扰采访的正常进行；（4）评估者认为有了录音就不必全神贯注地去倾听整个采访过程①。当出现以上情况时，录音不但无益，反而会对访谈效果产生负面影响，因此评估者在这样的情况下不应使用录音设备。

（三）测验法

心理评估常用到的测验属于心理测验（psychological test 或 mental test）。它指运用心理测量技术将人的心理现象进行量化②。这是一种相对间接地评估个体心理特点的手段③。Anastasia认为："心理测验实质上是行为样本的客观的、标准化的测量。"换言之，心理测验是在标准情境下，取出个体行为样本进行分析和描述的一种方法④。

按照不同的标准，心理测验可分成多种类别。评估者了解国内外心理测量工具的使用现状与各类测验的优缺点，有助于在需要时准确地选择和恰当地使用测验。

1. 按照测量的对象

按照测量的对象，心理测验分为能力测验、人格测验、神经心理测验三个大类别。

能力测验可细分为智力、能力倾向和成就测验。智力测验（intelligence tests）测量的是心智能力，主要用于智力的个体差异表述、鉴别智力超常和低常者。最著名的是斯坦福－比内智力测验（SB-V）、韦克斯勒智力量表（WAIS 和 WCIS- Ⅲ 等）。能力倾向测验（aptitude tests）测量的是经过学习或者锻炼可能达到的能力，主要用于预测个体在将来的活动中成功与否的可能性。最具代表性的是一般能力倾向成套测验（GATB）、美国研究生入学考试（GRE）、明尼苏达文书测验（Minnesota Clerical Tests）、旺德利克人事测验（Wonderlic Personnel Test）等。成就测验（achievement tests）测量的是对特定领域知识和技能的掌握情况。最具代表性的是教育成就测验，如课程结业考试、中学里的会考，都是常见的教育成就测验。

广义的人格测验（personality tests）包含诸多的内容，除了人格结构，还包括兴趣、态度、价值观等。人格测验中最具代表性的有明尼苏达多项人格调查表（MMPI）、卡特尔 16 种人格因素量表（16PF）、大五人格问卷（NEOPI-R）、贝姆性别角色量表（BSRI）、麦布行为类型表（MBTI）、情境与特质焦虑量表（State-trait Anxiety Inventory）等。职业兴趣测验最具代表性的有杰克森职业兴趣调查（Jackson Vocalional

---

① 罗伯特·K. 殷. 案例研究：设计与方法：第 5 版［M］. 重庆：重庆大学出版社，2017.
② 汪勇，杨晓文，马康孝. 医学心理学［M］.5 版. 西安：西安交通大学出版社，2016.
③ 詹姆斯·布彻，苏珊·米内克，吉尔·胡利，等. 异常心理学［M］. 上海：上海人民出版社，2014.
④ 同②.

Interest Survey）、自我职业选择量表（Self-Directed Search，SDS）、斯特朗－坎贝尔兴趣调查表（Strong-Campbell Interest Inventory，SCII）、库德职业兴趣量表（Kuder Occpational Interest Sale，KOIS）和职业偏好量表（Vocational Preference Inventory）等①。

神经心理测验（neuropsychological tests）旨在对中央神经系统和特定大脑机能进行测定。神经心理测验包括单项测验和成套测验。单项测验如认知与情感测验（cognitive vs affective test）和感觉动作测验（sensory-motor test），有代表性的是韦克斯勒记忆测验（Wechsler Memory Test）、皮博德动作发展量表（Peabody Developmental Motor Scales）、班达完形测验（Bender-Gestalt Test）等；两个常用的成套测验是霍耳斯特德－赖坦成套神经心理测验（Halstead-Reitan Neuropsychological Test Battery）和鲁利亚－纳布拉斯卡成套神经心理测验（Luria-Nebraska Neuropsychological Test Battery）②③。

2. 按照标准化程度

依测验标准化程度，心理测验可分为结构化测验和无结构的非标准化测验。这两类测验的主要区别是测验材料的严谨程度和计分标准化程度不同。结构化测验的内容结构明确，评分遵循客观化的指标和系统程序；无结构的非标准化测验内容缺乏明确的结构，计分不能做到标准化，测验的有效性主要取决于计分者的专业水平。自陈式人格测验、智力测验多为标准化测验，测验有结构化的内容、标准化的程序和解释规则，如 16PF、WAIS 等；口试、论文、投射测验（projective test）一般为非结构化的主观测验，有代表性的投射测验如罗夏墨迹测验（Rorschach Inkblot Technique）、霍兹曼墨迹（Holtzman Inkblot Technique）、主题统觉测验（Thematic Apperception Test）等④。

3. 按照施测与应答的方式

依测验实施方式（mode of administration）的差异，心理测验可分为个体测验和团体测验。个体测验（individual test）指在同一时间内由一位主试者仅测试一位被试者。其优点是对受测试者观察详细，提供的信息准确，容易控制施测过程。在个体测验中，测试者和受测试者需建立融洽的合作关系，因此适用于有特殊需求的受测试者（例如幼儿、盲人），可在一次测试中获得有关受测试者的多样化信息；个体测试的缺点是费时、复杂、对测试者要求高。考夫曼儿童智力测验（Kaufman Assessment Battery for Children，K-ABC）、韦克斯勒智力量表、斯坦福－比内智力测验均为个体测验。团体测验（group test）指在某一时间内由一位主试者同时对多名甚至几十名受测试者进行测试。该种测验的组织可以在短时间内完成多人的测试，其优点是短时间内可以收集比

① 毕重增．心理测量学［M］．重庆：西南师范大学出版社，2016.
② 爱德华 S. 诺库格，R. 查尔斯 • 福西特．实用心理测验与评估［M］．北京：机械工业出版社，2013.
③ 顾海根．应用心理测量学［M］．北京：北京大学出版社，2010.
④ 同①．

较多的信息资料，适用于群体心理的研究。但多人同时参加测验要求测验的组织工作简单且易于实施，与此要求相关联，测验的内容、指导语、受测者的反应方式就比较简单。武装部队能力倾向测验、瑞文推理测验，大多数的人格、态度、兴趣测验均可作为团体测验使用①。

按照应答形式，心理测验可分为纸笔测验和操作测验。纸笔测验（paper and pencil test）也叫文字测验，指测验材料以文字的形式出现，受测者进行书面作答。其特点是实测简单易行，但易受受测者文化水平的影响。而操作测验（performance test），也叫非文字测验，是指以图形、实物、工具、模型的辨认和操作进行测验。其特点是很少受到文化水平的影响，但不利于大量的团体施测。新近兴起的计算机化测验（包括基于计算机的、计算机自适应的、基于网络的）则兼具纸笔测验和操作测验的特征②。

按照受测者的反应形式，心理测验可分为最佳行为测验和典型行为测验。最佳行为测验（maximum performance test）通常测量智力、能力倾向和成就，测试的过程中需要受测试者表现出所测特质的最高水平，测验分数反映出的是所测特质的程度高低，例如学业考试就需要参加考试者表现出最高水平。典型行为测验（typical performance test）通常测量人格、态度、价值观等内容。测验分数反映出的是所测特质的类型差异，测试中需要受测者按照自己的惯常方式对题目做出反应③。

4. 按照测验分数的解释标准

按评价测验结果的参照标准，心理测验可分为常模参照测验和标准参照测验。

常模参照测验（norm-referenced test）是指参照常模群体的水平解释分数的测验。常模群体可以是一个特别选定的团体，也可以是受测者所在群体的本身。常模群体的平均分数（或百分位数）一般可以反映它的水平，称为常模（norm）。以常模为参照点，将被测个人的成绩与常模比较，并把比较的结果所反映出来的差异数量化，作为导出分数。参照常模解释分数，突出反映了受测者在常模群体中的相对位置，即相对分数有意义，便于进行比较和选拔，适用于带有竞争性质的入学考试、竞赛以及为相对评价提供信息的各种测验。在心理测验中常模参照测验得到广泛应用，如比纳量表、韦氏智力量表等均是依据常模参照测验的理论编制的④。常模的体现形式有多种，最常用的是基于正态分布的常模，例如衡量智力的IQ测验。但需要注意，并不是测了智力的测验就是IQ测验，IQ测验通常指的是对智力整体的衡量，对于智力部分的测量，可以称为智力测验但不称IQ测验。同一个测验，通常会有多个常模，在参照常模解释测验分数的时候，需要选用最恰当的常模⑤。

---

①② 刘端海，丁亚军. 护理心理学［M］. 武汉：华中科技大学出版社，2017.

③ 毕重增. 心理测量学［M］. 重庆：西南师范大学出版社，2016.

④ 万崇华，江文富. 中华医学统计百科全书：健康测量分册［M］. 北京：中国统计出版社，2013.

⑤ 同③.

标准参照测验（criterion referenced test），亦称“目标参照测验”，与常模参照测验相对。根据预先设定的标准或目标核对测验分数，判定被试是否达到预定标准和目标的测验，如学绩测验、资格和证书考试等。这类型测验不需要常模，不比较被试的相对位置①，即测验结果的绝对分数有意义。例如教育诊断测验和职业筛选测验都是典型的标准参照测验。学校里的考试，可以诊断出具体的知识领域学习的欠缺，从而制定相应的辅导或改进方案。用人单位根据工作的性质和要求，对于求职者的知识和技能划定录取最低线，驾驶执照考试中的分科目考试通过标准，这些都是标准参照测验②。

三、心理评估与心理测量的关系

（一）联系

从本质上讲，心理评估包含着心理测量，并不排斥或否定心理测量，而且比心理测量的层次更高。从资料收集的方法看，心理评估包括但不限于测量和测验。心理评估强调将多种方法进行综合运用。从实施过程来看，心理测量是心理评估的基础和手段，心理评估是心理测量的目的和结果③。心理测量只是心理评估过程的一个基本阶段或部分。如果说心理测量是对人的心理发展状况进行客观的和量化的描述，那么心理评估就是利用各种资料，对心理测量的结果进行解释和判断，并将其作为指导教育教学的依据④。

（二）区别

心理测量是根据一定的法则对人的心理属性进行定量描述的过程，它基本上只涉及数字的收集，如给儿童的语言表达能力进行评分；而心理评估涉及测量之后对测验结果的解释，如评估者要了解这个分数的含义，对儿童获得的某个分数进行解释，以及如何据此为儿童制订个别化教育计划。心理评估是收集材料的过程，除了观察、访谈得到的资料，以及档案资料、平时的作业或手工作品等，也包括测量数据，进行心理评估时，评估者必须了解被评估者在各种情境下完成任务的方式。除了充分考虑任务本身会对个体产生什么影响外，还要考虑个体的成长经历、个性特征，以及评估时各种背景因素可能产生的影响。心理测量很强调客观性，而心理评估很强调合理性和目的性。心理测量强调要在测量过程中控制各种误差，以便收集到准确、可靠的数据；心理评估则强调利用收集来的各种资料⑤，做出科学合理的判断，以便更好地为教育教学与决策服务。

---

① 杨治良. 简明心理学辞典［M］. 上海：上海辞书出版社，2007.

② 毕重增. 心理测量学［M］. 重庆：西南师范大学出版社，2016.

③ 杜兵. 健康体检科［M］. 北京：中国医药科技出版社，2014.

④⑤ 韦小满，蔡雅娟. 特殊儿童心理评估［M］. 2 版. 北京：华夏出版社，2016.

第二节 心理评估的类型及过程

心理评估是依据心理学的理论和方法，通过观察、晤谈及心理测验等手段获得个体的信息，并对个体的心理现象做全面、系统和深入的客观描述的过程。心理评估在心理学、医学、教育、人力资源、军事司法等部门有多种用途。借助心理评估可以了解儿童的心理发展状况，以便采取相应的心理干预措施。

一、心理评估的类型

（一）常模参照评估与标准参照评估

按照评估时所参照的不同标准，可将心理评估分为常模参照评估与标准参照评估。

1. 常模参照评估

所谓常模参照评估（norm-referenced assessment），就是将被评估者所得的分数与常模进行比较，进而推断被评估者在群体中的相对位置。在这里，常模是指事先选取的具有代表性的被试样本在某项测验上的分数分布。经典的智力测验和人格测验都有不同人群和性别的常模用于评估。

常模参照测验最关心的是个体间的差异，其主要目的是将个人的表现与其他人的表现进行比较，将重点放在个体所处的相对地位上，而不是掌握所学内容的情况。这类评估的结果直接与常模团体的水平有关，还会随着常模团体的变化而变化。例如，某学生的阅读能力与水平较差的常模团体相比可能被认为比较高，但与水平较高的团体相比可能被认为比较差。常模参照评估多用于对特殊儿童的大规模筛查和评估，也可用于评价某个教学计划的实施效果①。

2. 标准参照评估

标准参照评估（criterion-referenced assessment），又称为效标参照评估，是指将被评估者所得的分数与某个标准进行比较，从而判断被评估者是否能通过这个标准。学校教学中，这种标准可以是评估前预先设定的某个学习内容的掌握标准，而且这种掌握标准应该与特定的教学目标或者所教授课程的特定内容相联系②。

标准参照评估最关心的是个体对特定学习内容的掌握程度，评估者不会将被评估者和其他人进行比较。例如我们都比较熟悉的全国大学四六级考试就属于标准参照评估，这种评估只要求考生通过设定的考试标准，不对考试结果进行排名。因此，这类评估的结果不像常模参照评估那样容易变化。标准参照评估多用于个案，如诊断个别学生擅长哪个领域的学习，或哪个领域的学习是他们的短板，以便为其制订更好的学习计划提供参考依据。

---

① 韦小满 . 特殊儿童心理评估［M］. 2 版 . 北京：华夏出版社，2016.

② 罗伯特·斯莱文，姚梅林 . 教育心理学：理论与实践：第 7 版［M］. 北京：人民邮电出版社，2004：341.

人们在使用标准参照评估的过程中可能会发现一些问题。比如，某老师设定期末成绩的评分标准为 A、B、C、D 四个等级。但期末成绩出来后，发现绝大多数学生的成绩只是 C。在这种情况下，不论是校长还是学生家长都不会对教学情况感到满意，因为他们可能会认为孩子在学业上没有什么进步。此外，即便绝大多数学生拿到了 A 的好成绩，也许很多家长会对这种结果感到满意，但校长和老师们可能并不会感到满意，因为他们可能认为这种成绩的区分度不高，并怀疑考题的合理性。

常模参照评估与标准参照评估的比较如表 2-1 所示。

表 2-1　两种评估方法的比较

特点	常模参照评估	标准参照评估
适用范围	调查性测验	掌握性测验
强调重点	调查个体之间的差异	描述个体能否完成任务
结果解释	将个体的评估结果与其他个人进行比较	将个体的评估结果与明确、具体的标准进行比较
内容覆盖面	一般包括较广泛的内容	一般集中在有限的任务上
设计的特性	经常使用细目表	经常使用详细的内容说明
题目选择程序	所选题目应最大程度地区分不同个体（获得最大的分数差异）；通常需要删除过于简单的题目	包括所有能充分反映个体成绩的题目；无须为提高分数变异而改变题目难度或删除简单的题目
标准	成绩水平由个体在群体中的相对位置决定（如班级排名第三）	成绩水平由绝对的标准决定（如个体掌握了一半的技术）

（二）正式评估与非正式评估

按照是否使用了标准化测验来收集资料，可以将心理评估分为正式评估和非正式评估。

1. 正式评估

正式评估是指运用标准化的心理测验及其他辅助方法来收集资料，从而对特殊儿童的心理特征、发展水平及存在的问题做出判断和解释。正式评估包含了标准化成就测验和标准化诊断测验两种方式。该评估一般按照指定施测程序、方法、指导语和计分标准来施测，并有参照指标可以对照。

正式评估的基本步骤如下：

第 1 步：选取或编制符合评估目的的标准化测验；

第 2 步：对被试进行施测；

第 3 步：将被试的所得分数与常模进行比较；

第 4 步：收取其他相关资料并结合测验的信效度来了解测验的可靠性；

第 5 步：根据评估目的做出有关教育决策。

正式评估的优点如下：

（1）可以减少无关因素对测量目的的影响。

（2）以相关理论为依据，有标准化的实施方式和分析方式，便于对不同人的测评结果进行比较和交流。

（3）同一测评工具可以用于许多人并可以反复使用。

（4）有严格的评估实施程序，看上去专业客观，增加评估的可信度。

正式评估需要注意的事项：

（1）应挑选适当的时间进行测评，避开被试有压力、身体不适或有特殊情况的时候施测。

（2）提供安静而不受打扰的环境。

（3）要求尽可能使用第一反应作答，避免长时间思考。

（4）测评时要一次性完成，不要中断。

2. 非正式评估

非正式评估是指运用标准化测验以外的其他方法来收集资料，从而对特殊儿童的心理特征、发展水平及存在的问题作出判断和解释。这种方法一般在施测、记分和分数解释方面没有严格或标准化的程序。常用的非正式评估方法包括观察、评定量表、检核表、问卷和访谈等。观察是了解被评估个体的一个重要评估工具，它可以由专业人士、其他重要人士或访谈者自己来实施。评定量表是评估者用来评价或评估个体所表现出来的个人特征或属性的工具。评定量表是主观的，因为这种评估是基于评估人的内部判断，所以，这种方法会存在一定的误差。除此之外还有很多种非正式评估方法，具体选用什么方法就要按实际需要来定。

非正式评估技术通常是由那些具有特定评估需求的个体所开发。作为自我开发的方法，非正式评估所投入开发的时间、金钱和专业知识一般会比那些全国性的开发工具少得多，所以，其信效度和跨文化问题等都没有得到很好的解决，并且没有经过科学的验证。不过，尽管非正式评估不像正式评估那么有测验价值，但也具有如下不可替代的优势：

（1）非正式评估作为总体评估过程的附加手段，可以帮助我们更好地了解被评估者的情况。

（2）非正式评估可用于评估我们想要测量的精确特征。因为正式评估有时候太宽泛了，以至于我们不能获得关于要考察的具体特征的充分信息。

（3）非正式评估程序花费的时间较少，成本也较低，实施起来较便利。

（4）非正式评估的程序易于管理，且解释起来较容易。

非正式评估为我们更好地了解个体提供了辅助手段。因此，当需要对某人进行评估时，如果非正式评估技术能够准确地测量这个人的一些重要的特征和品质，那么就应该将其作为广泛的评估题库的重要补充手段。大量的实践经验表明，非正式评估可以为教师提供许多有价值的信息[①]。近年来，教育界也非常提倡对学生进行非正式评估。但在选择使用这种技术时要跟其他评估技术结合起来才更加科学有效。

正式评估与非正式评估有许多不同点，主要表现在以下几方面。

（1）在实施评估的情境方面。一般来说，正式评估是在比较结构化、严格控制的情境中进行的。对评估情境实行标准化，其目的是要保证评估时不受情境因素的干扰。而非正式评估通常在比较自然和较少控制的情境中进行，例如，在儿童所在的班级、家里或娱乐场所等地方实施评估。虽然非正式评估的情境不如正式评估那么标准化，但是，在这种情境中评估人员可以观察儿童在比较自然、无控制的环境中所表现出来的行为。

（2）在评估技术方面。正式评估以标准化测验作为收集资料的主要工具，这类测验是运用一系列的测量技术编制而成的。这些技术涉及题目的取样、试测、信度和效度的检验、常模的制定、标准化等问题。而非正式评估很少有关于信度和效度方面的检验，通常也没有常模。因此，和正式评估相比，非正式评估的结果就显得不那么可靠。

（3）在灵活性方面。正式评估的各项活动通常是按规定的程序进行的，非正式评估则显得比较灵活、开放。在非正式评估中，评估人员可以根据需要对评估活动进行调整或修改，如果有更合适的内容，随时可以加进来。

（4）在报告结果的格式方面。在正式评估中，通常要用一些统计量（如平均数、标准差、标准分数等）来报告结果。在非正式评估中，一般不用统计量来报告结果，格式也不那么讲究，非常具有个人独特的风格；评估人员可以用他们认为最有意义、最贴切的方式来报告评估信息。另外，在正式评估中经常用一些表格来报告结果，而非正式评估更多地采用描述的方式来报告结果。

（三）筛查性评估、诊断性评估与治疗性评估

根据评估的不同目的和功能，可以将评估分为筛查性评估、诊断性评估和治疗性评估。

1. 筛查性评估

筛查性评估多用于确定某个群体中有没有与总体相比存在心理发展显著异常或迟滞的对象。该评估以特殊儿童的筛查为目的，主要针对高危儿童或可能存在问题的儿童。如果查出“高危儿童”，家长和老师就要对他们进行密切的关注，并将这类儿童转介到相关专家那里做进一步的诊断性评估。筛查性评估常用的工具包括丹佛发育筛查（DDST）、绘人试验和入学能力 50 项测验等。

2. 诊断性评估

诊断性评估是对被评估对象具有何种心理障碍的定性分析和判断。该评估的目的在于收集有关信息来确定特殊教育的对象、培养目标和方案。例如，确定哪些儿童属

---

① 爱德华 S. 诺库格，R. 查尔斯 · 福西特 . 实用心理测验与评估［M］. 北京：机械工业出版社，2013.

于特殊儿童，这些特殊儿童又属于哪一种类型的特殊儿童，他们应安置在什么环境中接受特殊教育等。由此可见，诊断性评估是区分正常儿童与特殊儿童、确定特殊儿童需要与类型的重要手段。可以说，没有对儿童的诊断性评估，就没有特殊教育的开始①。常用的诊断性评估方法包括Gesell发育量表（4周～3岁）、贝利婴儿发育量表（2个月～30个月）、韦克斯勒学前及初学儿童智能测验量表（4～6岁半）和斯坦福－比内能力量表等②。

3. 治疗性评估

治疗性评估是对某项心理干预和治疗效果的评价③。这类评估大多数属于标准参照评估，其目的在于为特殊儿童制定治疗和纠正方案。例如，教师可以对本班的自闭症儿童实施社会性机能的评估，再根据评估结果为他们制定社会技能的训练方案。

二、心理评估的过程

特殊儿童的教育诊断与评估需要有一定比例的专业人员和管理人员组成一个诊断评估团队来执行。综合已有研究，心理评估一般都包含以下四个基本步骤或环节。

（一）确定评估目的和评估对象

确定评估目的和评估对象属于评估前的准备工作。这是正式实施评估前非常重要的一环，在某种程度上也决定了评估的效果和质量。

评估目的是指通过评估明确想要获得的结果或想要解决的问题。在做心理评估之前，首先要明确本次评估的目的是什么，以便确定评估的内容以及选择恰当的评估工具和方法。例如，普通小学三年级有个男生，班主任和其他任课老师都反映该生学习很用功，做作业态度很认真，但该生总是会出错，比如经常把数字看错，写字的时候会忘了写某些字，另外，该生写字很用力。虽然看上去这孩子也不笨，但学习成绩却远远低于其表现水平。于是该生的父母请专家给他做诊断评估。很显然，这个评估的目的就是要鉴别。专家可以通过智力测验、适应行为评定量表、视听觉检查、感觉统合能力检查等来判断该生是否是特殊儿童，若是，还要判断他是智力障碍还是学习障碍，且程度如何④。

心理评估存在着多种多样的目的。比如临床心理评估的目的就包括：确定来访者存在什么样的心理问题；心理问题的严重程度如何；后续如果进行治疗，疗效如何。除了临床心理评估，其他领域的心理评估也存在多样的目的。比如人力资源心理评估专家需要评估的目的就包括要判断如果录取这个人，他能否履行好自己的职责。在特殊教育领域，特殊儿童心理评估的目的主要有诊断、筛查、预测和进程评价等。

---

① 王辉．特殊儿童教育诊断与评估［M］．南京：南京大学出版社，2015.
② 史慧静．学前儿童卫生与保育［M］．上海：复旦大学出版社，2013：96.
③ 邱鸿钟．咨询心理学［M］．广州：广东高等教育出版社，2013：140.
④ 同①．

1. 诊断

诊断（diagnosis）是指通过某些检查程序和测验，对评估对象的心理问题进行分类，如果有可能，还要解释原因和建议治疗方案。在临床心理评估中，诊断常常被认为是最重要的目标。因为诊断是否准确极大影响着被评估者的后续治疗过程。例如，有班主任反映某学生的学习成绩很差，且语言、动作、社会交往等方面的发展都比较迟缓。由于家长很想知道这个孩子是不是智力障碍，于是把他带到某所大学的特殊教育系，请专家给他做一做心理评估。接下来，专家为了判断这个孩子是不是智力障碍，可以用智力测验和适应行为评定量表来确定他在同龄儿童中的相对位置，然后依据他的智力和适应行为分数来判断他是不是智力障碍。很显然，这种评估的目的就是诊断。

2. 筛查

筛查（screening）评估针对的是某一群体而不是个体。筛查用来确定是否现存或将来可能会存在这样的个体。比如抑郁症在一般人群中的发生率比较高，但寻求治疗的患者比例却非常低。筛查出这些需要治疗的患者，可以有效促进对他们的早期干预工作。因此，筛查在心理评估中具有很大的价值。

3. 预测

预测（prediction）是心理评估的一项重要目标。人们不仅关心被评估对象当前的心理功能，还希望能有效预测他们未来某个时间段的心理和行为变化。预测的时间跨度可能较短也可能较长，比如预测儿童未来几周对新学校的适应问题就是属于时间跨度比较短的预测；但预测具有攻击行为的青少年未来是否会发展为反社会人格障碍患者则是属于时间跨度比较长的预测。

4. 进程评价

进程评价（progressive evaluation）关注被评估对象的心理状态随时间变化的情况[①]。比如，开学初，某所聋校的教师给本班的某个学生制订了一份个别化教育计划。这个计划实施半个月后，他很想通过评估了解该计划的实施效果，以便决定下一步该怎么办，这时候他的评估目的就是教育评价。

在确定了评估目的后，评估者已大致了解将对什么人实施评估。不过，在设计评估方案之前还应该多一点了解评估对象，因为评估对象的类别、年龄和阅读水平等方面的差异会影响评估工具的选择和评估方法的使用。例如，某所盲校想给本校学生做一次行为评估，评估者就需要考虑对这些盲生使用盲文问卷做行为评定比较好，还是用观察法或访谈法比较好。又比如，某评估者要给某位孤独症儿童做心理评估，那他事先就要了解这个孩子的年龄、智力水平、言语水平等情况。总之，在设计评估方案之前，对评估对象了解得越多，设计出的评估方案就越具有合理性和可行性。

① 姚树桥. 心理评估［M］. 北京：人民卫生出版社，2013.

（二）设计评估方案

确定评估目的和对象之后，就要考虑评估的具体内容。有些评估可能非常简单，只需对被评估者心理发展的某些特定领域进行评估；有些评估可能比较复杂，需要对心理发展的整体状况进行评估；而有些评估还需要结合有关资料进行综合评估。但无论评估是简单的还是复杂的，评估者事先都应拟订一份评估方案。一份完整的评估方案通常包括以下三方面的内容：

1. 确定评估的指标体系

所谓心理评估的指标体系，是指表征评估对象心理及相关属性发展状况的各级各类因素的集群及量化方法，其中包括智力测查、适应行为评定、儿童生长发育史、儿童疾病史、儿童家族病史、体检、学业成就、家庭和学校情况等。

2. 选择收集资料的方法、途径和工具，并设计收集资料的程序

确定了心理评估的指标体系以后，就应该根据指标体系中所包含的内容选择收集资料的方法、途径和工具，并设计出评估的程序。

收集评估资料的方法有很多，如心理测量法、生理测量法、观察法、问卷调查法、访谈法、心理实验法和作品分析法等。评估者要根据每项指标的具体要求选择最适合的方法。例如，测查智力最适合的方法是做智力测验，了解儿童的家族病史最好是采用访谈法。

收集资料的程序设计就是为收集资料制定一个时间表。这个时间表涉及哪种资料先收集，哪种后收集的问题。一般来说，容易的资料可以先收集，收集难度大的资料后收集。当然，还要考虑各种客观条件。例如，让孩子去医院做检查，要看近期能不能挂上号；对家长做访谈，应该了解一下家长最近有没有时间；去学校了解情况，也应该根据学校的工作安排选择适当的时间。为了使资料收集工作能够有序地进行，评估者应该先了解各方面的情况，然后通过和家长、老师、校长、医院的大夫等多方协商，最好制定出一个相对合适的资料收集的时间表。

3. 选择与培训评估人员

在特殊儿童的心理评估中，所要收集的资料往往是多种多样的。因此，团队合作对于一项评估工作的顺利完成很重要。当评估组织者一人难以承担全部的工作量时，就需要组成一个评估小组共同来完成资料的收集工作。评估小组的成员应该要经过筛选，并符合专业人员的标准，否则他们收集来的资料就难以保证准确性和可靠性。不过，有时很难找到非常合适的人选，这时评估的组织者就应该选择一些大致符合条件的人，然后对他们进行培训，直到他们成为合格的评估人员为止。

（三）实施评估

1. 根据评估方案收集多方面的资料

如果我们按照前文提及的步骤进行准备，现在已经设计出评估的指标体系，确定

了收集各种资料的方法、途径和工具，并确定了收集资料的时间表。那在这一环节里，就是要一步一步地实施以上这些计划。

在收集资料的过程中常常会遇到这样或那样的问题和困难，例如家长突然有急事，不能接受访谈了；孩子生病了，不能接受测试了；医院临时停止门诊等。评估人员要灵活地处理各种突发事件，对原计划可以做一些适当的调整，但不能降低所收集资料的数量和质量。

2. 对各种资料进行分析与综合整理

首先，把可靠的资料与需要证实的资料分开。有些用间接方式获得的资料，如通过访谈收集来的资料可能会出现误差。即使是直接观察，由于观察者的介入也会引起评估对象行为的改变。因此，在对资料进行综合之前必须确定哪些资料是准确的，哪些资料需要进一步的证实。然后，分析所收集的各种评估资料之间是否有矛盾。如果有矛盾，还要分析为什么会出现这样的矛盾，哪种资料更准确一些。接着，评估者要剔除对评估和制订教学计划无用的资料。有些资料虽然是准确的，但没有什么用，评估者应该果断地去除这些资料。最后，评估者要运用专业知识以合理的方式比较和解释各种资料，并根据评估目的对评估对象的心理发展状况及存在的问题做出结论。

（四）评估结果的应用

心理评估结论出来之后，一般要向家长、老师或校长报告评估结果。有些家长、老师或校长知道结果以后，就把它们锁进抽屉里不管不顾了，或者不恰当地使用了这些信息，例如，有的家长或老师会给特殊儿童贴标签。这样的评估结果是毫无用处的，甚至可能会伤害儿童。因此，评估结果必须以积极的方式加以利用，以促使儿童最大限度地发展。

特殊儿童心理评估的结果具有较广的应用范围。该结果可用于教育行政方面，如招生、学生的教育安置、教师的任用等；还可用于教学方面，如教育和心理问题的诊断、教学计划的制订、教学效果评价等；此外，咨询和指导方面，如给家长提供心理和教育咨询，指导教师和家长的教育、训练工作也能用上[①]。

第三节　特殊儿童的心理评估

对特殊儿童进行评估需要采用合适的评估模式与工具，以对儿童已掌握的知识和技能、可能存在的发展问题进行量化评估。

① 韦小满 . 特殊儿童心理评估［M］. 2 版 . 北京：华夏出版社，2016：34.

一、评估模式

（一）静态评估

静态评估（static assessment）是一种传统的评估方式，通过测定儿童已经掌握的知识和技能，从而了解儿童目前的发展水平和状况①。与静态评估相对的是动态评估。静态评估通常只评估一次，而动态评估需要以“评估—训练—再评估—再训练……”的方式，对儿童反复地进行评估和训练。不少学者提倡用动态评估来评估特殊儿童，理由是通过反复评估，会比较准确地把握特殊儿童的心理发展状况，将评估与训练结合起来又有助于儿童的发展。不过，韦小满认为，静态评估也是很有用的，因为有时确实需要了解在现阶段儿童比较稳定的状态是什么②。因此在实际的评估中，应该将静态评估和动态评估结合起来。

（二）动态评估

教育心理学家费尔斯坦（Feuerstein）根据维果茨基（Vygosky）的观点提出了属于认知心理学派的动态评估观点③。动态评估是通过测定儿童在评估者的提示、反馈、引导下其行为发生改变的情况，从而了解儿童的学习潜能④。

在评估过程中，动态评估特别强调评估学生如何开始学习及学习如何发生变化的心理过程，并试图评估学习者是否有改变的潜能。此外，它也是一种评估与教学并行的过程，在学习过程中评估者为学生提供各种形式的协助、诱导或中介，以帮助学生表现出最大可能的潜能。因此，相较于静态评估，动态评估最主要的含义在于三个方面：（1）着重于学习过程或认知改变的评估；（2）在评估中，评估者与被评估者的关系是互动的；（3）通过评估发掘学生最大的学习潜能⑤。

动态评估主要有以下六种动态评估类型（模式）⑥：

1. 学习潜能评估模式

学习潜能评估模式（learning potential assessment，LPA）的目的在于鉴别被错误分类的智力障碍儿童。以非语言作业为题材，运用“前测—训练—后测”的程序，来评估学生从训练中所获得的能力。其教学介入方式是采用“标准化教学”，首先协助学生了解学习的要求，同时给予鼓励和称赞，然后引导学生检查解题策略。学习潜能评估模式因为采用了“标准化教学”，所以容易施行，但学生前测能力差异很大时，会有区分上的困难。

---

① 中国聋儿康复研究中心．听力言语语言康复词汇：教育学部分［M］．北京：华夏出版社，2011.
② 韦小满，蔡雅娟．特殊儿童心理评估［M］．2 版．北京：华夏出版社，2016.
③ 王辉．特殊儿童教育诊断与评估［M］.2 版．南京：南京大学出版社，2015.
④ 同②.
⑤⑥ 同③.

2. 学习潜能评估计划模式

学习潜能评估计划模式（learning potential assessment device，LPAD）的评估目的有两个：找出个体的认知功能缺陷；评估学生对教学的反应程度、所需训练的类型及数量，以求改进。采取“前测—中介—后测”（或“教学后测”）的程序，来评估学生经过中介训练后的表现。其教学介入方式与学习潜能评估模式不同，它是采用“非标准化临床介入”训练一般技巧，同时给予特定反馈，以了解学生认知功能的缺陷或可塑性。

学习潜能评估计划模式的优点在于可提高学生的认知和迁移能力，但因采用“非标准化临床介入”而导致实施不易；另外，因记分不容易客观，而使得评分者间的信度较低。

3. 极限评估模式

极限评估模式的评估目的有两个：找出估计个体能力上限的最佳方式；提供对一般智力较敏感的指标。采取“测验中训练”的标准化介入模式，来了解学生实际智力。分析学生人格因素和测验情境的互动关系，以评析不同施测情境介入的最佳表现及介入策略的有效程度。极限评估模式因无前后过程，所以难以评估标准化介入的协助效益。

4. 心理计量取向评估模式

心理计量取向评估模式（psychometric approach assessment，PAA）的评估目的在于评估学生训练后学习能力（前后测分数的差异）的改变情况。它以空间推理为材料，采取“前测—训练—后测”的程序，来评估学生的能力，运用标准化介入协助学生，提高其学习能力。这种模式能克服传统评估中改变分数（前后测分数）未必等距、解释改变本质不易以及评估误差未必相等的缺点。但这种评估模式在学科运用上仍显不足，有待发展。

5. 连续评估模式

连续评估模式（continuous assessment）的评估目的主要在于检查不同教学介入的效果，确认有效介入成分。它认为认知发展的增进在于有效的中介学习，以教学、阅读等领域为材料，采取“前测—训练—再测—训练—后测”的程序，分两大阶段评估学生的认知能力和缺陷。第一阶段又分为两个步骤，先使用“静态评估”评估学生的一般能力，再实施“渐次提示”，并测量未经协助的“独立表现”水平。若第一阶段未达到预定的标准，就进入第二阶段的训练或渐次提示，然后给予静态评估，以评估学生的学习保留和迁移能力。连续评估模式虽有其优点，但程序稍显复杂，设计较为困难，这也影响了它的实施与推广。

6. 渐进提示评估模式

渐进提示评估模式（graduated prompting assessment，GPA）的评估目的主要在于两方面：了解学生的最初能力及实施动态评估后所能表现的最高水平；了解学生的学习能力和迁移效果，同时观察学生认知功能的运作过程。该模式深受俄国心理学家维果茨基的“最近发展区”概念的影响。他们将学习视为社会化中介过程，认为认知能力的发展是通过他人支持的人际互动学习而渐渐内化形成的。

（三）发展性评估

发展性评估（development assessment）指针对 0 ～ 6 岁的婴幼儿或学龄前儿童的身心全面发展状况进行综合性评估的过程，评估其身心发展是否按照普通儿童成长所遵循的一般规律有序发展。对儿童进行发展性评估，可以帮助我们判断儿童是否按照一般儿童成长及发育时的发展模式发展；发现儿童在某一领域或一个以上领域的显著发展迟缓现象，判断发展迟缓的原因并找出对策[①]。

发展性评估根据不同的评估目的可以分为以下四个类别：发展性筛选、发展性诊断、发展性先备测验、发展性特殊评估。

1. 发展性筛选

发展性筛选是通过发展性筛选量表筛查出疑似有特殊需要的 0 ～ 6 岁儿童，使家长、教师或其他专业人员对儿童的发展状况有所警觉。使用发展性筛选量表过程中需要注意的是，避免因一次评估结果而确定儿童发展迟缓，这样会给儿童贴上标签，进而给儿童带来不利影响。因为筛选性量表得出的结果并不精确，其主要的作用是筛查而非诊断。学习者应注意，发展性评估是一个动态过程，而不是固定的诊断结果。如果使用发展性筛选量表发现儿童可能存在发展障碍，那么我们就需要使用发展性诊断量表进一步评估儿童的状况[②]。

2. 发展性诊断

将疑似特殊儿童转介到专门的诊断机构，对儿童进行发展性诊断。发展性诊断是依据发展性诊断量表提供给评估者比较精确和全面的结果。此评估结果不仅可以作为儿童是否需要接受特殊教育及如何安置的依据，还可以列入儿童的个别化教育计划当中，成为设计教学、训练、康复计划的依据，另外还可根据此结果评估儿童教学训练的进展情况。

3. 发展性先备测验

先备测验是测量某方面知识或能力是否已经事先具备的测验。发展性先备测验主要是评估儿童在进入小学学习前是否已经做好相应的准备，因此通常发展性先备测验测量的是 4 ～ 7 岁儿童的行为。测验的内容包括教师认为儿童应具备的一些能力，主要包括以下几个方面：（1）了解关于自身及周围环境的信息；（2）具备一定的生活自理能力；（3）有时间、空间和数量等相关概念；（4）精细动作能力，主要是手的灵活程度；（5）粗大动作能力；（6）阅读的基本能力；（7）书写的基本能力；（8）语言能力；（9）游戏及听从指示的能力；（10）与同伴合作及参与班级活动

---

①② 秦奕. 特殊需要儿童早期干预［M］. 南京：南京师范大学出版社，2014.

的能力[①]。

教师普遍认为具备以上能力的儿童能够较好地适应新的学校生活，而不具备上述能力的儿童容易在新环境中受到挫折。对儿童上述各项能力的评估不能仅仅依靠先备测验，还需要对儿童进行观察，以便对儿童的变化进行记录。将静态评估与动态评估结合才能更好地评估儿童这十项能力。

4. 发展性特殊评估

有些具有严重障碍的儿童，如重度或极重度智力障碍、重度言语障碍、严重感官障碍、身体障碍和严重情绪障碍的儿童，对他们进行发展性评估需要一些特殊的发展测验和评估程序。事实上，目前并没有专门为严重障碍儿童设计的发展性评估工具。因此，对这些重度或极重度障碍儿童的评估需要多领域专业人员协同进行，通过儿童的不同表现了解该儿童的评估需求，以便为其制订和实施个别化教育计划。

表 2-2 对发展性评估的类型及其目的进行总结。

表 2-2　发展性评估的类型及其目的

类型	目的
发展性筛选	提供儿童整体发展的粗略概述
发展性诊断	提供儿童发展上较为详细的资料，包含儿童的优缺点以及发育是否迟缓等信息
发展性先备测验	为了确定儿童是否已为一年级课程做好心理准备所设计，重点集中在学前技能和概念
发展性特殊评估	包括评估特殊需求儿童的工具与程序，也可评估鉴别重度障碍的婴幼儿

资料来源：王辉 . 特殊儿童教育诊断与评估［M］.2 版 . 南京：南京大学出版社，2015.

（四）生态化评估

生态化评估着眼于儿童生命发展的全程，将儿童与其生活的环境看作一个完整的系统，从而进行综合、全面、持续和动态的评估。值得注意的是，对儿童某种行为的评估应该在其行为经常出现的情景中进行，并尽量让儿童保持真实和自然的状态，以提高评估的生态效度[②]。

根据布朗芬布伦纳对于个体与其所生存环境的关系研究，有研究者运用布朗芬布伦纳生态层级理论来对自闭症儿童进行评估，这样的评估是从儿童自身以及所处的微观系统、中观系统、外观系统和宏观系统等方面来考虑的[③]。布朗芬布伦纳生态层级结构图如图 2-1 所示。

① 王辉 . 特殊儿童教育诊断与评估［M］.2 版 . 南京：南京大学出版社，2015.
② 张福娟，江琴娣 . 特殊儿童个案研究［M］. 上海：上海教育出版社，2005.
③ 杨广学，王芳 . 自闭症整合干预［M］. 上海：复旦大学出版社，2015.

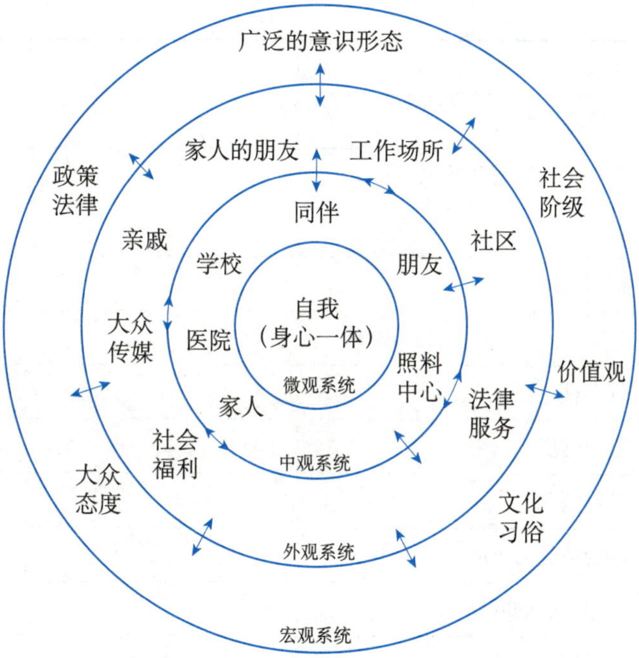

图2–1　布朗芬布伦纳生态层级结构图

这个理论认为在进行心理评估的过程中不仅要关注儿童外在的行为表现，更要对儿童当下的意识经验和主观体验予以充分尊重。具体而言，评估师既要了解儿童的健康状况、心理发展状况、学习状况、运动状况、情绪与行为情况、社会技能发展状况，更需要对这些外显行为下的意识、体验、个人感受、人际关系做出解释。同时，强调自我是生态系统中的一部分，始终处于动态变化的生态环境之中，两者相互影响并可调适。因此在对儿童进行心理评估与制订教育计划时要考虑儿童的微观、中观、外观和宏观系统，适时调整教育计划①。

评估具体的内容可分为三部分，包括儿童个体的评估、环境支持的评估和综合评估。表 2–3 是生态化评估表示例。

表 2–3　生态化评估表

1. 个人的想法、愿望		2. 家长的希望
3. 个体的喜好	喜欢的东西（食物与物品）	
	喜欢的活动	
	喜欢的人物	
4. 个体的优势	个体的特长	
	个体的性格优势	

① 杨广学，王芳 . 自闭症整合干预［M］. 上海：复旦大学出版社，2015.

续表

5. 健康状态	生长经历			
	疾病用药经历			
	视听觉的问题及其他			
6. 智力发育状况	智力			
	语言			
	运动			
	社会性			
7. 学习状况	学习态度			
	学习情况			
8. 行为情绪	不合适行为（问题行为）			
	情绪方面的问题			
9. 运动状况	运动情况			
	参加情况			
10. 社会生活技能		家庭	学校	社区
	日常生活技能			
	社会活动参加技能			
	语言的理解与沟通			

资料来源：杨广学，王芳. 自闭症整合干预［M］. 上海：复旦大学出版社，2015.

二、常用测验工具

（一）智力测验

1. 韦克斯勒智力量表

韦克斯勒智力量表是国际上使用最为广泛的智力测验工具之一。由美籍罗马尼亚心理学家大卫•韦克斯勒（David Wechsler，1896—1981）从1939年起陆续编制而成。韦克斯勒在多年的临床实践中发现斯坦福－比内智力量表在对成人进行智力评估时存在较大的缺陷。首先，斯坦福－比内智力量表的题目是专门为儿童设计的，对成人来说过于简单，不能引起成人的兴趣；其次，用比率智商表示成人的智力不够准确；再次，常模资料来自学校儿童，参照这样的常模来评估成人的智力也不太合适。于是，他从1934年开始致力于成人智力测验的研制工作，根据自己对智力的理解，他于1939年编制了韦克斯勒－贝尔韦量表I型（Wechsler-Bellevue Scale Form I，W-BI），这是世界上第一个成人智力量表。几年后，他又编制了该量表的一个复本，称为

W-BII。随后，他将这两个量表修订成适合于更小和更大年龄的受测者。几十年来，他陆续发表了一系列韦克斯勒智力量表，如今这些量表已成为世界上应用范围最广的智力量表①。

目前韦克斯勒量表已经发展出一系列适合不同年龄阶段的量表（见表 2-4），这些量表都有中国修订版。北京师范大学林传鼎主持修订了韦氏儿童智力量表并制定全国常模；湖南医科大学龚耀先先后主持修订韦氏成人智力量表与韦氏幼儿智力量表，制定了这两个量表的全国常模②。

表 2-4　韦克斯勒智力量表的不同版本

时间	名称	简称	适用年龄范围
1939	韦克斯勒 - 贝尔韦智力量表Ⅰ型	W-BⅠ	7～70 岁
1942	韦克斯勒 - 贝尔韦智力量表Ⅱ型	W-BⅡ	10～60 岁
1949	韦克斯勒儿童智力量表	WISC	5 岁～15 岁 11 个月
1955	韦克斯勒成人智力量表	WAIS	16～64 岁 *
1967	韦克斯勒学龄前和学龄初期儿童智力量表	WPPSI	4 岁～6 岁半
1974	韦克斯勒儿童智力量表修订版	WISC-R	6 岁～16 岁 11 个月
1981	韦克斯勒成人智力量表修订版	WAIS-R	16～74 岁
1989	韦克斯勒学龄前和学龄初期儿童智力量表修订版	WPPSI-R	3 岁～7 岁 3 个月
1991	韦克斯勒儿童智力量表第三版	WISC-Ⅲ	6 岁～16 岁 11 个月
1997	韦克斯勒成人智力量表第三版	WAIS-Ⅲ	16～89 岁

* 常模团体中的老年组为另加的样本。

资料来源：韦小满 . 特殊儿童心理评估［M］. 北京：华夏出版社，2006.

韦氏智力量表包括言语和操作两部分。测验结果包括总智商、言语智商和操作智商。首次采用离差智商的概念③。言语量表分为常识、词汇、算术、理解、类比和背数 6 个分测验，操作量表分为图画补缺、图片排列、积木图案、物体拼配、译码、迷津 6 个分测验。背数与迷津两个分测验是备用分测验，在其他某个分测验失效时作为替代补充用。韦克斯勒在他编制的儿童智力量表中首次提出了离差智商的概念。所谓离差智商，实际上是一个人的成绩和同年龄组被试者的平均成绩比较而得的相对分数。计算公式：

$$IQ=15(X-M)/S+100$$

① 韦小满 . 特殊儿童心理评估［M］. 北京：华夏出版社，2006.

② 杨治良 . 简明心理学辞典［M］. 上海：上海辞书出版社，2007.

③ 同② .

式中：X 为被试者的原始分数；M 为被试者所在年龄组的平均分数；S 为该年龄组分数的标准差；15 是经计算所得智力分布的标准差；100 为大多数人的平均智力水平。表 2-5 和表 2-6 是智力等级分布表和智力缺陷等级分布表①。

表 2-5　智力等级分布表

智力等级	IQ 范围	人群中的理论分布比率 /（%）
极超常	≥ 130	2.2
超常	120 ～ 129	6.7
高于平常	110 ～ 119	16.1
平常	90 ～ 109	50.0
低于正常	80 ～ 89	16.1
边界	70 ～ 79	6.7
智力缺陷	≤ 69	2.2

表 2-6　智力缺陷等级分布表

智力缺陷等级	IQ 的范围	占智力缺陷的百分率 /（%）
轻度	50 ～ 69	85
中度	35 ～ 49	10
重度	20 ～ 34	3
极重度	0 ～ 19	2

2. 瑞文标准推理测验

瑞文标准推理测验（Raven's Standard Progressive Matrices，SPM）由英国心理学家瑞文于 1938 年首次创制。该测验的编制是依据斯皮尔曼的智力二因素理论。它旨在测试人的一般智力水平②，尤其可以测量解决问题的能力、观察力、思维能力、发现和利用自己所需的信息及适应社会生活的能力；适用于 6 岁到 70 岁个体，是一种非文字智力测验，不同的职业、国家、文化背景的人都可以用。由于排除了文化的影响，所以就算是聋哑人，丧失某种语言机能的病人，或者是具有某些心理障碍的人也可以用。正常人完成瑞文标准推理测验大约需要半小时，最好在 45 分钟之内完成。该测验具有较高的信度和效度，既可以个别进行，也可以团体实施，使用方便，省时省力，结果解释直观简单。

瑞文标准推理测验一共由 60 个图形组成，分为 5 组，每组 12 题。A、B、C、D、E 五组的题目难度逐步增加，每组内部题目也是由易到难排列。每个题目由一幅缺少

① 刘端海，陈礼翠，李巫熙．护理心理学［M］．武汉：华中科技大学出版社，2011.
② 梁宝勇，洪炜．心理评估技术及其应用［M］．北京：高等教育出版社，2014.

一小部分的大图案和作为选项的 6 ～ 8 张小图片组成。测验中要求被测者根据大图案内图形间的某种关系选择小图片中的哪一张填入大图案中最合适。示例如图 2-2 所示。

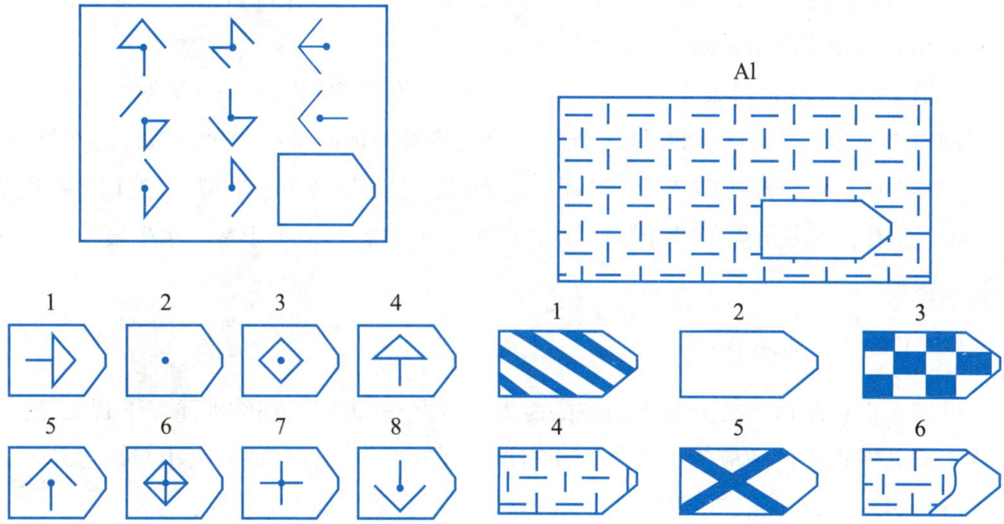

图2-2　瑞文标准推理测验示例

各组题目的测试重点如下：

A 组主要测查知觉辨别力、图形比较及图形想象等能力；

B 组主要测查类同比较、图形组合等能力；

C 组主要测查比较推理和图形组合等能力；

D 组主要测查系列关系、图形套合等能力；

E 组主要测查互换、交错等抽象推理能力。

以题目通过计 1 分、未通过计 0 分的方法进行计分，将五组题目的得分加起来可以获得原始分数。根据受测者的实足年龄和原始分数查常模转化表，即可确定与该分数相对应的百分等级，进而评估智力发展水平。瑞文标准推理测验所得智商等级标准如表 2-7 所示：

表 2-7　瑞文标准推理测验所得智商等级标准

级别	标准
一级	测验标准分等于或超过同年龄常模组的 95%，为高水平智力
二级	测验标准分在 75% 与 95% 之间，智力水平良好
三级	测验标准分在 25% 与 75% 之间，智力水平中等
四级	测验标准分在 5% 与 25% 之间，智力水平中下
五级	测验标准分低于 5%，为智力缺陷

对分数作解释时应注意，瑞文测验强调推理方面的能力，并非完全的智力，目前仅用于智力方面的筛选，不能绝对化。

瑞文标准推理测验的编制者于 1947 年编制了适用于更小年龄儿童和智力落后者的瑞文彩色推理测验（Raven's Color Progressive Matrices，CPM），而在标准测验中得满分的受测者，还可以进一步测量适用于高智力水平者的瑞文高级推理测验（Raven's Advanced Progressive Matrices，APM）[①]。

中国 1986 年由张厚粲主持修订了"瑞文标准推理测验"，共 60 道题目，适用于中国城市 5 岁半至成人。1988 年，李丹把瑞文测验的标准型和彩色型联合起来修订，称为"瑞文测验联合型（CRT）"[②]。现经过修订，它已发展为标准型（SPM）、彩色型（CPM，适用于较小儿童和智力落后者）、高级型（APM，适用于智力水平较高者）和联合型四种[③]。

（二）适应行为测验

过去人们普遍认为智力是人的主要能力。因此 20 世纪初在欧洲建立了智力测验。后来人们又发现人的适应能力也是一种非常重要的能力，此种能力大小与智力并不完全平行，因此在 20 世纪 30 年代美国又开始了对社会适应行为的研究。

适应行为是指个体有效地应付社会环境的行为，具体表现在个人的生活能力、定向能力、与环境交往的能力、参加社会活动的能力和自律能力等方面。适应行为的评定是精神发育迟滞诊断的重要组成部分。在特殊儿童的鉴别、安置、教育和训练中，适应行为的评估是一项十分重要的内容。为了做好这项工作，评估人员需要对适应行为及有关问题有一个比较全面的了解，而且还要熟练地掌握以下适应行为的评估工具。

1.AAMR 行为测验

美国精神发育迟滞协会（American Association on Mental Deficiency，AAMD）将适应行为定义为"符合个人所处自然环境和社会环境所要求的行为"。该定义对适应行为的评价主要集中在两个方面：一是个体保持独立生活的能力；二是个体能在多大程度上符合文化环境和社会责任对他的要求。该协会还编制了适应行为评定量表（AAMR Adaptive Behavior Scale，ABS），该量表经过几十年的使用已经渐趋成熟，成为目前国际上最著名、应用最广泛的两大适应行为量表之一。

AAMR（American Association on Mental Retardation，美国智力落后协会）适应行为量表最早的版本发表于 1969 年，由尼海拉（K. Nihira）等人在美国智力缺陷学会的资助下编制。1981 年，兰伯特（N. Lambert）等人对其进行了一次重大的修订，取名为 AAMR 适应行为量表－学校版（ABS-SE）。ABS-SE 用于评价 3 ～ 69 岁智力残疾、情绪适应不良和发育障碍的个体。整套量表共有 95 个条目，这些条目又分为两部分：

---

① 毕重增．心理测量学［M］．重庆：西南师范大学出版社，2016.
② 杨治良．简明心理学辞典［M］．上海：上海辞书出版社，2007.
③ 梁宝勇，洪炜．心理评估技术及其应用［M］．北京：高等教育出版社，2014.

第一部分主要测量人们的基本生存技能和维持个人独立生活的重要习惯，也就是正常适应行为的评定；第二部分主要测量与人格和行为障碍有关的不良适应行为，如表 2-8 所示。

表 2-8 ABS-SE 的领域、子领域及条目数

第一部分	第二部分
1. 独立生活能力	10. 攻击行为（5）
进食（4）；使用厕所（1）；清洁（3）；	11. 反社会与社会行为（6）
仪表（2）；管理衣物（1）；穿脱衣服（2）；外出（2）；其他独立生活能力（2）	12. 对抗行为（6）
2. 身体发育	13. 可信赖行为（2）
感觉发展（2）；运动发展（4）	14. 退缩（3）
3. 经济活动	15. 特殊癖好（2）
用钱与预算（2）；购物能力（2）	16. 人际交往方式（1）
4. 语言发展	17. 不良的说话习惯（1）
表达（5）；理解（2）；社交语言发展（2）	18. 不良的行为习惯（4）
5. 数字和时间（3）	19. 活动水平（1）
6. 就业前工作表现（3）	20. 症状性行为（7）
7. 自我管理	21. 药物服用情况（1）
主动性（2）；坚持性（2）；业余时间安排（1）	
8. 责任心（2）	
9. 社会化（7）	

ABS 一般有三种评定方法：第一种是由知情者填写，这要求知情者熟知被评价者的一些相关情况；第二种是由专业人士通过访谈进行直接评定；第三种是从多个知情人那里获得信息再综合起来进行评定。施测时，主试需要将题目逐条念给熟悉受测者的人，如父母或老师。在他们报告完受测者的有关情况之后，主试再对受测者的行为表现作出评定。在统计分数时，主试要将各领域的条目分数加起来，即可得到每个领域的原始分数；随后再将各领域的原始分数转换成百分等级，即可以判断受测者在各领域能力的高低。

1993 年，兰伯特等人对 ABS-SE 进行了一次修订，新量表简称为 ABS-SE2。ABS-SE2 也用于评估受测者的一般适应能力和不良的适应行为。与 ABS-SE 不同，该量表的适用范围是 6 ～ 21 岁的在校学生。ABS-SE2 与 ABS-SE 在结构、内容、施测与记分方法上都有许多相似之处，不过，ABS-SE2 在各领域所包含的条目数、第二部分所评估的领域方面作了比较大的调整。该量表所包含的领域、子领域及条目数如表 2-9 所示。

表 2–9　ABS-SE2 的领域、子领域及条目数

领域和条目数		因素
第一部分	1. 独立生活能力（24） 2. 身体发育（6） 3. 经济活动（6） 4. 语言发展（10） 5. 数字和时间（3） 6. 职前 / 职业活动（3） 7. 自我管理（5） 8. 责任心（3） 9. 社会化（7）	1. 个人生活自立 2. 社会生活自立 3. 个人－社会责任心
第二部分	10. 社会行为（7） 11. 服从（6） 12. 可信赖行为（6） 13. 刻板和多动行为（5） 14. 自虐行为（3） 15. 社会约束（4） 16. 不良的人际交往行为（6）	4. 社会调节 5. 个人调节

ABS-SE2 是 AAMR 适应行为量表的最新修订本。经过本次修订，其常模抽样比以前更具有代表性，信度和效度的研究也更加充分。ABS-SE2 的最大优点是评估内容全面，施测方法简单。不足之处是该量表的稳定性和评分者信度还需要进一步提高。

我国 14 个省市的 19 个单位的学者对适应行为量表（AAMD-ABS）进行了协作研究，并修订了该量表的个别项目，最后取得了小学儿童适应能力常模，且将其用于智力低下儿童的诊断和特殊儿童的教育发展研究[①]。另有学者编制了中国儿童适应行为评定量表[②]，该量表共有 59 条项目，分 8 个分量表和 3 个因子，采用适应行为商数（ADQ）对儿童适应行为水平进行划级。研究表明，该量表与韦氏智力测验的结果密切相关，有较好的临床实证效度，可作为智障儿童智力评估的辅助方法。由此可见，该量表对我国的社会适应性研究和评量有着积极意义[③]。

目前关于适应行为的评定量表和工具还有文兰社会成熟量表（The Vineland Social Maturity Scale，出生至成年）、适应行为评价系统（ABAS，5 ～ 21 岁）、适应行为理解测验（CTAB，出生至 60 岁）和社会适应自评量表（SASS，18 ～ 65 岁）等。这些量表在美国教育和心理测试中被经常采用，并且大多数量表已经采用了电脑测试。

---

① 全国协作研究组 . AAMD 适应行为量表在我国的应用［J］. 中国心理卫生杂志，2000，14（3）：157-160.

② 姚树桥 . 心理评估［M］. 北京：人民卫生出版社，2013.

③ 于可红 . 体育与健康课程学习评价指标体系研究［M］. 杭州：浙江大学出版社，2013：273.

2. 儿童适应行为量表

1996 年，北京师范大学的韦小满对 ABS-SE 进行了修订，将新量表命名为儿童适应行为量表。儿童适应行为量表不仅是评估儿童适应行为的一种工具，也是诊断和评估儿童精神发育迟滞的辅助手段。该量表适用于 3 ～ 16 岁的儿童或青少年，评估的是受测者的一般适应能力和不良的适应行为。该量表可以由经过正规训练并且熟悉被试情况的人来评定，也可以由测验者通过询问知情人，如儿童的父母、老师或其他监护人来进行评定。

儿童适应行为量表由两部分组成：第一部分主要评估儿童的一般适应能力，由动作发展、语言发展、生活自理能力、居家与工作能力、自我管理和社会化 6 个分量表组成；第二部分主要评估儿童的不良适应行为，由攻击行为、反社会行为、对抗行为、不可信赖行为、退缩、刻板与自伤行为、不适当的人际交往方式、不良的说话习惯、不良的口腔习惯、古怪的行为、多动和情绪不稳定 12 个分量表组成。

儿童适应行为量表的施测和记分方法与 ABS-SE 类似，即主试把题目逐条念给受测者的父母或老师听，在他们报告有关的情况之后，对受测者的行为表现作出评定。在解释测验结果时，评估人员需将总分及各领域的原始分数转换成百分等级和标准分数，以便判断受测者在各领域能力的高低。受测者在各条目上的得分情况也可以作为制订个别化教学计划的依据。

除了以上介绍的儿童适应行为量表，姚树桥和龚耀先于 20 世纪 90 年代编制出一套用于评价 3 ～ 12 岁儿童适应行为发展水平的量表。该量表采用的是分量表结构的方式，包括独立功能因子、认知功能因子、社会 / 自制因子这三种评定因子。通过全国协作研究取得 AAMD- ABS 在我国应用的数据，制定出我国儿童的适应能力常模供临床使用。此量表可作为小学 1 ～ 6 年级学生适应能力测量工具，常模可用于研究低智儿童的诊断，以及特殊教育和儿童行为的发展研究。周世杰等人也编制了“幼儿适应技能评定量表”，主要评估 2 岁半至 7 岁儿童的适应技能。考虑到大多数智力低下儿童的诊断是在他们进入学龄期以后才做出的，他们又根据我国现有社会文化背景，在原幼儿适应技能评定量表的基础上编制而成了学龄期儿童适应技能评定量表①。

三、其他评估工具

（一）丹佛发展筛选测验（DDST）

丹佛发展筛选测验（Denver Developmental Screening Test ，DDST）是由美国丹佛市科罗拉多大学的弗兰肯伯格（W.K. Frankenburg）和道兹（J.B. Dodds）等人为早期发现幼儿发展差异而设计的一种简便的智力测量工具。他们在丹佛和全美一万多名儿

① 郑晓边，郑萱 . 青少年儿童异常发展与健康促进［M］. 武汉：华中师范大学出版社，2012：46.

童中进行标准化研究，最终于1967年正式发表了该量表。DDST仅需要花费被试大约15分钟的时间即可完成，因此适用于0～6岁儿童的智能快速筛查。需要强调的是，DDST只是筛选性测试，对婴幼儿当前和未来的适应能力和智力高低无预言作用。DDST只是筛选出可能的智商落后者，以及反映婴幼儿的智力发展水平。由于该量表能有效地发现婴幼儿发育方面的潜在问题，美国的幼托和医疗机构把它作为常规的检查工具，世界各国也广泛地将它用于临床测验中。我国于1979年开始试用该测验，经临床实践证明，丹佛发展筛选测验能有效地估计幼儿发展的情况。

DDST主要评估儿童的以下几种功能：

（1）个人－社会：评估儿童对周围人们应答的能力和照料自己生活的能力；

（2）精细动作－适应性：评估儿童看的能力和用手取物和画图的能力；

（3）语言：评估儿童听、理解和运用语言的能力；

（4）大运动：评估儿童坐、行走和跳跃的能力。

DDST的施测者必须经受严格训练，并按照规定的方法及物品进行施测。测验工具如下：

（1）红色绒线团1个（直径10cm）；

（2）葡萄干或小糖丸若干粒；

（3）细柄摇荡鼓1个；

（4）8块每边2.5cm长的方木（红色5块，蓝色、黄色、绿色各1块）；

（5）透明无色玻璃小瓶1个；

（6）小铃铛1个；

（7）花皮球2个（直径分别为7cm及10cm）；

（8）红铅笔1支、白纸1张。

以上每个项目用一个横条作为代表。横条安排在一定的年龄范围内。每一横条上有4个点，分别代表25%、50%、75%和90%的正常儿童通过该项目的百分数。横条内有“R”的项目，表示该项目允许向家长询问而得出结果。

测试之前，主试需要向儿童的家长说明量表的目的在于筛查而非仅仅是测量孩子的智商。测试也不要求儿童全部、正确地完成项目。有些项目不能正确完成时，家长不必担心，更不应该协助儿童来完成，而应做到实事求是。测试能否成功完成与儿童是否配合测试有关。因此，测试之前要让儿童处于精神饱满的状态。测试时让儿童坐得舒服，使儿童安定、舒适并集中注意力[①]。

正式施测时，一般按测验图排列的先后顺序进行。由于右侧项目的难度渐高，因此每个能区应该先测年龄线左侧的项目，再测右侧的项目。每一项目可重复测试7次，再决定成败，提问时切忌暗示答案。各项目评分记在该项目横条的50%处。评分标记

① 张瑛，张丽萍. 儿科护理学. 北京：中国医药科技出版社，2016：26.

“P”表示通过，“F”为失败，“R”为儿童不合作，“NO”为儿童无机会或无条件表演。凡年龄线左侧项目失败者为发育延迟。测验时检查者应同时观察儿童的行为、表情、注意力、自信心和语言表达情况有无异常。

DDST 的筛查结果分为正常、可疑、异常和无法解释这四种。如果每一次都为可疑、异常或无法解释，应于 2 ～ 3 周后予以复查。如果复查结果仍为可疑、异常或无法解释，且家长也认为评估结果和儿童的日常行为基本符合，则应该作诊断性检测，以确定儿童是否发育异常[①]。

实践证明，DDST 具有较高的实用价值，可用于筛查出一些发育上有问题但在临床上又没发现可疑症状的儿童；此外，该量表还可对高危的婴儿进行发育监测。值得注意的是，丹佛发展筛选测验属于智力筛查量表。它可以初步筛查出一个智力落后的大致范围，然后把筛查出来的可疑落后者进行进一步的诊断性检查，这样可以提高效率。由于此法属于筛查性，并非发育诊断方法，因此不能测智商，也无法对婴幼儿将来的发育起预测作用，更不能诊断和评价发育障碍的名称和程度。

（二）贝利婴幼儿发展量表（BSID）

贝利婴幼儿发展量表（Bayley Scale of Infant Development，BSID）是由美国儿童心理学家 Nancy Bayley 及其同事综合了 Gesell 等量表的优点，经过对数千名婴幼儿测验，所研制出来的一套评定婴幼儿行为发展的工具。该量表最早的版本发表于 1969 年，主要用于评定 1 岁～ 3 岁半儿童的发展状况。该量表的第二版（Bayley- Ⅱ）发表于 1993 年，包括了 3 个互补的评估量表，分别是心理量表、运动量表和行为评定量表。在测量编制程序的技术标准方面，贝利婴幼儿发展量表被认为是最好的婴幼儿发展测验量表，其信度和效度均较高。该量表的常模是根据 1 ～ 42 个月的 1 700 名美国儿童建立的，分为 17 个年龄组，每组包括男女各 50 人。

BSID 的出现使得婴幼儿评估的重点从对正常婴幼儿的评估扩展到了对发展迟缓婴幼儿的评估。Aylward（1995）根据贝利婴幼儿发展量表第二版的内容修订了贝利婴儿神经发展筛选量表（BINS），用于评定 3 ～ 24 个月的婴儿；贝利婴幼儿发展量表中国城市修订版（BSID-CR）对 1969 年的 BSID 进行了修订，修订后的量表与 Gesell 量表有较好的相关性，因此，BSID 中国城市修订版适合于在我国 2 月龄至 30 月龄的城市婴幼儿中应用。目前许多国家都已相继引用或修订了各国自己的 BSID 常模，BSID 也已成为国际通用的婴幼儿发展量表之一。它不仅是一套可靠的婴幼儿发展的临床诊断和科研工具，也是一种婴幼儿行为发展的跨文化研究手段[②]。

BSID 是一种测量婴幼儿发展状况的个别化评估工具，评估者可将婴幼儿的测验结

---

① 杨玉凤，金星明，静进 . 发育行为儿科手册［M］. 南京：江苏科学技术出版社，2009：436.

② 易受蓉，罗学荣，杨志伟 . 贝利婴幼儿发展量表在我国的修订（城市版）［J］. 中国临床心理学杂志，1993（2）.

果与其同龄团体的平均表现比较，并诊断其心理或生理是否健康。贝利婴幼儿发展量表包括智力量表、运动量表和行为评定量表三个分量表。其中智力量表测量婴幼儿的感知敏锐度、记忆、学习、问题解决、发音等能力；运动量表测量婴幼儿坐、站、走、爬和手指活动的能力；行为评定量表测量婴幼儿的个性发展的各个方面，如情绪行为和社会行为等。具体的测量项目如表 2-10 所示：

表 2-10　贝利婴幼儿发展量表的测量项目举例

项目	月龄	测量内容	测量过程	通过标准
1	1	对铃声的反应	在离婴儿耳边 30 厘米处摇铃	对铃声有明确反应
14	1	上下眼的协调	在婴儿眼前上下来回移动红色铃铛	眼光追随铃铛数次
75	6	寻找掉下来的勺子	引起婴儿对勺子的注意，然后让勺子掉到地板上	明确寻找勺子
102	12	打开盒子	把一个玩具放在盒子里，盖上盖子后，再打开盖子，取出玩具，然后再把玩具放入盒子，盖上盖子后把盒子递给婴儿，让婴儿把玩具拿出来	能打开盒盖两次
146	24	说出 3 个物体	给幼儿看球、手表、铅笔、剪刀、帽子，问这些是什么	至少说对 3 个

贝利婴幼儿发展量表的成绩是以智能发展指数和心理活动发展指数分别评定儿童的智能水平和运动水平的。该发展量表测验的平均数为 100，标准差为 16。由于常模样本为分层取样，因此标准化程度好于其他学前儿童智力测验。评估者可以根据常模和标准参照确定发育迟缓儿童的具体领域范围，以此作为早期教育评估的基础。

在使用贝利婴幼儿发展量表进行施测时需要注意以下几点：

（1）防止“标签”的滥用。“智力低下”在中国文化背景下是一个敏感的词汇，容易被人理解为“笨蛋”“白痴”等，因此，经过智力评估的学前儿童如果与这些消极词汇相联系，将容易影响教师、家长、同伴与该儿童的交往，也可能打击儿童的自尊心。

（2）评估者不能直接照搬诊断性量表的项目并将其作为确定早期教育具体内容的依据。

（3）评估者需要经过专门的训练和学习才能使用该量表进行施测，任何人不能代替专业测试人员利用此量表对儿童施测[①]。

① 秦奕. 特殊需要儿童早期干预［M］. 南京：南京师范大学出版社，2014：43.

【知识链接】报告和解释测验结果的注意事项

1. 测验使用者应正确、清晰地报告和解释测验结果。

2. 解释测验结果的意思，考虑内容的属性、规范或参照组、其他技术的证据以及测验结果的益处或局限性。

3. 避免将测验用于测验开发者没有建议的用途，除非有证据支持这个预期使用和解释。

4. 回顾设定行为标准和及格成绩的步骤。避免使用污名标签。避免使用单个成绩作为有关受测者的唯一决定因素。结合个体的其他信息来解释测验成绩。

5. 为受测者提供各种陈述测试结果的解释和使用。避免凭主观意识对受测者的测试结果进行解释和预测。

6. 以受测者能理解的方式及时与受测者交流测验结果。

资料来源：爱德华 S. 诺库格，R. 查尔斯 · 福西特 . 实用心理测验与评估［M］. 北京：机械工业出版社，2013.

（三）Halstead-Reitan 神经心理测验

相比智力测验，神经心理学评估还是一个较新的评估领域。尽管早在 20 世纪 70 年代早期就出现了神经心理学这个专业，但人们对大脑受伤的浓厚兴趣直到第一次世界大战期间才被激发出来。神经心理学是研究大脑和行为关系的心理学分支学科。神经心理测量可以有效地评估和预测大脑的功能，并为大脑损伤的诊断提供一些有利用价值的指标。因此，神经心理学评估已经成为临床神经心理学研究和临床实践的常用方法。事实上，神经心理学评估和智力测验有很多相似之处。比如许多神经心理学评估开始于对普通智力的测量。而且，一些智力量表也已被改编以适用于神经心理学评估[①]。神经心理评估技术可分为单一神经心理测验和成套神经心理测验[②]。早期的评估程序一般都依靠单个独立的工具来评估脑损伤。不过现在人们大都放弃了这种只依靠单独测验的方法，而改用成套测验来评估脑损伤。这里我们主要介绍的是 Halstead-Reitan 成套神经心理测验，该测验已经在国内修订，并广泛应用于相关研究和临床实践中。

Ward. C. Halstead 在其早年研究脑与行为关系的工作基础上，于 1947 年编制了成套神经心理测验（适用于 15 岁以上）。该测验于 1947 年在其著作《脑与智力：额叶的

① 爱德华 S. 诺库格，R. 查尔斯 • 福西特 . 实用心理测验与评估［M］. 北京：机械工业出版社，2013.
② 梁宝勇 . 心理评估技术及其应用［M］. 北京：高等教育出版社，2014.

计量研究》（*Brain and Intelligence*：*A quantitative study of the fronal lobe*）中首先被介绍。之后 Halstead 与其学生 Ralph. M. Reitan 合作，Ralph. M. Reitan 在此基础上发展了儿童（9～14 岁）式神经心理测验，并编制了幼儿（5～8 岁）式神经心理测验。后来人们一般称前者为 Halstead 儿童神经心理测验，称后者为 Reitan-Indiana 幼儿神经心理测验，并将这两种测验与成人式的神经心理测验合称 Halstead-Reitan 成套神经心理测验（H·R·B 或 H·R），该测验与智力和记忆测验等联用可以更全面地反映被试的神经心理功能。

Halstead-Reitan 成套测验一开始是用来研究生物性智力的工具，后来才用于评估脑功能。由于脑损伤所造成的功能失调和行为障碍类型比较复杂多样，在很多时候无法凭单项检查来确定脑损伤，同时，单项测验也不适合做区分诊断，因此，在临床上多使用成套神经心理测验来鉴定不同的机能及障碍。根据诊断的需求，Halstead-Reitan 成套测验可以与韦氏智力量表及韦氏记忆量表等联用，也可以与学习成就测验联用。H·R·B 在一些西方国家中被比较广泛地使用。为了使该测验更好地适应我国文化背景，我国龚耀先等学者主持全国协作，根据我国文化和社会实际情况对原测验进行了修订，修订后的 H·R·B 测验在我国试用的效果也比较令人满意。

Halstead-Reitan 成套测验包括 8 个核心测验，要花费被试 5～6 个小时来完成。这 8 个核心测验的内容如表 2-11 所示：

表 2-11 Halstead-Reitan 成套测验的内容

测验类目	内容
分类测验	208 个图画呈现给被试，被试要根据每一个图片回答该图片是否让其想到了数字 1、2、3 或 4，然后被试按下与他们的回应相关的一个键。该测验评估抽象能力和从笼统的信息中做总结的能力。
触觉性能测验	一个包含 10 个被切开的形状的模板以及与之相匹配的 10 个木质积木呈现在蒙着双眼的被试面前。个体被指示将积木放置于模板上与它们适合的框内。被试要先用惯用手，接着使用非惯用手，最后用双手进行操作。然后被试要在他们恰当的位置上绘制模板和形状。该测验评估感觉能力、对形状和形状具体位置的记忆能力、运动功能以及大脑两部分的转移性。
追踪决策测验	该测试包含了两部分内容。A 部分包含了一页被编上号的 25 个随机排列的圆圈。个体被要求根据号码顺序对每一个圈依次画线。B 部分包含了随机排列的字母 A 到字母 L 以及 13 个被编号的混合圆圈。被试要以次序来画数字和字母之间的连线来连接圆圈。该测验评估信息加工速度及视觉和动作功能的整合能力。
手指敲击测验	被试将食指放在一个带有计数装置的杠杆上。然后被试要越快越好地敲击其手指 10 秒钟。该实验对每一只手要重复 5～10 次，以测量被试的运动速度、手指灵活性和手优势等。

续表

测验类目	内容
节奏测验	呈现 30 对有节奏的拍子给被试。被试要判断两个声音是相同的还是不同的。该测验评估听觉的注意和集中，以及辨别非言语声音的能力。
讲话声音知觉测验	向被试呈现 60 个杂乱音节。每一个音节被读后，被试需要从四个选项中标出代表他们刚听到的声音。该测验评估听觉注意和集中以及在语言声音之间辨别的能力。
失语症检查测验	呈现给被试各种不同的问题和任务，比如大声命名图画和复述单词，评估失语的迹象。
感官知觉检测	被试要完成多种测试程序。比如指出声音或某种视觉运动发生在身体的哪边；闭眼的时候确定写在他们指尖上的数字；用一只手判断放置好的积木形状并用相反的手在模板上指出其形状。评估个体能否感知到身体所受到的刺激。

虽然 H·R·B 神经心理成套测验在固定神经心理学成套测验中的使用非常广泛，测验本身的严谨度也非常高，但仍然存在一些明显的缺点。比如，由于完成该测验所需时间较长，因此非常考验被试的耐心。此外，由于固定测验对所有被试都给出了相同的测验内容，因此在这过程中可能会收集到一些多余的信息或丢失一些重要的信息。

我国修订后的 H·R·B 成人成套神经心理测验［简称 H·R·B（A）-R C］由 10 个分测验组成，其中包括 6 个分测验和 4 个检查①。

1. 6 个分测验

（1）语言声音知觉测验（speech-sounds perception test，SSPT）：简称语声测验。原是由磁带播放一无意义字音后，让被试从类似的四个拼音中选出与语声相符的拼音。后改用播放单字（A 式）与单词（B 式），让被试从四个字（或词）中选择相应的字（或词）。目的是测验被试的持久注意以及听觉与视觉相联系的能力。

（2）音乐节律测验（rhythm test）：播放有节奏的音乐，要求被试分辨，测被试的警觉性、持久注意以及分辨不同节律顺序的能力。测验材料依旧。

（3）范畴测验（category test）：原测验有 208 张幻灯片以及用幻灯机投射的特殊装置。被试在数字 1 至 4 的按键上作出选择性按压后，有铃声或蜂鸣音发出阳性或阴性强化以测验被试的概念形成能力。该测验修改成不用幻灯机投射，而采用 157 张图形卡片来呈现，反应装置功能同原仪器，但轻便，造价低廉。

（4）触觉操作测验（tactual performance test，TPT）：蒙住被试的双眼，让被试分别用利手、非利手将木块放入槽板中，然后要求被试回忆木块形状和在槽板上的位置。该测验主要测被试的触觉、运动觉、协调能力以及空间结构能力等。槽板规格仍旧。

（5）手指敲击测验（finger oscillation test）：要求被试在规定时间内尽可能快地分

① 龚耀先 . H.R. 成人成套神经心理测验在我国的修订［J］. 心理学报，1986，18（4）：94-103.

别用左、右食指敲击一杠杆，比较左右手的运动速率和双手的精细动作速度。

（6）连线测验（trail making test）：按顺序连接数字或字母。共有两种类型。A 式：1 ～ 25 个数字散乱分布，要求用直线按顺序相连，记速度和错误。B 式：1 ～ 13 和 A ～ L 诸数及诸字母散乱分布，要求按“1—A—2—B……”这样的数字与字母顺序交替相连。测验识数和字母诸符号的意义和顺序关系，从一序列向另一序列转换的能力。

2. 4 个检查

（1）握力测验：让被试用左右手紧握握力计，比较利手与非利手握力，采用华北光学仪器厂出品 WLJ-2 型和 WLJ-1 型握力计。

（2）感知觉障碍检查：分触、听、视感知觉，还包括手指辨认，指尖认字，手指触形辨认等。方法仍旧。

（3）侧性优势检查：检查利手、足、眼和肩等，以判别大脑优势半球。

（4）失语检查：沿用 Halstead Wepman 失语甄别测验，但作了部分修改，可甄别各类失语。

该测验的标准化标本从全国取正常成人 885 名，脑病患者 350 例，根据两组标本的成绩计算出一套按年龄和性别而定的划界分。划界分就是划分正常与异常的临界分。凡是划入异常者得一分。通过计算划入异常的测验数与测验总数之比，计算出损伤指数：损伤指数 0 ～ 0.14 为正常；0.15 ～ 0.29 为边缘状态；0.30 ～ 0.43 为轻度脑损伤；0.44 ～ 0.57 为中度脑损伤；0.58 以上为重度脑损伤。正常人中也有个别测验划入异常的。所以损伤指数需要大到一定程度才有诊断脑病的意义。受试者有无脑损害要按损伤指数的大小、几项检查中的阳性发现，以及联用测验中的发现一起作出评估。

需要再一次指出的是，H·R·B 神经心理成套测验是一种被广泛应用的具有高度鉴别能力的神经心理学检查方法，但它并不能取代神经病学和神经外科学检查。H·R·B 神经心理成套测验对神经系统疾病的早期诊断具有特殊价值，往往在传统的神经病学体征尚不明显时已经能够发挥作用。它对患者的康复计划也很有价值，因此它可作为了解患者神经心理能力的测查表①。

第四节　特殊儿童评估报告的撰写

科学规范的评估报告有利于使用者清晰地了解评估信息。评估发现的呈现和对结果的解释需要科学、简洁、通俗，因此需要学习者系统地学习撰写评估报告时需注意的细节及要点等。

---

① 梁瑞琼．心理评估与测量学［M］．广州：广东高等教育出版社，2016：73.

一、评估发现和解释的呈现

（一）发现的呈现

在评估过程中，从各种来源得到大量有关评估对象的发现，只有重要的发现才写进报告。这些发现已经整合、解释，没有歧义，能让阅读者看出评估对象的某种趋势。一些评估发现对认识评估对象及其问题没有帮助，如信度低、效度低的测验结果，不要报告；也不要写与评估目的无关的事情；更不要写与评估目的关联不紧密且有潜在损害性的发现，比如，评估儿童学习困难，不要报告他父母的生活作风问题，除非这个问题对儿童造成困扰，以致分散上课时的注意力，影响学习情绪。在报告中写出高度敏感信息，要交代信息与评估目的的关联性和支持证据。如果报告的发现不是评估人员观察或测验所得，要交代评估发现的来源，如“他母亲报告”“根据老师观察”等。此外，呈现评估发现时，撰写者应尽量少用专业性概念和术语，报告应使用“行动语言”（action-language），即通俗的行为描述。Harty 认为行动语言更清晰地针对评估对象特殊行为进行描述，使阅读者更容易理解评估对象在测验情境中的行为表现[①]。

（二）解释的呈现

按主观性的大小，可分为三种解释水平：第一种水平是在表面价值层面应用评估信息，尽可能少地解释。比如某某在 C-WISC 上所得智商是 110±7，他的真实智商有 95% 的可能性为 103 ～ 117，他的智力水平在中等范围，等于或高于 73% 的同龄儿童。第二种水平是列出评估发现，进行概括并提出行为的因果假设，比如某某的父母与老师报告她情绪不稳定，与他人相处困难，在评估过程中看到几次发怒。她的情绪不稳定提示，她难以控制情绪，这可能是她人际困难的部分原因。第三种水平做最概括的解释，包括对被试行为作解释性推测。这种水平涉及临床预感、洞察、直觉。比如在某某人格定型的几年中，他惨遭多方拒绝，同时有自我怀疑的感受，提示可能有负性的自我概念，负性的自我概念可能是他在学校表现不好的部分原因。这三种水平的解释和推论都可以运用在报告中，但要注意使推测成分尽量小，应小心权衡评估信息。另外，要在报告中明确表明主观推测部分和客观的评估发现部分。

在评估报告中可适当使用语气词来体现解释的肯定度。表达的肯定度应与信息的足够程度有关，获得信息的方法越有效可信、信息越完整、时间差距越近，肯定度应该越高。肯定度还与所考虑的评估信息的类型有关，已观察到的评估信息比预测性陈述的肯定度高很多。当报告的书写者对自己的结论推论、预测没有把握时应使用“很可能、看上去、也许似乎”等。当解释是肯定时，则应有信心地将之报告出来。

关于客观发现和主观解释，可以描述评估发现，随后进行解释，或相反。前者如：

---

① 姚树娇 . 心理评估［M］.2 版 . 北京：人民出版社，2013.

"他进来时低头、轻步，行动缓慢，不主动与评估人员打招呼，不主动落座……看上去他不太开心。"后者如："孩子对序列的计划能力很差，他不能按正确的顺序回忆出两位以上的数字序列或摆出 4 张图片顺序。"先写解释，后行例证或说明，特别是在涉及技术性概念时有用。结果解释应随阅读者不同而有不同的侧重点。如解释韦氏智力测验结果，通常要对 FIQ、VIQ、PIQ 及各分测验成绩进行分析，得到评估对象智力功能分级水平及其强项、弱点等，如果评估对象的 VIQ 与 PIQ 存在差异，还要对两者差异的原因和言语智力功能、记忆、注意解决问题、抽象思维、信息加工过程等进行讨论。但是，如果报告阅读者非常熟悉相关的测验理论和方法，则只需提供 IQ 值和各分测验量表分即可，而不必做过多的解释。解释引证专家权威性意见和文献资料时，应注意引证的意见在专业领域得到了公认，具有科学性。而且阅读者对该意见的权威理论或研究结果背景情况有所了解，这样，引证才能起到真正的作用。

要报告评估对象的优势和潜能。在心理障碍评估中，常常对缺陷的心理品质（弱点）分析与解释详细全面，却常常忽视了对评估对象相对较强的心理品质（强项）或保留的心理功能进行详细的解释。但是了解评估对象的这方面特点对制订整个干预计划非常重要，因此应兼顾[①]。此外，在解释时不要带有包含种族、性别、社会经济地位方面的偏见。

二、测验结果的报告

（一）报告分数的意义

报告测验分数时要注意：第一，测验分数必须与某一参照系统做出比较，才能显示出其所代表的实际意义，不能仅从一个鼓励的分数本身简单地做出儿童学习与发展状况的判断。第二，要对儿童的得分做出适当的解释，须将个人测验前的经历或背景因素考虑在内，并针对答题情况做出个性化的解释。第三，由于测验不是完全可靠的，因此应该把测验分数视为一个范围而不是一些确定的点。倘若使用确切的分数，应说明这些分数不是精确的指标，而是对某人真实分数的最佳估计[②]。

（二）报告可信区间

报告智商或其他重要测验的概括性标准分数时，需要提供可信区间和相应的概率水平，一般来说，评估者需要报告 95% 可信水平的可信区间[③]。

（三）使用百分位

使用的百分位成绩是将实际成绩换算成标准分数后，再换算成等级百分位，表示

① 姚树娇 . 心理评估［M］.2 版 . 北京：人民出版社，2013.
② 马云鹏 . 课程与教学论［M］. 北京：中央广播电视大学出版社，2006.
③ 国际劳工局 . 职业卫生与安全百科全书［M］.4 版 . 北京：中国劳动社会保障出版社，2000.

该成绩在参与测评的团队所有成绩中所在的位置。这种表示方式通俗易懂，且百分位比标准分更易理解，相当于我们常说的考试成绩的相对位次。如学生 A 的实际成绩为 90 分，百分位数为 76%，表示全体学生中有 76% 的人的实际成绩等于或低于学生 A。在与非专业人员交流时需要注意帮助他们辨别百分比和百分位[①]。

（四）给出分数类别或等级

测验常常提供了分数分类或分级方法，可按照测验手册提供的标准给出测验分数的类别或等级。如“他的总体表现处于中等偏上范围”。需注意的是使用韦氏智力量表评估智力时，多报告总智商的分级，偶尔报告言语智商和操作智商的分级，很少报告分测验量表分的等级[②]。

三、文字风格和表达技巧

心理评估报告的直接用途是向评估对象相关人员介绍评估结果和建议。为了准确有效传递信息，报告写作要做到语法规范、标点正确、避免错别字。此外，姚树娇在《心理评估》一书中对评估报告的文字表达方面提了以下建议[③]：

（1）易懂。报告写作前要根据资料分析成果，列出写作大纲，安排报告各部分的内容要点，在报告中按照内在逻辑安排材料的呈现顺序。报告每一段只说明一件事情，段内不要转换话题，也不要太长。恰当应用关联词语和表示顺序的词语，如“首先……其次……再次……最后”等，让阅读者轻松跟随报告转承启合。恰当断句，避免太长的句子。切记不能卖弄学问使用生僻词语，少用专业术语。必须用到专业术语时，用评估对象的事例解释。总之，在撰写报告时要做到通俗易懂。

（2）正规。评估报告不要使用华丽辞藻，不要生动形象的比喻和夸张的描绘。报告行文中要使用标准词语，除非引用评估对象的原话，不要用口头语言近似性的修饰词、词语的非正式意义，这些会降低报告的专业性。比如，实况为“班上 30 个学生中有 5 人离开座位，互相叫喊”，不要写为“班上少数人有些乱来”。

（3）简洁。报告内容要清楚，表达方式要简洁。句子能短则短，如“他的体重超出同龄一般孩子的正常范围”可改为“他体重超标”；“我注意到他用右手写字”改为“他用右手写字”。避免无谓的重复，如“这对双胞胎是完全同卵的”，去掉“完全”。

爱德华 S. 诺库格和 R. 查尔斯 • 福西特对报告的撰写也提了如下建议：

（1）省略掉消极的动词。

（2）不进行个人主观判断。

（3）减少生涩词语的使用。

---

① 埃伦 • 诺特波姆 . 孤独症孩子希望你知道的十件事（最新增订版）[M] . 北京：华夏出版社，2014.

②③ 姚树娇 . 心理评估 [M] .2 版 . 北京：人民出版社，2013.

（4）不用傲慢的语气。

（5）增加小标题的使用。

（6）减少首字母缩略词的使用及定义。

（7）尽可能减少难懂词语的数量。

（8）尽量使用短句子，去除长句。

（9）确保段落的简洁流畅。

（10）指出来访者的优点和缺点。

（11）不要尝试向报告的阅读者炫耀你的文采。

（12）如果可能的话，描述能代表来访者问题的行为。

（13）只在对来访者的健康有价值且有必要的情况下，才做出标志。

（14）撰写的报告可以让非心理健康专家读得懂（例如，一个教师）。

（15）如果你强烈地感觉到有信息支持你的立场，那么不要害怕表明立场（如，已知信息让你相信一个来访者有自残的危险）[①]。

以下是用于诊断、教育安置及康复训练的综合评估报告的案例示例[②]。

心理评估报告

一、一般情况

<table>
<tr><td>姓名</td><td>张某</td><td>年龄</td><td>8 岁 1 月</td></tr>
<tr><td>性别</td><td>男</td><td>出生日期</td><td>1997 年 2 月 27 日</td></tr>
<tr><td>年级</td><td>二年级</td><td>评估日期</td><td>2005 年 4 月 1 日</td></tr>
<tr><td rowspan="2">测验</td><td rowspan="2">1. 韦氏儿童智力量表（C-WISC）
2. 韦氏成就测验
3. 儿童适应行为评定量表
4. 画人测验</td><td>报告日期</td><td>2005 年 4 月 3 日</td></tr>
<tr><td>报告人</td><td>林某</td></tr>
</table>

二、申请理由

张某的老师认为他有学习问题，特别是在朗读拼写和语言技巧方面困难突出。张某在发音方面有特殊困难，分辨不清相似的语音，如分不清拼音字母 b-p，d-t。

三、背景资料

张某，男孩，8 岁，本市某小学二年级学生，最近父母离异，祖母过世。他母亲每天忙于应对家庭内部的变化。张某有一个 12 岁的姐姐，与他很亲近。张某健康状况良好，没有儿科重大躯体疾病历史和迹象，他母亲回忆他的运动和说话较其他孩子延迟。

---

① 爱德华 S. 诺库格，R. 查尔斯 • 福西特 . 实用心理测验与评估［M］. 北京：机械工业出版社，2013.

② 姚树娇 . 心理评估［M］. 2 版 . 北京：人民出版社，2013.

四、行为观察

张某由母亲陪同前来。在开始阶段，张某在评估师面前显得较害羞，但还是愿意配合检测。张某言谈逻辑不是很好，多个辅音发音不对，或者语法错误，在词语提取方面有些困难，听觉分辨能力较低，短句复述困难。他做事显得警觉但缓慢，好像竭力回避一切错误。虽然能够合作，但是遇到困难时总想放弃，在评估师口头鼓励下能坚持下去。总之，他的行为与他的年龄相称，对测验成败的反应基本恰当。

五、测验结果

1. 韦氏儿童智力量表（C-WISC，城市版）

分测验	常识	相似性	算术	词汇	理解	数字广度	填图	编码	图片排列	积木设计	图形拼凑
量表分	4	7	6	3	8	7	13	6	9	12	13

智商　言语智商 =71 ± 9（95% 置信区间）

操作智商 =104 ± 10（95% 置信区间）

全量表智商 =85 ± 8（95% 置信区间）

2. 韦氏成就测验

分测验	基本朗读	阅读理解	听力理解	拼写	书面表达	算术	数学推理
标准分	67	71	83	74	76	88	94
百分位	1	3	13	4	5	21	34

阅读 =64 ± 6（95% 置信区间）　数学 =90 ± 7（95% 置信区间）百分位：5

3. 儿童适应行为评定量表

ADQ=76 ± 11（95% 置信区间），百分位：5

4. 画人测验

总分：99 分，百分位：47

六、评估结果解释

张某，实际年龄 8 岁 1 月，在 C-WSIC 测验成绩上言语智商为 71，操作智商为 104，总智商为 85 ± 8，总智商在中等偏低智商范围，他的智商等于或高于 16% 的同龄孩子智商。智力测验结果和其他测验结果一致，可信有效。

言语智商低于操作智商 33 分，言语智力功能显著低于操作智力功能。他的语言能力显著低于平均分，操作能力中等。他在空间推理和知觉整合方面较强，但是加工速度较慢。进一步分析发现，对需要平行加工能力的任务完成较好，而有先后序列性质的任务完成得没那么好。他的言语功能有缺陷，在这个分量表上的回答有混淆不清的特点。如问他“一周有几天”，他回答“一周有 8 斤”；问他“衣服用什么做成”，他回答“穿的”。他在理解测验的回答显得结构松散，组织性很差。

画人测验是非文字的筛查测验，他得分的百分位是 47，接近于他 C-WISC 的操作智商的百分位。这个结果支持该儿童的操作智力功能在正常范围。

在韦氏成就测验中，他的阅读能力（即认字和段落理解）和书写能力（写字和段落书写）的百分位都在 5 以下。虽然他知道拼写规则，但很难正确应用。他的朗读技巧有明显的缺陷。

张某被观察 90 分钟，时间 8 点半到 10 点（2005 年 4 月 2 日），地点学校，第一节是阅读课，第二节是算术课，课堂上他从来没有举手回答问题，但有其他的学生举手回答，他常常环顾四周或望向窗外，玩自己的铅笔。当老师问他问题时，他不能很清晰地发音，不过他能够正确回答简单的问题，但表现出明显的阅读困难。课间他没有离开座位，也没有与同学说话。

综合张某的评估发现，他符合 CCMD-3 的特定学校技能发育障碍（混合性学习技能障碍）的诊断。

七、建议

鉴于张某因为言语加工问题而出现学习困难，并且适应技能差，现提以下建议：

1. 因为张某言语技能差，建议制订一个针对语言和语言相关技巧的计划，以改善他学习方面的缺陷。

2. 需要把言语治疗整合进教育课程。张某的听觉辨别缺陷可能是他口语、阅读和书写几方面困难的原因。建议言语专家对他进一步评估，并开展听觉辨别能力的训练。

3. 由于张某具有非言语空间知觉能力的强项，建议老师多用图、表等视觉辅助手段教学，这样对他帮助更大。

八、小结

张某，8 岁，二年级男生，因学习困难被推荐进行心理评估。他无重大躯体疾病史，发育有点迟缓。测验合作，结果可信有效。他的言语智力功能接近缺陷水平，操作智力功能中等，总智商 85 ± 8，处在第 16 个百分位，属于中等偏低智力范围。在阅读、朗读及听觉辨别方面均有显著缺陷。建议进行特殊的个别化教育，重点是言语治疗，另外，建议家长对其加强生活技能和社会交往技能的训练。

九、签名

报告人：张某

职称：主任评估师

【知识链接】评估报告中通常会出现的分类内容

人口统计学信息

姓名：	出生日期：
家庭住址：	年龄：
电话：	性别：
种族：	电子邮件地址：
访谈日期：	访谈者姓名：

报告的问题或来访的原因

1. 谁建议这个来访者到这里来的
2. 来访者来这里的主要原因是什么
3. 做评估的原因

家庭背景

1. 有关家庭出身的主要信息
2. 有关目前家庭的主要信息
3. 一些需要具体涉及的信息

个体在何处长大，兄弟姐妹的性别及年龄，来访者是否来自一个完整的家庭，家里谁是主要管理者，儿时的重要故事，现在孩子的性别和年龄，其他的主要信息和婚姻关系。

主要医疗 / 咨询史

1. 主要医疗史，特别是与评估有关联的（例如，精神病史，由压力导致的心脏病等）
2. 之前咨询的类型及日期

药物等的使用及滥用：

1. 对食品、香烟、酒、处方药或违禁药的使用或滥用
2. 与使用或滥用相关的咨询

教育及职业背景

1. 教育背景（比如，教育水平及教育机构的名称）
2. 职业背景和职业生涯发展轨迹（工作的名称和类型）
3. 对教育水平及职业生涯发展轨迹的满意度
4. 主要的休闲活动

其他相关信息

1. 法律意识和触犯法律的历史记录

2. 与性相关的问题（如：性取向、性功能障碍）

3. 财务问题

4. 其他相关问题

精神状态测试

1. 外表及行为（如穿着方式、个人卫生、形体姿势、抽搐、明显的非言语行为以及讲话的方式）

2. 情绪状态（如情感和情绪）

3. 思想组成（如内容和思维过程、妄想、扭曲身体的形象、幻觉、强迫症、自杀或杀人意念等；过程：内容详尽、连贯性、发散性、逻辑思考、完整而非松散的联系组织以及相关性）

4. 认知活动（对时间、地点和人物有正确的定位，短期及长期记忆力，知识基础及智力水平，洞察与判断能力）

评估结果

1. 列出所使用的评估及测验工具

2. 概况总结

3. 避免使用原始分数，描述评估结果时立场中立

4. 考虑使用标准化测验评分及百分比

诊断

1.DSM-IV-TR 诊断（必要时还包括其他诊断，如医疗诊断、康复诊断）

2. 记录 DSM-IV-TR 五轴诊断结果

轴Ⅰ：临床紊乱和其他条件可能是临床关注的焦点

轴Ⅱ：人格障碍和精神发育迟滞

轴Ⅲ：一般健康状况

轴Ⅳ：心理和环境问题

轴Ⅴ：总体功能评估或 GAF 量表

概况总结

1. 简要地综合所有之前的信息

2. 正确、简洁、相关

3. 不包含新信息

4. 推论应有逻辑，合理，经得起推敲，且基于报告中的事实

5. 至少有一段是描述来访者优点的

建议

1. 以收集到的所有信息为依据

2. 让阅读者感觉到有逻辑

3. 以段落形式或列表形式展示

4. 通常会附上访谈者的签名

资料来源：爱德华 S. 诺库格，R. 查尔斯 · 福西特 . 实用心理测验与评估［M］. 北京：机械工业出版社，2013.

知识巩固

1. 简述心理评估的定义及方法。
2. 简述心理评估与心理测量的联系与区别。
3. 试选择一种评估模式，为特殊儿童常见的一种行为问题障碍设计一份评估方案。
4. 比较常模参照评估和标准参照评估的异同点。
5. 特殊儿童心理评估的目的有哪些？
6. 心理评估一般都包含哪些基本步骤或环节？
7. 在使用贝利婴幼儿发展量表施测时需要注意什么问题？

第三章　心理辅导与治疗的主要流派和方法

知识目标

- 熟悉心理辅导与治疗的主要流派。
- 掌握心理辅导与治疗的主要方法。

技能目标

- 熟悉各类心理辅导与治疗流派并选择自身发展方向。
- 掌握多种心理辅导与治疗的主要方法并应用于工作。

第一节　心理辅导与治疗的主要流派

流派是指在一定的历史阶段内，一些具有相同或相近基本立场、思想倾向、理论范式的专家所构建的学术或作品派别[①]。一个流派代表着一个思想共同体，代表着一系列的学术理论、观点或作品，拥有一批相同或相近人文思想或科学精神的专家学者，其思想或作品对一定历史时期的学术研究或社会发展起到较大的作用。在本章中我们主要介绍在心理辅导与治疗的历史发展中曾经起到重要作用，并且至今仍然具有鲜活生命力的五大流派：人本主义疗法、行为疗法、贝克认知疗法、理性情绪行为疗法和家庭系统疗法。

一、人本主义疗法

20 世纪 80 年代初，有研究者曾对超过 800 名临床与咨询心理学家进行调查，发现

① 严由伟. 心理咨询与治疗流派体系的内涵与定位［J］. 医学与哲学，2012，33（5）：34-36.

对当代心理咨询与治疗最有影响的心理学家中卡尔·罗杰斯排名第一[①]。2007年，又有研究者对2 400名临床心理学家进行统一调查，罗杰斯仍然名列首位[②]，这表明了罗杰斯及其开创的人本主义疗法在当代心理咨询与治疗历史上的特别地位。该疗法的一些重要思想，如以人为本，强调治疗师和来访者关系的构建，重视来访者自身解决问题的能力等，已经被大多数心理咨询与治疗所吸收，成为整个心理咨询与治疗学科的共同财富。

（一）人本主义疗法的基本理论

人本主义疗法的基本体系是由美国心理学家卡尔·罗杰斯一手发展起来的。在他1942年出版的《咨询和心理治疗》一书中，针对当时心理咨询与治疗由治疗师主导一切的倾向，提出非指导式治疗（nondirective therapy），指出只有来访者才能充分、深刻地了解自己，要依靠来访者来解决其所面临的问题。而后在1951年出版的《来访者为中心疗法》（*client-centered therapy*）中，主张调动来访者的主观能动性，发掘其潜能；不主张给予疾病诊断，治疗则更多地是采取倾听、接纳与理解，即以来访者为中心或围绕来访者做心理治疗。到了1974年，罗杰斯又进一步将其理论体系发展概括为人本主义疗法（personal-center therapy），更强调以人为本，进一步突出来访者为正常人、为心理发展过程中潜能未尽发挥或暴露的阶段性逆遇或问题，反映了罗杰斯希望将其理论体系扩展到心理咨询与治疗领域之外，使之应用于社会生活各个方面的愿望。

卡尔·罗杰斯
（Carl Rogers，1902—1987）

关于人本主义疗法，罗杰斯给它下的定义是："对于人格的变化与成长，不断地持续给予发展性的援助。其中心理学的假设就是治疗师在真诚、关怀，以及感受性丰富、没有批评的相互理解、体验的关系中，将任何个人都具有的自我发展潜能（growthful potentials）释放出来。"[③]总而言之，人本主义疗法认为，人的本性是好的，人是有理性的，在适当的环境下，会努力朝向潜能充分发展的方向前进，每个人都有自我实现的向上趋势。

在人本主义心理咨询或治疗师看来，心理问题主要来源于疏离感和孤独感，这些

---

① SMITH D. Trends in counseling and psychotherapy［J］. American Psychologist. 1982，37（7）：802–809.

② COOK J M，BIYANOVA T，COYNE J C. Influential psychotherapy figures，authors，and books：an Internet survey of over 2，000 psychotherapists［J］. Psychotherapy：theory，research，practice，training，2009，46（1）：42.

③ 转引自徐光兴. 临床心理学：心理咨询的理论与技术［M］. 2版. 上海：上海教育出版社，2009：298-299.

感受可追溯到无法实现自己的潜能[①]。心理问题产生的原因是个体在发展过程中或多或少摄入、内化了外在价值观，自我中的这一部分越来越多地支配着个体对经验的加工和评价，当经验中存在着与这部分自我不一致的成分时，个体会预感（subception）到自我受到威胁，因而产生焦虑，同时会运用防御过程（歪曲、否认、选择性知觉）来对经验进行加工，使之在意识水平上达到与自我一致。如果某个经验特别重大，或者由于别的原因，个体无法通过防御机制使之与自我概念协调，而受到威胁的这个自我概念又在自我中具有重要地位，就会出现心理问题。而心理咨询或治疗的目的不在于操纵个人的外界环境或其消极被动的人格，而在于协助来访者自省自悟，充分发挥其潜能，最终达到自我的实现。使来访者对他的有机体的经验更加开放；养成对有机体这个敏于生活的工具的信赖感；接受存在于个人内部的评价源；在生活中不断学习，主动参与到一个流动的、前进的过程中去，并从中不断地发现自己的经验之流中新的自我的生成与变化。[②]

在此过程中，治疗方案和过程并非由治疗师决定，而是由来访者自己决定。治疗师应当注重提供良好的咨询气氛，努力理解来访者的体验（“三不原则”：不主动、不判断、不指示[③]），并以支持性的方式（如真诚、无条件的尊重和准确共情）将这一体验反馈给来访者，激发调动来访者自身的潜力（与生俱来的成长倾向），开放内在的自己和外在的经验世界。

（二）人本主义疗法的主要技术

人本主义疗法的主要技巧就是倾听技巧：开放式询问、释意、情感反映、鼓励、自我揭示等。事实上，以人为中心的治疗者经常会遇到来访者要求给予指导、解释的压力，尤其在开始阶段来访者还不习惯这种无指导、不引路的咨询方式的时候，面对压力，治疗师一方面表示理解对方的不满，另一方面又坚持不给予指导，直到来访者终于领悟到别人的指导对自己不起多大作用，或者不再对获得指导抱希望，而必须端正态度，靠自己对探索负责，这时会谈就会比较有效。

具体来说，人本主义心理咨询或治疗师需要做到如下四点：

第一，要给予来访者无条件的积极关注，要毫无保留地接受来访者，对来访者所说或所感受的任何事绝不做出惊讶、失望或不同意的反应。治疗师的完全接受是使来访者达到自我接受的第一步。

第二，要设法达到对来访者真正的理解，即共情，要能够通过来访者的眼神看到其内心世界，体验到来访者的部分感受，即设身处地、感同身受。

第三，要努力做到真诚，即坦率和诚实。治疗师要放下专家架子。罗杰斯认为，

---

① SCHACTER D，GILBERT D T，WEGNER D M. Psychology［M］. 3th.NY：Worth Publishers，2014：636.
② 江光荣 . 心理咨询的理论与实务［M］. 2 版 . 北京：高等教育出版社，2012：264-270.
③ 孔德生 . 我国心理咨询本土化的探索与实践［J］. 学术交流，2007（12）：31-35.

那种专家架子将破坏人本主义疗法所需要的“气氛”。

第四，不要解释，也不要提出问题的解决办法或建议。治疗师要做的事是对来访者的思想和情感进行回应，如复述、总结。这时，治疗师的作用是扮演一面“心理镜子”，使来访者能够从“镜子”中更清楚地看到自己。罗杰斯相信，一个人只要具有现实的自我形象并达到更高的自我接受水平，就有能力逐渐解决生活中的问题。

【知识链接】同情与共情的区别

同情（sympathy）通常只涉及对对方的物质上的援助或情感上的抚慰，是一种自上而下的姿态，类似怜悯，很多时候，这会让接受者感到更为无助，不被理解，乃至难以忍受。而共情（empathy）则不同，它一方面需要我们如同对孩子说话要蹲下来一样，与接受者站在同样高度，承认其所处困境的客观性；另一方面还要求我们投入自身的情感，设想如果自己有着与对方同样的经历，会有怎样的情感情绪，试着去真正理解他人的感受。

更准确地说，同情是你将他人经历理解为自身经历或通常惯例，而不考虑他人实际。例如，当你听到某人分手的消息时，你的同情心可能立即起作用，认为“他一定很伤心！”，而忽略了在这段感情中他感到苦闷与彷徨，分手后反而如释重负。共情则是建立在对他人客观事实详细了解与精确感知的基础上的，是我们在深入理解与全心体会之后做出的反馈，而不是以自身经历或泛化、普遍情况做出推论而得来的仓促反应。

作为心理治疗师，在做到共情的同时，还需要能理性思考和回答来访者的问题：“是什么”“为什么”“怎么办”。用一个形象的比喻就是要做到“一只脚在河里，另一只脚在岸上”，在河里的感同身受，在岸上的旁观者清。

二、行为疗法

行为疗法（behavior therapy）是由斯金纳（B. F. Skinner）及其同事于 1954 年运用操作性条件作用原理矫治精神疾病而得名的①，它又被称为行为矫正疗法或学习疗法。它是根据行为学习及条件反射理论，通过专业人员及其辅助人员开展和实施某些程序和方法，消除和纠正异常并建立一种新的条件反射和行为以达到改进其生活的某些方面目标的治疗方法。行为疗法的狭义目标是消除一个人的特定的不良行为；广义目标是培养和发展一个人的良好行为②。

① 雷秀雅 . 心理咨询与治疗［M］. 2 版 . 北京：清华大学出版社，2017.
② 岑国桢 . 行为矫正的目标，方法与原则述略［J］. 心理科学，2001，24（3）：342-343.

（一）行为疗法的基本理论

行为疗法的理论主要来自行为主义的学习理论，包括三个部分：经典条件反射原理、操作性条件作用原理和社会性学习原理。据上述理论，行为疗法认为行为是刺激－反应－联结建立的后果，问题行为的出现是刺激－反应的行为模式过于僵化的结果。所以，行为治疗一般是改变僵化的刺激－反应行为模式，学习适应当前社会的和物理的生活环境的新的行为模式。

行为疗法将个体行为分为适应性行为和非适应性行为。在行为治疗师看来，学习的概念是行为疗法的核心，学习是获得行为和改变行为的主要途径。如同适应性行为一样，非适应性行为也是习得，即个体是通过学习获得了非适应性行为。非适应性行为可分为两类：行为表现过度和行为表现不足。行为治疗师可通过多种行为训练方式帮助来访者通过学习消除后天习得的非适应性行为，或通过学习获得所缺少的适应性行为以代替非适应性行为。

行为疗法的实践过程一般由五个阶段组成。

第一阶段，准备与沟通阶段。在这一阶段，行为矫正者与来访者开始接触，了解来访者的基本状况，其主要的工作包括：（1）详细询问来访者其问题行为的特征与背景；（2）了解来访者解决自己问题的动机与预期；（3）建立良好的咨询与矫正关系，只有来访者体验到矫正人员对他的接纳、关心和同情，他才能透过矫正关系来改变自己的行为；（4）就时间安排、矫正过程、具体要求等形成矫正契约。

第二阶段，问题行为解析阶段。这一阶段是对问题行为做出诊断的阶段。其主要的工作包括：（1）界定问题，即了解来访者的问题行为是什么、有什么特点；（2）查清来访者的个人发展情况，了解该问题行为是如何习得的，又是如何被巩固的；（3）确定矫正目标。

第三阶段，制订矫正计划阶段。主要包括：（1）根据矫正目标，选择相应的矫正方法；（2）矫正时间和过程的安排；（3）矫正过程中如何记录与评定；（4）矫正效果的评价等。

第四阶段，具体矫正阶段。根据矫正计划，具体实施对问题行为的矫正。

第五阶段，效果评估阶段。按计划实施行为矫正之后，行为矫正即告结束，这时根据记录到的数据与资料对矫正效果进行评估，安排进一步巩固效果的措施。

从行为疗法的过程可以看出，这种方法有其独特的特点：（1）针对外显的、具体的行为；（2）可以非常精确地罗列治疗的具体目标；（3）它的治疗程序和技术在本质上是采用各种方法重新安排来访者的环境和日常活动，以帮助他们在未来的生活中能更好地适应；（4）对矫正的结果可以作出具体而客观的评估[①]。

行为疗法认为，人的行为，不管是功能性的还是非功能性的、正常的或病态的，

---

① 林崇德，辛涛，邹泓．学校心理学［M］．北京：人民教育出版社，2000.

都经学习而获得，而且也能通过学习而更改、增加或消除。而心理辅导或治疗的目的在于，利用强化使来访者模仿或消除某一特定行为，建立新的行为方式，它通过提供特定的学习环境促使来访者改变自我，摒弃不良行为。由此，它很注重心理治疗目标的明确化和具体化，主张对来访者的问题采取就事论事的处理方法，不必追究个人潜意识和本能欲望等对偏差行为的作用。

（二）行为疗法的主要技术

具体来说，行为疗法的方法主要有：

1. 应答性行为疗法（respondent behavior therapy）

属于本类疗法的有系统脱敏法、满灌法、矛盾意向疗法、厌恶疗法、消退疗法、发泄疗法、思维阻断法等。在此以系统脱敏法为例来帮助读者了解应答性行为疗法的基本原理及过程，该方法首先要深入了解来访者的异常行为表现（如焦虑和恐惧）是由什么样的刺激情境引起的，把所有焦虑反应由弱到强按次序排列成“焦虑阶层”。然后教会来访者一种与焦虑、恐惧等相抗衡的反应方式，即松弛反应，使来访者感到轻松而解除焦虑；进而把松弛反应技术逐步地、有系统地和那些由弱到强的焦虑阶层同时配对出现，形成交互抑制情境（即先使松弛反应去抑制那些较弱的焦虑反应，然后逐步地抑制那些较强的焦虑反应）。这样循序渐进地、有系统地把那些由于不良条件反射（即学习）而形成的、强弱不同的焦虑反应，由弱到强一个个地予以消除，最后把最强烈的焦虑反应（即我们所要治疗的靶行为）也予以消除（即脱敏）。

2. 操作性行为疗法（operant behavior therapy）

归属此类的有行为塑造法、代币奖励法、惩罚法、链环技术、过分改正法等。在此以行为塑造法为例帮助读者了解操作性行为疗法的基本原理及过程。该方法的要点在于通过强化（即奖励）而造成某种期望出现的良好行为的一项行为疗法技术。一般采用逐步进级的作业，并在完成作业时按情况给予奖励（即强化），以促使增加出现期望获得的良好行为的次数。

3. 替代学习疗法（vicarious learning therapy）

如示范法、自信训练法、行为契约法、渐隐法、集体依随法、习惯转换法等。在此以示范法为例帮助读者了解替代学习疗法的基本原理及过程。该方法的要点在于让来访者学习所示范的方法以替代旧的行为，例如患恐惧症的病人模仿治疗者在恐怖情境中镇定自若的神态或者以电影、电视中呈现恐怖场合时的勇敢者为学习的榜样。前者在现场亲身体验，印象较深，后者可反复放映观看，反复学习。

4. 自我调控疗法（self-control therapy）

如气功中的放松功、瑜伽、坐禅、静默法、渐进性放松训练、自主训练以及自我管理技术、呼吸训练、生物反馈等。在此以生物反馈治疗为例帮助读者了解自我调控疗法的基本原理及过程。该方法是一种借助于电子仪器，让人们能够知道自己身体内部正在发生变化的行为矫治技术。生物反馈治疗有助于来访者调整和控制自己的心率、血压、胃肠蠕动、肌紧张程度、汗腺活动和脑电波等几乎包括所有的身体机能的活动情况，从而改善机体内部各个器官系统的功能状态，矫正对应激的不适宜反应，达到防治疾病的目的。

【知识链接】系统脱敏与现实脱敏

系统脱敏与现实脱敏是行为治疗的重要方法。两者既有联系，又有区别，在此我们以对恐惧症的治疗为例，作简要了解。

使用系统脱敏时，心理治疗师会让来访者在想象恐惧情景的同时练习放松。具体包括以下三个步骤：（1）来访者学会运用肌肉放松、呼吸放松、正念冥想等放松技术中的一种；（2）平时和来访者一起建立一系列恐惧事件的等级（以 0 ～ 100 分级别，0 是完全没有恐惧，100 是极度恐惧）；（3）来访者在治疗师描绘那些恐怖等级的同时，练习放松技术。治疗一开始，来访者首先进行放松训练，当进入放松状态后，治疗师便描绘等级中第一级的情景，这只产生很轻微的恐惧。来访者想象这种情景，同时继续放松。一旦他在想象的同时，能够保持放松，这时便可以进入下一个等级。治疗师描绘一个能引发稍重恐惧的情景，让来访者在想象的同时保持放松反应。如此重复上述过程，直到来访者能够通过全部的等级而保持放松。

在系统脱敏法中，来访者是在想象着恐惧刺激的同时放松，并没有真正接触到引起恐惧的刺激。与此相对的是现实脱敏法，该方法使来访者逐渐暴露在真正引起恐惧的刺激物前，同时保持放松。

使用现实脱敏法，来访者也必须先学习放松技术，然后与治疗师共同建立一套恐惧事件等级。但现实脱敏中，来访者不用想象等级中的每一种情景，而是直接体验等级中的每一种情景，同时用放松反应替代恐惧反应。现实脱敏的优点是来访者可以真正接触到恐惧事件，面对恐惧时出现的期望行为被强化，并替代了回避行为。一旦来访者通过恐惧等级取得进步，就已经证明他可以成功面对恐惧事件。但该方法也有一个缺点：比系统脱敏实施起来更困难，而且花费更多的时间和金钱。这也正是系统脱敏的优点，对来访者来说，想象恐惧事件比真正接触它更容易更方便。例如，如果一位来访者恐惧飞行，治疗师可以描绘飞机场的场景，不必带来访者真去飞行。

资料来源：MILTENBERGER R G. 行为矫正：原理与方法：第五版［M］. 石林，等译 . 北京：中国轻工业出版社，2016.

三、贝克认知疗法

认知疗法（cognitive therapy）于20世纪60～70年代在美国产生，是根据人的认知过程，影响其情绪和行为的理论假设，通过认知和行为技术来改变来访者的不良认知，从而矫正并适应不良行为的心理治疗方法。该疗法的主要着眼点放在来访者非功能性的认知问题上，意图通过改变来访者对已、对人或对事的看法与态度来改变并改善所呈现的心理问题。

（一）贝克认知疗法的基本理论

阿伦·贝克
（Aaron T.Beck，1921年生）

贝克认知疗法是由阿伦•贝克在研究抑郁症治疗的临床实践中逐步创建的。阿伦•贝克生于1921年，于1946年在耶鲁大学获医学博士学位。他在1953年获美国神经和精神病学会颁发的精神病学证书，此后一直在宾夕法尼亚大学从事心理治疗的工作与研究。贝克从验证精神分析对抑郁症的治疗效果入手发现和创立了认知疗法，经过大量的实证研究证明了认知疗法对抑郁症的效果与抗抑郁药物治疗的效果相当，长期效果以及降低复发率方面甚至优于药物治疗。

贝克被称为认知疗法之父，更被誉为"美国有史以来最具影响力的五位心理治疗师之一"。他研发了抑郁症和焦虑症的测评方法，贝克抑郁量表（Beck Depression Inventory，BDI）已成为衡量抑郁症严重程度最广泛的工具之一。目前他是宾夕法尼亚大学精神病学系荣休教授，宾夕法尼亚大学医学院教授和贝克认知治疗研究所名誉所长，截至2014年，他已发表超过600篇专业文章，独立撰写或合作撰写了25本书。

认知疗法的基础理论来自信息加工理论模式，认为人们的行为、情感是由对事物的认知所影响和决定的。例如，如果人们认为环境中有危险，便会感到紧张并想逃避，而人们的认知是建立在自己以往经验的态度和假设基础之上。由于文化、知识水平及周围环境背景的差异，人们对问题往往有不同的理解和认知。所谓认知一般是指认识活动或认识过程，包括信念和信念体系、思维和想象。具体来说，"认知"是指一个人对一件事或某对象的认识和看法，对自己的看法，对人的想法，对环境的认识和对事的见解等。例如，同样的一所医院，小孩可能依自己的认识和经验，将其看作"可怕的场所"，不小心就会被打针；一般人会看成是"救死扶伤"之地，可帮其"减轻痛苦"；而有些老年人则可能把医院看成是"进入坟墓之门"。所以，关键不在"医院"客观上是什么，而是被不同的人认知或看成是什么。不同的认知就会滋生不同的情绪，从而影响人的行为反应。因此，认知疗法强调，一个人的非适应性或非功能性心理与行为，常常是因为不正确的认知而不是适应不良。

自动化思维（automatic thoughts）是贝克认知疗法的核心概念。它是指个体自发产生的、习惯化的、平时难以觉察到的评价或想法。我们之所以没有意识到并且难以发现，是因为它是在我们过往人生经历中形成的一种评价习惯或思考方式，以至于非常自动化而无须认知努力[①]。自动化思维通常和某些具体情境相关。例如，社交被动的行为习惯让我们可能在面对一个半生不熟的人时产生紧张和退缩，这时，我们可能出现一些自动化的思维是没有被意识到的，如“我打招呼的方式他不喜欢怎么办 / 我打招呼他要是不理我怎么办”等。这种思维背后都有一个和自我概念相关的信念支撑，贝克把它叫做核心信念（core beliefs），他总结出 3 种核心信念：（1）我不可爱 / 我不受人喜欢；（2）我不胜任 / 我没有能力；（3）我是没有价值的人。贝克认为，无论任何情境下，出现非适应性的感受和行为，都源于人们可能存在这三种核心信念之一。

在此基础上，贝克提出了“认知概念化模型（cognitive conceptualization model）”作为贝克认知疗法的基本模型，它主要包含 3 个部分：（1）在来访者当前的问题中收集功能不良的思维、情绪和行为的资料，也就是对来访者当前所表现出的占支配地位的认知、情绪和行为进行横断分析。（2）确认产生这些障碍或问题的机制，即对来访者认知、情绪和行为功能的纵向分析。如来访者本质上是如何看待自己、他人和未来的（核心信念）？来访者发展了哪些“中间信念”（潜在的假设、规则和态度）来应对痛苦的核心信念？来访者采用了哪些补偿性的行为策略？（3）思考“核心信念是怎样产生并得到维持的”，即考察与来访者的核心信念及行为策略的起源和维持有关的先行事件（相关的早期经历）[②]。

贝克指出，认知是情感和行为的中介，情感问题和行为问题与歪曲信念（distorted beliefs）有关，具体来说，歪曲信念包括主观臆测，在缺乏事实或根据时的推断；夸大，过分夸大某一事情和意义；牵连个人，倾向将与己无关的事联系到自己身上；走极端，认为凡事只有好和坏之分，不好即坏，非黑即白等。

后续研究者将常见的歪曲信念归纳为以下十种：[③]

（1）黑白思维——全盘肯定或全盘否定的观点。

（2）笼统概括——以偏概全。

（3）心理过滤——只看到坏的一面，忽视好的一面。

（4）贬低事物的积极面——只看到事物悲观的一面，看不到乐观的一面。

（5）读心术——自认为可以看到实际上很难看透的事物。

（6）夸大或轻视一切——无论是灾难宣扬者还是否定灾难者，都会让你陷入困境。

（7）情感推理——感性而非理性地处理问题，也常被称为“奇幻式思维”。

① BECK A T. Depression：clinical，experimental，and theoretical aspects［M］. PA：University of Pennsylvania Press，1967.

② BECK J S. Cognitive therapy for challenging problems：what to do when the basics don't work［M］. NY：Guilford Press，2011.

③ SWEET C. 认知与改变［M］. 段鑫星，等译 . 北京：人民邮电出版社，2016：147-148.

（8）条件性思维——总是喜欢说“应该”“可能”“必须”。

（9）个人化归因——将问题归因于自己而非客观地看待问题。

（10）贴标签——为自己或他人指派全面的、绝对的负性特质。

总而言之，贝克认知疗法认为心理障碍产生的原因是认知的歪曲和错误导致情绪的紊乱与行为的适应不良，改变不良情绪与行为的关键就在于纠正错误的自动思维以及由此形成的核心或中间信念。而心理咨询或治疗的原理则是明确来访者歪曲的认知，并采用认知、情绪和行为的技术改变它们。

（二）贝克认知疗法的主要技术

贝克认知疗法是用认知重建、心理应对、问题解决等技术进行心理辅导和治疗的，其中认知重建最为关键，即如何重建人的认知结构，从而达到治疗的目的。从另一角度而言，认知疗法乃是针对心理分析疗法的缺陷而发展起来的。因为在心理分析治疗时，常着重于心理与行为的潜意识和情感症结，而这种潜意识的欲望或情感，往往只是施治者的分析推测，不容易向患者解释，也不容易被患者接受，更不易作为辅导和治疗的着眼点来操作。认知疗法将辅导和治疗的着眼点放在认知上，它不必管看不到也抓不到的潜意识，只要更正这些可用语言描述的观念、想法、信念，处理好非功能的“认知”即可。

具体来说，认知疗法的主要技术有以下两项：

1. 识别和矫正自动思维的技术

个体对外界信息的解释直接影响着其情绪和行为反应，而这些解释通常是以自动思维的形式表现出来的。为了消除来访者的心理障碍，治疗师应当首先帮助他们学会识别、矫正错误的自动思维。

（1）识别自动思维：通过回忆引出自动思维；通过想象或角色扮演引出自动思维；通过观察情绪变化发现自动思维。

（2）矫正自动思维：主要通过咨访双方“协同检验”的方式来矫正自动思维。也就是把来访者的自动思维看成是一种假设，通过事实对其进行真实性检验，以证明来访者的想法没有事实根据，从而改变这一想法。

2. 识别和矫正信念的技术

来访者自动思维的产生源于其潜在的信念即认知图式，识别和矫正自动思维最终也是为了识别和矫正信念。只有改变了深层次的信念，才能彻底改变来访者的心理障碍，并可以预防问题的复发。

（1）识别信念：识别自动思维找出信念；总结主题得出信念；层层推论引出信念；直接询问得出信念；量表测试发现信念。

（2）矫正信念：通过提问进行真实性检验，将来访者消极的自动性思维与错误认知视为假设，引导来访者对该假设做真实性检验；通过行为实验检验信念，帮助来访者设计行为实验来评估信念的有效性。

四、理性情绪行为疗法

阿尔伯特 · 艾利斯

（Albert Ellis，1913—2007）

理性情绪行为疗法（rational-emotive behavioral therapy，REBT）是由阿尔伯特·艾利斯在美国创立的。艾利斯在哥伦比亚大学获得临床心理学博士学位，于 1956 年将自己发展的心理治疗新方法命名为理性疗法（rational therapy，RT）。该疗法要求治疗师或临床医生帮助来访者理解其个人信念导致了自己的情感痛苦。例如“我必须完美”或“我必须被每个人所爱”。艾利斯相信通过理性分析，人们可以理解他们的错误并加以改正。后来他后悔用了理性治疗这个术语，因为许多心理学家误解为这个治疗中没有情绪。这并不是艾利斯的本意，为此他花费了许多时间解释、澄清他的立场，并为了表明他对情绪的重视，他将自己的理论改名为理性情绪疗法（rational emotive therapy）。但艾利斯仍不满意，因为他发现只了解思考与情绪，对来访者帮助并不大，对来访者的现实情况改善较少。因此，他开始研究行为改变技术。

（一）理性情绪行为疗法的基本理论

直至 1993 年，艾利斯终于加入了使理论更为完善的行为技术，并将自己研究的疗法改名为理性情绪行为疗法。从那时开始，他就明确地强调了我们的信念和行为之间所存在的直接联系。用艾利斯的话来说，“REBT 的理论认为：除非人类常常违反自己深信不疑的信念，否则他们很少改变这些不利于自己的信念，也很少坚持自己对这些信念的怀疑”①。

总体而言，理性情绪行为疗法认为人既可以是有理性的、合理的，也可以是无理性的、不合理的，而当人们按照理性去思维，去行动时，他们就会是愉快的以及行有成效的人；情绪是伴随着人们的思维而产生的，情绪上或心理上的困扰是由于不合理的、不合逻辑的思维所造成的；任何人都不可避免地具有或多或少的不合理的思维与信念；人是有语言的动物，思维借助于语言而进行；不断地用内化语言重复某种不合理的信念就会导致无法排解的情绪困扰；情绪困扰的持续是由于那些内化语言持续的结果。

理性情绪行为疗法的治疗整体模型是“ABCDEF”，该模型是在艾利斯的“ABC理论”基础上建立的。人的情绪和行为障碍不是由于某一激发事件直接所引起，而

---

① 转引自BANKART C P. 谈话疗法：东西方心理治疗的历史［M］. 李宏昀，等译. 上海：上海社会科学院出版社，2006.

是由于经受这一事件的个体对它不正确的认知和评价所引起的信念，最后导致在特定情景下的情绪和行为后果，这就称为 ABC 理论[①]，具体而言，其中 A 指刺激性事件（activating events），B 指人对 A 的看法和信念（beliefs），C 指反应的结果（consequences），如情绪和行为反应。

具体而言，理性情绪行为疗法的完整治疗模式由以下六个部分组成：A（activating events）指刺激事件；B（beliefs）指人们对事件所持的观念或信念；C（emotional and behavioral consequences）指观念或信念所引起的情绪及行为后果；D（disputing intervention）指驳斥干预；E（effect）指治疗或咨询效果；F（new feeling）指辅导或治疗后的新感受。详见图 3-1。

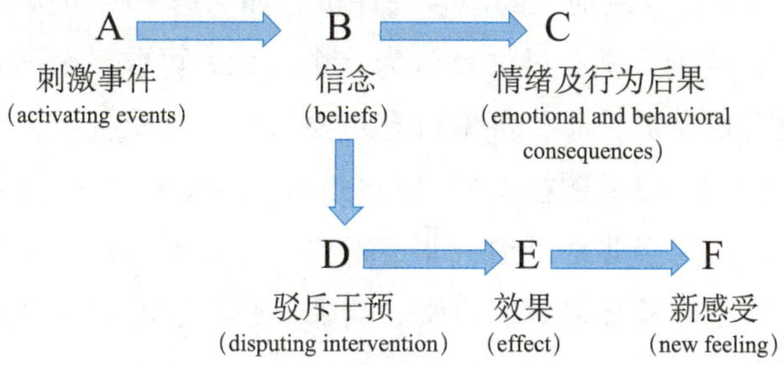

图3-1　理性情绪行为疗法过程

艾利斯认为，事件（A）本身并非是引起情绪反应或行为后果（C）的原因，而人们对事件的不合理信念（B）（想法或解释）才是真正原因所在。因此要改善人们的不良情绪及行为，就要劝导干预（D）非理性观念的发生与存在，而代之以理性的观念。等到劝导干预产生了效果（E），人们就会产生积极的情绪及行为，心里的困扰因此消除或减弱，人也就会有愉悦充实的新感觉（F）产生。

关于信念，艾利斯通过自己的临床观察，曾经总结出了 11 种不合理信念：（1）每个人绝对要取得周围的人，尤其是生活中每一位重要人物的喜爱和赞许。（2）个人是否有价值，取决于他是否全能，是否在人生的每个环节都有所成就。（3）世界上有些人很邪恶，很可恶，是坏人，应严厉谴责和惩罚他们。（4）当事情不如己意的时候，感到实在可怕和可悲。（5）要面对人生中的艰难和责任实在不容易，倒不如逃避来的省事。（6）人的不愉快是外界因素造成的，所以人实在是无法控制自己的痛苦和困惑。（7）对于危险的和可怕的事物，人应该非常关心，要不断关注和思考，而且要随时留意它可能在发生。（8）一个人的过往经历往往决定了现今的行为，而且这是永远不可能改变的。（9）一个人总要依赖他人，同时也需要一个比自己强有力的人来让自己依附。（10）一个人要关心他人的问题，为他人的问题悲伤难过（指过分的关心和悲伤难过）。（11）人生中的每个问题总会有一个精确的答案，若得不到答

---

① Ellis A，Overcoming destructive beliefs，feelings，and behaviors，amherst，NY：Prometheus Books，2001.

案，就会痛苦。

艾利斯所提出的不合理信念较多且烦琐，因此许多学者均试图将其简化归类。其中，美国心理学家威斯勒（Wessler）较为全面地将不合理的信念归并为以下三大类：（1）绝对化要求（absolutely demandingness）：指人们以自己的意愿为出发点，对某一事物怀有其必定会发生或必定不会发生这样的信念，它常与“必须”“应该”这样的词连在一起，如“我必须做得最好”“他必须那样做才对”等，一旦表现不如预期，持此种信念者常会产生焦虑、忧郁、无价值或自责等感受。这是最常见的一种非理性信念。（2）过分概括化（over generalization）：它是一种以偏概全、以一概十的非理性信念。过分概括化的人在看问题时容易走极端，信念中通常包含非有即无、非黑即白及贴标签的成分，往往导致对自身或他人的不合理评价。如一遇失败便认为自己“没用”“非常笨”“不可救药”；或别人稍有过失就认为这个人无一可取，全面否定。持有这种信念的人要么会导致盲目自责自罪、自卑自弃，要么会一味责备他人或外在环境，产生敌意、愤怒等不良情绪。（3）糟糕至极（awfulizing beliefs）：这种非理性的信念认为某一事情一旦发生，必定会非常可怕，非常糟糕，非常不幸。这种想法常常会导致个体陷入极端不良的情绪体验如耻辱、自责、自罪、焦虑、悲观、抑郁的恶性循环之中而难以自拔①。

理性情绪行为疗法认为，来访者与其原有信念的辩论而不是盲目接受治疗师的观点，主动去思考、发现和解决问题，有助于咨询目标的达成以及来访者自身的长久改变。而在此过程中，艾利斯强调，治疗师应当支持和尊重来访者的人格，其指导只是针对来访者不合理的思维而不是针对来访者本身；治疗师要能了解来访者的思想、情感和行为，以便做出合适的应对。

总而言之，该疗法认为心理障碍产生的原因是个人的不合理信念导致了错误的、歪曲的和有破坏性的自我评价，情绪或行为障碍就是由非合理信念、绝对性思考和错误评价造成的。心理咨询与治疗的目的则在于帮助来访者认清其思想中的不合理信念，建立合乎逻辑、理性的信念，以减少个人的自我挫败感，对个人和他人都不再苛求，学会容忍自我与他人，使其情绪、行为好转。

（二）理性情绪行为疗法的主要技术

理性情绪行为治疗者使用多模式的整合式治疗法，并使用各种不同的认知、情绪与行为技术，当然这些技术的使用依来访者的不同情形而定。

1. 认知技术

理性情绪行为治疗法在认知方面，重在教导来访者如何了解、修正其非理性想法，强调思考、质问、解释、分析、说明和指导的历程，主要使用认知重建法（cognitive

① 王静伟. 理性情绪行为疗法在大学生人际交往小组中的应用研究——以H大学G人际交往小组为例［D］. 武汉：华中师范大学，2015.

restructuring）来更正那些使其情绪困扰的不合理信念。常使用的认知技巧有：不合理信念的驳斥、认知性家庭作业、阅读治疗、应对性自我陈述以及意象和视觉化等技巧性训练。以不合理信念的驳斥为例，在此过程中，首先需明确不合理信念，然后利用ABC理论与之进行有效辩论，辩论中治疗师的积极提问能促进来访者的主动思维，从提问的形式看，可以分为质疑式和夸张式两种。质疑式是直截了当地向来访者的不合理信念发问；夸张式是治疗者针对来访者信念的不合理之处故意提出一些夸张的问题，使来访者感到自己的想法是不合理的、幼稚的、不可取的，因此较容易心服口服。

2. 情绪技巧

理性情绪行为疗法治疗师常使用的情绪技巧包括无条件接纳来访者、角色扮演、示范作用、强有力的自我陈述（passionate self-statement）、有力的自我对话、击溃羞辱感的练习（shame-attacking exercises）、理性情绪想象技术（rational-emotive imagery）等。以理性情绪想象技术为例，在治疗师的指导下，来访者通过想象不适当和适当的情绪反应，体验它们之间的差异，以及时纠正某些不合理的信念，强化来访者的新的合理的信念。在这些技巧中，我们应注意到有一些技巧，比如意象与想象可视为认知上、情感上的技巧，也可视为行为上的技巧。当我们把重点置于情感方面时，意象便成为一种情感治疗方法。

3. 行为技术

理性情绪行为疗法治疗师经常使用各种行为治疗方法，这些方法包括系统解除心理情结、制作模型、自发反应条件、自我管理原则、系统脱敏法、生理回馈和肌肉放松法等。许多行为技巧被布置成作业由来访者自己完成。进行治疗时，治疗师常用的两种方法为：治疗师充当坦诚的忠告者，直接驳斥来访者自我贬低的想法；治疗师充当有力的说服者，以鼓励、劝导来访者以实际行动参与其不敢做的事，从而驳斥其不合理的信念，并能以合理的信念代之。治疗师所采用的方式多种多样，例如：行为演练、演讲、讨论、视听教材、读书、自勉的标语等。

【知识链接】认知行为疗法的第三次浪潮：正念疗法

正念（mindfulness）最初来自佛教的八正道，是佛教的一种修行方式，它强调有意识、不带评判地觉察当下，是禅修主要的方法之一。如果你没有接触过正念，以下一些描述也许会帮助你了解它。

正念就是观察事物的本身——我们的念头、情绪、身体感受以及周边发生的一切。正念告诉我们世界是一面反射的镜子：清晰、公正、无分别。修习正念时，我们能觉察、意识到生活中正在发生的一幕一幕，而不会迷迷糊糊地陷入其中，全然无知。

正念是一项 ABC 技能：A（aware），觉知；B（being with），全然接受当下经历的，而不是意气用事；C（choice），更好地选择适应环境的方式。

正念意味着全然感受生命（即使有时很痛苦），对每一种体验都充满好奇心和勇气。正念也意味着任何时候都要保持淡定，只有接受了，我们才能做出冷静明智的决断，而不是批评、辩解和意气用事。

西方心理学家和医学家将正念的概念和方法从佛教中提炼出来，剥离其宗教成分，发展出了正念疗法。正念疗法是对以正念为核心的各种心理疗法的统称，目前较为成熟的正念疗法包括正念认知疗法（mindfulness-based cognitive therapy，MBCT）、辩证行为疗法（dialectical behavioral therapy，DBT）和接纳与承诺疗法（acceptance and commitment therapy，ACT）。正念疗法的核心原则在大量其他的治疗程序中可与认知行为疗法结合起来使用，被称为认知行为疗法的“第三次浪潮”（前两次浪潮分别是传统的认知疗法和行为疗法）。

正念疗法被广泛应用于治疗和缓解焦虑、抑郁、强迫、冲动等情绪心理问题，在人格障碍、成瘾、饮食障碍、人际沟通、冲动控制等方面的治疗中也有大量应用。当传统的认知疗法告诉我们要去挑战那些歪曲的想法时，正念疗法更注重挑战对负性思维与痛苦情绪的看法与认知。从正念的角度来说，最基本的问题是我们所产生的歪曲的信念，这些信念让你自动化地认为那些侵入性的想法、感觉和冲动非常重要，需要强烈地对其反应（认知回避、压抑、行为回避等）。但是正念的目标是更好地认识和接受那些短暂的令人不快的情绪体验和负面思维。正念疗法中也包含了行为治疗的成分，可简单形容为：当面对那些有害的想法、感觉和冲动时，最好的解决方式就是不要尝试去逃避它们，同时也不试图控制它们。正念治疗的目标并不是去控制或逃避这些体验，而是去和它们和平共处。换言之，治疗目标是允许负性的个人体验和情绪存在，但不进行过度的行为反应。

接下来，我们共同来了解一下几种较为成熟的正念疗法。

接纳与承诺疗法（ACT）：由斯蒂文·海耶斯（Steven Hayes）发展而来。ACT 重视自愿地接受令人不快的个人体验，不对其进行逃避和控制，根据个人的价值观念做出承诺，更好地生活。

辩证行为疗法（DBT）：由玛西亚·莱恩汉（Marcia Linehan）发展而来，最初作为治疗边缘型人格障碍的工具，它的核心原则——对有害感觉的“全然接受”，可以完全用于治疗强迫症和伴随的焦虑症状。

正念认知疗法（MBCT）：最初由治疗抑郁症发展而来。它的主要目标是让来访者将负性想法和情绪看做脑海中“一闪而过的念头”，不必过分解读或玩味。

以上三种以正念为核心的心理疗法都把正念训练作为咨询和治疗的基石，熟练掌握正念技巧的咨询师会在咨询中根据来访者的情况，将适合来访者的正念练习教授给来访者，并带领来访者逐渐熟习正念，直到来访者能自己在生活中灵活运用正念应对各种困难问题和挑战。研究显示，长期稳定的正念练习本身就可以带来更持久的注意力、更清晰的判断力，以及更成熟的情感能力，并且本身具有一定的心理疗愈效果（不同的正念练习可能带来不同的效果，因此期待特定效果的来访者需在这方面向咨询师咨询适合的方法）。因此随着来访者正念练习的不断深入，心理疗愈也会自然而然地逐渐发生，而咨询师本身在正念训练方面的水平和来访者在正念练习方面的投入程度将直接影响咨询的效果。

最后，我们一起来尝试一下基本的正念练习。

正念练习之正念葡萄干

留出 5 ～ 10 分钟的时间，确保你一个人位于一个空间内，不受电话、家人、朋友的打扰。关闭手机，避免影响你的思想。你需要几枚葡萄干（其他干果或小型坚果也可以）。你还需要准备一支笔和一张纸，以便稍后记录你的反应。

阅读下列指南，了解练习要求。然后只要在真正需要的时候，再重新阅读。在下面的 8 个步骤中，每个步骤需要 20 ～ 30 秒的时间。

1. 持

拿起一枚葡萄干，将它放在手掌上或者用手捏住。将注意力放在葡萄干上，认真观察，就好像你以前从未见到过这种东西一样。你是否能感受到它在手掌中的重量？它是否在你的手掌中投下了小小的阴影？

2. 看

花一点时间认真审视这枚葡萄干。想象你从未见过这种干果。非常认真地、全神贯注地观看。让你的目光滑过它的每一个部分，注意它的表面是否有褶皱，再看看它的表面什么地方颜色较浅，什么地方颜色深暗。我们要审视每一个光亮部位、阴暗凹陷、皱褶和凸脊。

3. 触

接下来，探索它的质感，感觉一下它的柔软度、硬度、粗糙度和平滑度。用手指翻转这枚葡萄干，探索它的纹理结构。将它放在另一只手的拇指和食指之间，现在感觉如何？

4. 嗅

现在，将葡萄干放在鼻子下面闻一闻，每次吸气时有什么发现？它是否有某种气味？让这种气味充满你的脑海。如果没有气味，或者气味很淡，也要如实注意。

5. 放

慢慢将葡萄干放入口中，注意你的手掌和胳膊知道如何准确地实施这一动作。然后，慢慢放在嘴里，注意感受舌头“接纳”它的动作。不要咀嚼，仅仅品味它在舌头上引发的感觉。然后，用舌头缓缓感知它，持续30秒钟或者更多。

6. 嚼

当你准备好以后，有意识地咬一口，感受葡萄干和口腔内的变化，注意它在你嘴里是怎样从一边跑到另一边的，同时也注意体会它释放的任何味道。当牙齿咬入葡萄干时，注意感受它内部的组织状况。继续慢慢咀嚼，但暂时不要吞咽。注意你嘴里的唾液，在你咀嚼这个物体的时候，它的黏稠度是如何变化的。

7. 咽

当脑海中出现第一个吞咽念头时，你是否能感觉得到？在真正吞咽前，要全神贯注地体会这个欲望。注意舌头为了吞咽都做了哪些准备。观察你是否能跟踪感受吞下葡萄干的过程。如果可以，有意识地感受葡萄干慢慢落入胃部的过程。如果你没有一次吞下整个葡萄干，就要有意识地第二次、第三次感受吞咽过程，直到完全咽下那枚葡萄干。注意体会吞咽完成后舌头的动作。试着去感觉它滑入到你的喉咙，进入你的食道，再进入胃里。

8. 感

最后，用一点儿时间感受吃完葡萄干后的影响。口腔中是否还有余味？没有了葡萄干，口腔的感受如何？是否有自动拿起另外一枚的倾向？现在请你用一点儿时间，将刚才练习中注意到的所有细节都写下来，然后细细体会。

五、家庭系统疗法

家庭治疗诞生于20世纪50年代，也就是第二次世界大战后。在战后的余波中，家庭的剧变和聚散制造了一连串的问题，例如，战时轻率成婚带来的压力，婴儿潮，性别角色的转换等。许多不同背景的临床工作者，如精神科大夫、心理治疗师和社会工作者等都加入了为大众提供心理治疗的行列。渐渐的，愈来愈多的临床工作者开始认识到改变家庭系统及互动模式对于治疗问题行为或病症以及维持治疗效果的必要性，不同的家庭治疗模式得以构建和发展。同时，家庭治疗的学术性组织也相继成立，如美国婚姻与家庭治疗协会（AAMFT，1970年）、美国家庭治疗学会（AFTA，1977年）、国际家庭治疗协会（IFTA，1987年）等。在学术期刊方面，目前有包括《家庭过程》《美国家庭治疗杂志》《婚姻和家庭治疗杂志》等在内的40多种[①]。

总体而言，家庭治疗是指将家庭作为整体，从系统、动态的视角看待家庭成员的心理问题，主要通过改变家庭成员围绕症状所展现出来的交往方式，从而达到治疗症状的一种治疗理论和治疗方式。家庭治疗既是一种心理治疗的流派，又是“概念化人类问题，理解人类行为、症状发展和解决之道的全新方式”[②]。国内外已有多项研究表明家庭治疗在同伴关系、学业水平、神经症和精神分裂症等干预方面均有显著效果[③]。

（一）家庭系统疗法的基本理论

家庭系统疗法的创始人都是接受过精神分析训练的精神科医生，但在治疗存在严重困扰的孩子及其家庭的过程中，他们发现，难以将精神分析的理念应用于家庭治疗，整个过程需要相当长的时间，而治疗效果却不显著，这让他们感到相当挫败。最终于1971年，帕拉佐莉（Mara Selvini Palazzoli）、博斯科洛（Luigi Boscolo）、切钦（Gianfranco Cecchin）以及普拉塔（Giuliana Prata）四位心理治疗师在意大利米兰市成立了“家庭研究中心”，他们离开精神分析，开始系统地从行为、关系、不同家人如何知觉与解释某一事件之中找寻差异，并致力于揭露维持现有家庭系统平衡的家庭成员之间的相互关联。因此，他们开创的疗法后来被称为“系统派家庭疗法”，也称“米兰派家庭疗法”。

目前，我们一般认为，家庭系统疗法（family systems therapy）是以系统论、信息论和控制论等为指导，以家庭或系统为单位来解析成员之间的关系，进行心理干预的治疗体系。该疗法认为出现问题的家庭成员是表征家庭问题的索引病人（index patient，IP），咨询或治疗应该着眼于整个家庭系统，从扰动成员之间交往模式着手，而不是仅仅只对“索引病人”的症状本身进行咨询或治疗[④]。

系统论将家庭看成一个有机体，自成一个系统，有许多次系统，每个次系统间既有联系又有制约，形成家庭系统有序的运转，以此实现家庭的功能。系统论将关注的重心放在家庭成员的相互关系而非个人的特性上，认识到家庭系统内的关系模式大于各组成部分的本质，强调分析问题时从家庭整体入手，研究的是组成家庭整体的各部

---

① 苗青，贾林祥．家庭心理治疗：一种科学的治疗理念［J］．医学与哲学，2006，27（15）：39-41.

② NICHOLS M P，SCHWARTZ R C. Family therapy：concepts and methods［M］. 10th ed. NY：Pearson，2009.

③ 孟馥，张婕，陈向一，等．“难以触摸的女孩”家庭治疗取向团体督导［J］．中国心理卫生杂志，2014，28（12）：926-931.

④ 张婕，陈向一，邓云龙，等．大学生适应障碍的系统家庭治疗个案报告［J］．中国心理卫生杂志，2011，25（12）：927-929.

分因持续互动而产生的相互关系[①]。

控制论则为家庭系统治疗提供了另一种思考模式，即家庭规则是家庭用以掌管家庭系统所能容忍的行为范畴。罪恶感、双重信息、症状是家庭用以强化家庭规则的负向回馈机制。面对问题时家庭所反应的行为序列显示了家庭系统如何面对问题。

总而言之，家庭系统治疗包含两个假设：一是家庭中的问题表现者其症状的形成或维持缘于家庭成员之间的不良交往模式；二是改变家庭成员间的不良交往模式就会最终达到治疗问题表现者症状的目的。总体而言，家庭治疗最大的贡献在于提供了一个了解来访者行为的新构架，它超越了过去只关注个人内在的心理冲突、人格特征、行为模式的局限，把人及其症状放在整个家庭的运作中去了解并治疗。这是从个人到系统、从直线性到循环性的思维方式和视角上的转变[②]。

以往的咨询或治疗思路常常是从线性因果关系（linear causality）来看问题，也就是说事件A以单一方向的刺激—反应方式导致下一个事件B的发生，A为前因，B为后果。家庭系统疗法认为这种看法可能适合去了解简单的机械状况，但用来处理家庭互动之类的复杂组织则不恰当。因为在家庭中某位成员的改变会影响其他所有成员及整个家庭，受影响的家庭系统又会反过来作用于那个人，以连续不断的环状回路或重复的连锁反应产生相互影响，也就是说家庭互动的历程是循环因果关系（circular causality）。

（二）家庭系统疗法的主要技术

家庭治疗是一种资源取向、注重关系、体现系统思维的心理治疗流派。家庭治疗的技能包括观察技能（observational skills）、概念化技能（conceptual skills）和干预技能（intervention /executive skills）。观察技能是家庭治疗师准确观察和描述治疗会谈中来访者及其家庭的行为信息的技能。观察技能尤其重视家庭成员之间的行为序列是如何发生的。概念化技能指家庭治疗师关于来访家庭的家庭动力和治疗的思考内容和组织架构。概念化技能体现了家庭治疗师基于家庭治疗理论对来访家庭表现的抽象。干预技能是家庭治疗师阻止问题家庭模式的过程中所体现出的技能[③]。

而家庭系统疗法的特色是反矛盾（counter paradox）。咨询或治疗师不但警告家庭不要过早改变，甚至还会扩大家庭成员间的矛盾和差异。例如，一对父母对于孩子的不良行为的管教方法不一致且有互有竞争的做法。治疗师并不要求他们改变现有的冲突的做法，而是要求母亲在单数日以自己的方式负责管教孩子（父亲记录母子互动），父亲则在双数日全权承担管教任务（母亲充当观察记录角色）。执行这一方法可以澄清、扩大父母两人间的差异，并且让他们察觉到正是两人间的差异让他们的孩子产生

---

① 赵芳．家庭治疗的发展：回顾与展望［J］．南京师大学报（社会科学版），2010（3）：93-98.

② 朱臻雯．家庭治疗在中国临床心理咨询与治疗中的应用探索［D］．上海：华东师范大学，2003.

③ 刘丹，张婕．个案概念化在系统家庭治疗中的应用［J］．中国临床心理学杂志，2014，22（4）：746-748.

困惑。因此，要让孩子有所改变，他们之间达成一致就非常重要。

家庭系统疗法的常见工作模式是以团队的形式开展的，传统的家庭系统治疗分为五步：会谈前（presession），会谈（session），会谈间隙（intersession），干预（intervention），会谈后（postsession）讨论[①]。在会谈前部分，团队通过讨论提出一个关于家庭所呈现问题的初始假设。在会谈过程中，由一个或两个治疗师会见家庭，其余团队成员在单向镜后面观察，团队成员会对这个初始假设进行验证、修正或改变，并可能打断治疗师，与其进行讨论。约 40 分钟后，整个团队会单独聚集讨论假设，并达成对干预的共识。然后实施治疗的治疗师会再回去把团队的“处方”提供给家庭。在会谈后，团队讨论的焦点在于分析家庭对治疗师的介入的反应，并计划下一次的会谈。

在整个家庭治疗的过程中，治疗师们会运用一组有力且具有创新性的治疗技术来改变家庭的互动模式，例如，积极赋义（positive connotation）与家庭仪式（rituals）。积极赋义是一种对家庭行为的重新检视，是传递给家庭的一个信息。通过积极赋义，治疗师暗示病症或负面的行为其背后的动机是好的，例如，孩子之所以拒绝上学是因为他想陪伴受父亲冷落的母亲。因为这一行为帮助家庭系统维持了平衡，促进了家庭的凝聚和幸福感。把症状解读为积极的、正向的，可以减少家庭对治疗师给出的分析解释以及对未来改变的阻抗。家庭仪式则是在特定的日子（奇数日、偶数日），或是特定的时间（晚饭后、早上），用矛盾处方的方式对家庭成员的行为进行安排，其详细地描述要做什么，谁做，何时做，在什么情况下做等。

四位家庭系统学派大师在他们合作的后期，基于贝特森（Gregory Bateson）的控制论的循环性（cybernetic circularity），发展出了三个代表性的家庭治疗策略——“假设—循环—中立”[②]，这三种策略被认为是家庭系统疗法的标志。

1. 假设（hypothesizing）

治疗师在同家庭会谈之前，通过与团队成员的讨论，提出导致家庭问题的可能成因。这就像一张关于家庭问题的地图，给治疗师指引一个方向去询问各种问题，并用收集到的信息去证实、修改或推翻假设。家庭系统治疗中的假设有其特点与要求：需要看到问题在其所属情景中的意义，必须能解释一个问题情景中所有的元素以及它们是如何联系在一起的。

2. 循环（circularity）

也就是说，家庭互动模式不是线性的因果序列，而是由互为因果的反馈链构成的。相对应的技术就是循环提问（circular questioning）。这一技术反映了系统性的理论假设：治疗师通过提问发掘不同家庭成员对于某些事件或关系在观点上的差异，因而

---

① BOSCOLO L，CECCHIN G，HOFFMAN L，et al. Milan systemic family therapy：conversations in theory and practice［M］. New York：Basic Books，1987.

② SELVINI M P，BOSCOLO L，CECCHIN G，et al. Hypothesizing-circularity-neutrality：three guidelines for the conductor of the session［J］. Family process，1980，19（1）：3-12.

所关注的是家庭的关系，而非个人症状。常用的循环提问可归入以下几个类别：关于感知关系差异的问题（谁和爸爸更亲近，是女儿还是儿子？）；关于程度差异的问题（从 1 到 10 打分，你觉得你们这周的冲突有多激烈？）；关于现在和过去的差异（妈妈出现焦虑症状是从儿子去上大学之前还是之后开始的？）；假设式的和未来式的差异（如果女儿没有出生，你们今天的婚姻会有什么不同？如果你们离婚了，孩子会跟哪一位？）。

3. 中立（neutrality）

中立是指治疗师努力与所有家庭成员维持联盟，避免陷入家庭的联合与同盟之中，有能力在治疗中自由穿行。如果治疗师在会谈中做到了中立，那么这个家庭就没有人能够说他站在任何人的一边，从而避免被家庭系统诱导（induction by family system）。

“假设—循环—中立”这一模式，包含了评估过程、访谈技术和治疗立场，使家庭系统治疗有了较为简洁的操作模式，后续众多研究表明了该模式对来访者及其家庭问题处理的有效性[①]，也使家庭系统治疗师的培养有了较清晰的依据[②]。

【知识链接】家谱图的绘制

家谱图（genograms）在家庭治疗取向的个案概念化中发挥着重要的作用，它用视觉化的方式呈现家庭中的各种关系及各种有关家庭的信息，使我们对复杂的家庭关系有直观而全面并且系统性的理解，它从整体和系统的观点出发，有助于发现家庭的资源，致力于分析、调整家庭关系以促进改变的发生，为心理咨询和治疗提供了新途径，也为有效解决现实生活中的困扰提供了新方法。

我们许多人重要的家庭故事都通过后代传承下去，这些可以成为优势的来源（例如，父辈或先祖经受挑战最终成功的故事）。家庭故事是自豪的来源，也可成为积极力量搜索的核心。目前已发展出了一些被广泛接受，并用于帮助专业人士和他人沟通的特定符号和惯例（见图 3-2）。家谱图的使用将为评估和咨询提供一个良好的开端，在此我们做简要介绍。你可以先用自己的家庭来做练习，然后，通过与他人会谈来持续训练自己绘制家谱图的能力。

1. 列出至少三代家庭成员的名单，包括年龄、出生和死亡日期。酌情列出职业、重大疾病和死亡原因，并记下任何酗酒或药物滥用问题。

2. 列出重要的文化、环境、背景问题。这些问题包括了宗教、经济和社

---

① CARR A. Milan systemic family therapy：a review of ten empirical investigations［J］. Journal of family therapy，1991，13（3）：237-263.；KEMENOFF S，WORCHEL F，PREVATT B，et al. The effects of video feedback in the context of Milan Systemic therapy［J］. Journal of family psychology，1995，9（4）：446.

② BURNHAM J B. Family therapy：first steps towards a systemic approach［M］. NY：Routledge，2002.

会阶层等方面。另外，要特别注意重大生活事件（如离婚、重大疾病等）。

3. 家谱图的基本关系符号，如图 3–2 所示。

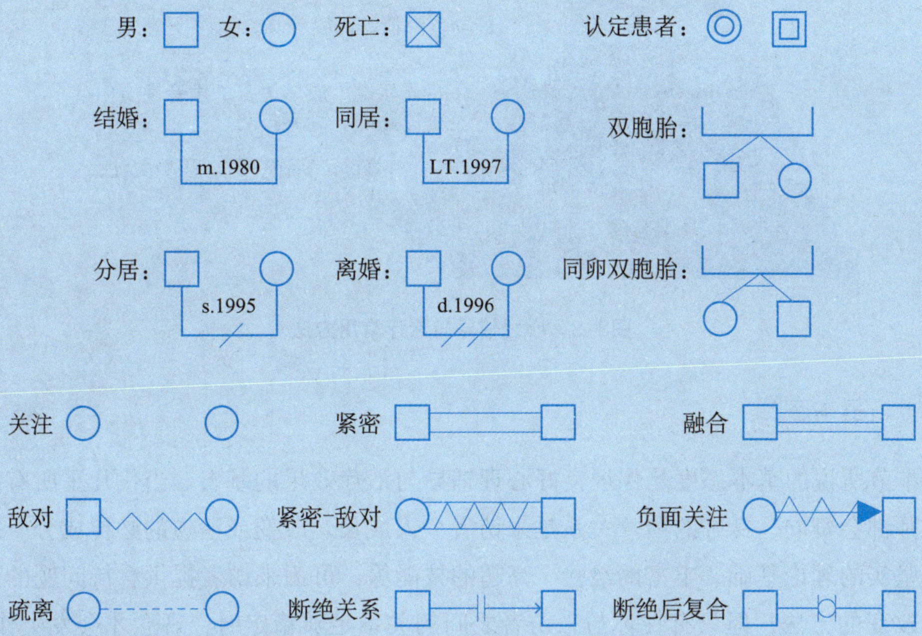

图3–2　家谱图基本符号

4. 你与来访者构建家谱图时，请特别注意使用我们下一节将讲的心理辅导与治疗的常用方法来拟出来访者的信息、想法和情感，这将有助于我们对来访者的生活问题形成深刻洞见。

第二节　心理辅导与治疗的常用方法

一般而言，心理辅导和心理治疗既有相同之处，又有不同之处。二者相同之处在于均以会谈为基础，需要收集信息并提供建议；但心理辅导更侧重于正常发展的问题，而心理治疗则注重更深层次的人格问题处理。

心理辅导与治疗的方法有很多种，在辅导实践中这些技术很难截然区分开来，不过使用任何一种技术时都必须明确，这种技术所适用的对象是一个复杂的和不断变化的人，而有效的辅导一定要使辅导者的技术适合于来访者。

如图 3–3 所示，总体而言，我们可以将心理辅导与治疗的方法分为四类：基本态度、贯注行为、倾听技术和影响技术。理想的心理辅导与治疗效果的达成需要辅导教师对这四方面进行全面有效的整合。

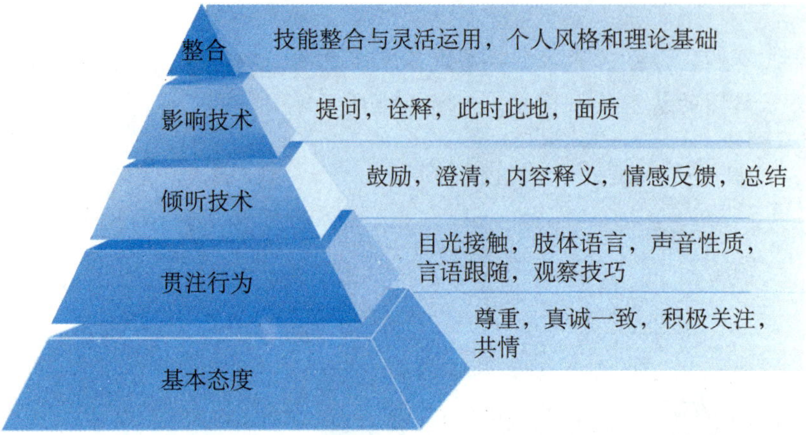

图3-3　心理辅导与治疗常用方法

一、基本态度

本节所说的基本态度是保证良好心理辅导与治疗效果的基石。当代几乎所有的辅导教师都会赞同，良好的治疗关系是来访者个人成长、改变或治愈的必要成分。或许你有坚实的理论基础、丰富的经验、高超的技能等，可为来访者提供看待问题的新视角及改变的方法，但只有在你与来访者之间的关系足够稳定时，观念才会发生作用，只有当深刻精妙的观念和牢固的咨访关系相互结合，共同发挥作用才能真正带来治疗效果。而良好咨访关系的构建，离不开四种辅导或治疗的基本态度，即尊重、真诚一致、积极关注和共情。

（一）尊重

尊重（respect）是指辅导教师把来访者作为有思想感情、内心体验、生活追求和独特性与自主性的活生生的人去对待。面对一个独特的生命个体，事实是每个人都不可能完全理解对方在经历什么。但我们常常做的，就是假装自己有评判一切的资格。这些评判（当然在我们看来，是为了他好），本质上是在说，你这样是错的，我们才是对的，你要想活得好一点，就应该学会像我们一样生活，因为这样才是正常人。这往往导致辅导或治疗的失败。尊重的意义在于：（1）给来访者创造一个安全、温暖的氛围，使其最大程度地表达自己。（2）使来访者感到自己被理解接纳，获得自我价值感。（3）唤起来访者的自尊心和自信心，可以成为对方模仿的榜样。尊重意味着信任对方，相信对方有改善自身的能力。尊重还意味着全面看待一个人的优点和缺点，不是仅接受来访者的积极面，排斥其消极面。尊重也意味着接纳一个价值观和自己不同甚至差距很大的来访者，并与之平等交流。

（二）真诚一致

真诚一致（congruence）也被译为表里如一，指辅导教师的想法、情感和行为相一致，在与来访者的互动过程中是真实而自然的。当然，真诚并不意味着对来访者无所顾忌地说出你的想法、情感乃至做出行为。在自发表达自己之前，请先进行以下思考：（1）审视你的动机，你表达自己是完全为了来访者的利益吗？（2）你想要说或做的是否有助于治疗？来访者是否有可能以消极或出乎意料的方式对你的表达做出反应？（3）真诚不等于想到什么就说什么。它意味着你对来访者说的所有话，都应基于诚实的态度[①]。

（三）积极关注

积极关注（positive regard）也被称为正向关注或积极关怀。意指治疗师以积极的态度看待来访者，让来访者知道他和每一个人一样都有价值。治疗师对来访者的认知、言语和行为的积极面、光明面或长处给予关注，利用其自身的积极因素促使来访者发生积极变化。治疗师能否对来访者予以积极关注及其程度如何，反映出治疗师对来访者的一种基本认识或人性观：来访者是可以改变的，并且他们身上已经具有这样或那样的长处、优点，存在一种向上成长的潜力，通过自己的努力以及外界的帮助，都有可能比现在更好。所有有效的心理咨询和治疗理论中都包含这样的信念，即通过咨询和治疗，能够使来访者产生积极的变化[②]。治疗师对来访者的积极关注不仅有助于建立良好的咨询关系，促进交流，而且本身就能产生咨询效果。尤其是那些缺乏自尊，或被目前的困难所困扰的来访者，治疗师的积极关注往往能帮助他们全面地认识自己和自己的处境，看到自己的长处和优势，看到光明的一面和未来的希望，从而树立信心，摆脱困扰。

（四）共情

共情（empathy）涉及倾听、理解并将之传达给来访者的过程，它包括几种类型，如初级共情（primary empathy）和高级共情（advanced empathy），前者是指治疗师观察、倾听并准确表达对来访者信息的认知理解，而高级共情除了初级共情的特征外，还需通过自我表露、指导或诠释等技巧将来访者话语背后的感受和想法表达出来，促使来访者以新的视角来思考自己及自己与所处环境之间的关系，得到某种程度的领悟[③]。共情被认为是产生积极结果最重要的条件，目前几乎所有主要的心理咨询流派都强调心理咨询过程中共情的重要性[④]。良好的咨询效果的达成离不开治疗师在倾听来访者叙述的同时能够设身处地、感同身受地体验来访者的世界，并用语言准确地表达对来访者内心体验的理解，引导来访者对自身的感受做进一步思考。

---

① SOMMERS-FLANAGAN J，SOMMERS-FLANAGAN R. 心理咨询面谈技术：第4版［M］. 北京：中国轻工业出版社，2014：161-165.

② 徐光兴. 临床心理学：心理咨询的理论与技术［M］. 2版. 上海：上海教育出版社，2009.

③ EGAN G. 高明的心理助人者：处理问题并发展机会的助人途径：第8版［M］. 郑维廉，译. 上海：上海教育出版社，2008.

④ 同②.

【知识链接】中国心理学会临床与咨询心理学工作伦理守则（第二版）：总则

本守则的目的是揭示临床与咨询心理学工作是具有教育性、科学性与专业性的服务工作，促使心理师、寻求专业服务者以及广大民众了解心理治疗与心理咨询工作专业伦理的核心理念和专业责任，藉此保证和提升心理治疗与心理咨询专业服务的水准，保障寻求专业服务者和心理师的权益，增进民众的心理健康、幸福和安宁，促进和谐社会的发展。本守则亦作为本学会临床与咨询心理学注册心理师的专业伦理规范以及本学会处理有关临床与咨询心理学专业伦理投诉的主要依据和工作基础。

总　则

善行：心理师的工作目的是使寻求专业服务者从其提供的专业服务中获益，心理师应保障寻求专业服务者的权利，努力使其得到适当的服务并避免伤害。

责任：心理师在工作中应保持其服务的专业水准，认清自己专业的、伦理的及法律的责任，维护专业信誉，并承担相应的社会责任。

诚信：心理师在工作中应做到诚实守信，在临床实践、研究及发表、教学工作及宣传推广中保持真实性。

公正：心理师应公平、公正地对待自己的专业工作及相关人员，采取谨慎的态度防止自己潜在的偏见、能力局限、技术限制等导致的不适当行为。

尊重：心理师应尊重每位寻求专业服务者，尊重个人的隐私权、保密性和自我决定的权利。

资料来源：中国心理学会．中国心理学会临床与咨询心理学工作伦理守则（第二版）．心理学报，2018，50（11）：1314-1322.

二、贯注行为

贯注行为（attending behavior）是心理辅导与治疗的基本技巧，也许是最重要和最基本的技巧，如果辅导教师希望对来访者有所帮助，离不开通过贯注行为表达你对他的尊重与关切。同样，如果来访者认为辅导教师没有注意他的言语、感受等，来访者往往不会再来。

贯注行为以非言语为主，包括目光眼神、面部表情、身体姿势和语音语调等。目前心理学家们大多同意，65% 或更多的信息是由非言语的方式传达的，而且有关研究表明，当言语信息与非言语信息矛盾时（例如嘴上说我不介意你的过去，眉头却是紧锁着），来访者通常会相信非言语信息[①]。

贯注行为的主要作用是激励来访者谈话。积极贯注行为常会打开沟通之门并鼓励自由表达，消极贯注行为则会关闭沟通之门或抑制表达。但在区分积极贯注行为和消极贯注行为时，难以达成普遍的原则，因为来访者的文化背景和过往经历会对其将某一行为看作是消极的还是积极的产生影响。因此，尽管有一些基本规则，但对这一名来访者适用的不一定适用于下一个。因此，辅导教师的贯注行为需要依据每个来访者的个人需要、个性风格和家庭文化背景等而略有变化。

通过实证研究与跨文化分析，心理辅导与治疗专家们指出了贯注行为的四个维度[②]。它们是：目光接触、肢体语言、声音性质和言语跟随。

（一）目光接触

目光接触（visual/eye contact）是指辅导教师与来访者交流的过程中的眼神交流。目光接触文化有相当大的差异，而且个人的眼神交流模式也有很大差别。对大多数来访者而言，较为恰当的做法是当来访者说话时，辅导教师与其保持较多的目光接触，而在治疗师自己说话时则与来访者保持较少的目光接触。

（二）肢体语言

肢体语言（body language）包含运动性和空间性两个维度，运动性指与任何部位，如眼、脸、头、手、腿和肩等的躯体运动和躯体特征有关的变量；空间性指个体空间和环境变量，如两人之间的距离以及中间是否有任何物体[③]。我们都有这样的经验，即使是简单甚至微小的动作，也可以让我们接收大量信息。有关研究表明，辅导教师的积极身体语言包括以下几个方面：略微向来访者倾斜身体；保持一个放松而注意的姿势；把双脚和腿放在一个不显眼的位置；保持手势温文有礼；尽量减少其他动作；将面部表情与你的感觉或来访者的感受相匹配；坐在与来访者大约一臂远的地方；家具的摆放应使你与来访者靠近，不要在中间竖立屏障。这些积极身体语言的例子是基于当代主流文化常模的，在实践中我们可能需要依据来访者个体情况和文化背景等有所调整。补充一点，模仿作为身体语言的外在表现在咨访关系的建立中也起着重要作用，在模仿发生时，辅导教师的身体和言语活动与来访者的保持同步，可有效增进情感协调与沟通理解。

（三）声音性质

声音性质（vocal qualities）主要包括音量、音高、语速和流畅性等。有经验的辅导

---

① SOMMERS-FLANAGAN J，ZELEKE W A，HOOD M H E. Clinical interview［M］. 5th ed. Hoboken：John Wiley & Sons，2013.

② IVEY A E，IVEY M B，ZALAQUETT C P. Intentional interviewing and counseling：facilitating client development in a multicultural society［M］. 9th ed. Boston：Cengage Learning，2017.

③ KNAPP M L，HALL J A，HORGAN T G. Non-verbal communication in human interaction［M］. 8th ed. Boston：Wadsworth，2013.

教师可以运用自己声音的上述特点来增进情绪协调，传达出兴趣和共情，也可以通过音量变化和加重语气强调具体问题或冲突。一般而言，辅导教师的声音应柔和而坚定，既表现出敏感性又表现出力量。和肢体语言一样，跟随来访者，用与来访者相似音量和音高说话常常是有用的，有研究者将其称为“与来访者同步（pacing the client）”①。另外，辅导教师可以使用声音性质的变化将来访者引导向某一内容或情感。例如，用温和而轻柔的语调说话，鼓励来访者更深入地探索其情感，而提高语速和音量可能有助于使他们对你感到信服并对你的专业能力感到信赖。同时，来访者声音性质的变化也值得关注，例如讲话犹豫或中断往往显示着压力和困扰，而清嗓子可能意味着即将说的话是轻易不说的。

（四）言语跟随

言语跟随（verbal tracking）是指辅导教师保持对来访者所表达的内容的注意，可通过间或重复关键词和短语来显示出其追随来访者言语内容的能力。具体而言，言语跟随是通过紧紧跟随来访者的言语内容来与来访者同步，它只涉及复述或总结来访者刚才所说的内容，而不包括你对来访者所说内容的个人意见或职业观点。准确的言语跟随是很有挑战性的，尤其是当来访者健谈或爱跑题的时候。此外，你可能会被来访者所说的话分心，陷入自己的想法或评价之中。为了有效地进行言语跟随，辅导教师需要尽量减少内部和外部的个人反应，你的注意力必须主要放在来访者身上，而不是你自己身上。

四种贯注行为的共同目的是减少辅导教师的谈话时间，同时为来访者提供机会来查看自己的问题并讲述其经历。同时，辅导教师也可以在会谈中运用贯注缺失来中止来访者不必要的谈话。

总而言之，贯注行为包含四个简单而关键的方面：目光接触，如果要与人交谈，请看着他们。肢体语言，如果直面来访者并且身体稍向前倾，同时面部表情丰富，并且运用辅助的鼓励的手势，那么来访者就知道你对他们有兴趣。声音性质，你的语气和语速能表达出你对另一个人的很多感受。想想你对另一个人有何感受，想想仅通过语气和语速的变换你可以有多少种方式说：“我真的对你需要说的感兴趣。”言语跟随，来访者是带着一个兴趣主题来找辅导教师的，辅导教师不应轻易改变话题，如果要改变话题，需要明确改变的意图与要达到的目的。

此外，有研究者提出观察技巧（observation skills）作为上述四种贯注行为的重要补充。观察技巧包括三个维度：非言语行为、言语行为、不一致与冲突。通过观察你自己和来访者的言语与非言语行为，发现其中的矛盾与不一致之处，细致地、选择性地对来访者作出反馈，作为探索的主题。②观察技巧的运用，将有助于我们了解来访者

---

① MEIER S，DAVIS S. The elements of counseling［M］.7th ed. Belmont：Brooks/cole，2010.

② IVEY A E，IVEY M B，ZALAQUETT C P. Intentional interviewing and counseling：facilitating client development in a multicultural society［M］. 9th ed. Boston：Cengage Learning，2017.

是如何理解自身与世界的。

三、倾听技术

个案辅导或治疗过程中的倾听既是主动式倾听，也是参与式倾听，即辅导教师不仅要用耳朵倾听来访者的谈话内容，还要主动去揣摩和领悟其中的意蕴及隐喻，以便能够做出恰当的反应。倾听并不仅仅是坐在那里，听来访者讲故事，而是需要全身心地投入，以帮助来访者扩充和丰富他们的故事。具体而言，他们可以通过鼓励、澄清、内容释义、情感反馈和总结来理解来访者的感受，让来访者感受到被接纳。来访者需要知道辅导教师已经听到了他们所说的话，了解了他们的观点，感受到了他们的经历。有关研究和临床经验告诉我们，一旦来访者的故事被真正听到，来访者就可以更加开放并准备开始改变。接下来，我们一起来学习倾听的五种主要方法：鼓励，澄清，内容释义，情感反馈和总结。

（一）鼓励

鼓励（encouraging）是治疗师运用各种语言和非语言手段使来访者讲述更多的信息。此技巧主要包括点头、推动手势、“嗯嗯”之类的短语，以及来访者所说的关键词的简单重复，使来访者感受到被关注。

（二）澄清

澄清（clarification）则是更深一层的鼓励方式，指在来访者发出模棱两可的信息后，请来访者给予进一步解释和说明，常以“你的意思是……”或“你是说……”开始，以“我理解得对吗”等封闭式问题结束。此外，适当的微笑和关心是两种主要的鼓励手段，能使来访者感到舒适和轻松，从而更能表达自己。

（三）内容释义

内容释义（paraphrase，responding to content）是有选择性地注意来访者信息中的事实部分，给出治疗师的解读。内容释义一方面可以帮助来访者关注自己信息中包含的实际情况；另一方面，当过早关注情感或自我否定时，突出来访者信息的内容。举例如下：

来访者（一名高三学生，父亲离世，母亲患病在床）说：“对我来说，这段时间安排实在是艰难，要照顾母亲，要坚持学习，还要打工赚钱。我不断告诉自己，这种紧张的节奏有一天会慢下来的。”

自问 1：他对我说了些什么？

同时做许多事对他来讲很艰难。

自问 2：信息的内容是什么？——正在讨论的是什么人、物或情境？

他试图同时工作、学习和照顾母亲。

自问 3：合适的内容释义是怎样的？

“听起来，好像你很难平衡种种事情”，或“看起来，现在有许多事情需要你花时间来做”。

（四）情感反馈

情感反馈（reflection，responding to feelings）是有选择性地注意来访者信息中的情感部分，给出治疗师的解读。情感反馈也至少有两方面的作用：一是鼓励来访者倾述其情感并经受更强烈的感受；二是帮助来访者认识、识别和管理情绪。举例如下：

来访者（一名 10 岁女孩）：我不喜欢待在家里，我希望去我朋友家和她爸妈住一起，我也和我妈说过，指不定哪天我就会离开家，但她一点也不在乎。

自问 1：来访者使用了什么情感词汇？

不喜欢。

自问 2：来访者的非言语行为暗示了什么情感？

难过，生气，失落，怨恨。

自问 3：合适的情感反馈是怎样的？

“听起来，你似乎对家人感到失望”，或“看起来，你对于家里发生的一些事情感到很难过”。

（五）总结

总结（summarizing）是内容释义和情感反馈的结合，用来澄清、阐明和提炼出来访者在较长时间跨度内所说的话，比如总结来访者在整次咨询中所谈论的内容和情感。总结可以用于开始或结束采访，转移到一个新的话题，或者澄清复杂的问题。最重要的是，总结可以帮助你和来访者思考、整理和组织会谈过程中所发生的事情。

总而言之，良好的倾听有助于了解来访者思考、感知、行动的方式；同时也能扩大来访者意向反应和行动的可能性，帮助他从新的角度重新认识和改写他的故事。倾听技术及其主要目的如表 3–1 所示。

表 3–1　倾听技术及其主要目的

倾听技术	定义	主要目的
鼓励	运用各种语言和非语言手段使来访者讲述更多的信息	使来访者感受到关注与支持
澄清	试图复述来访者所说的信息，或澄清来访者不清晰的陈述并在后面用一个封闭的问题（如：确认治疗师听到内容的准确性，“我理解得对吗？”）	澄清来访者不清晰的陈述并确认治疗师听到的内容的准确性

续表

倾听技术	定义	主要目的
内容释义	使用来访者清晰表达的感官形式	增进感情协调与共情的重述
情感反馈	对已清晰表达的情绪的重述	增进来访者对共情的体验并鼓励他们进行进一步的情绪表达
总结	对一次治疗中涉及的几个话题的简短总结	增进对治疗内容的记忆并将在一次治疗中提及的主题联系在一起或进行整合

四、影响技术

倾听技术主要是从来访者的角度或参照框架出发，对来访者传递的消息做出回应。而在辅导或治疗过程中，辅导教师有时需要超出来访者的参照框架，从自身推理、觉察和理解出发，对来访者施加某些影响。这些影响技术是更为积极主动的，而不是被动等待的。倾听技术间接地影响来访者，而影响技术则对来访者产生更直接的影响。

影响技术既以辅导教师的知觉和假设为基础，又以来访者的信息和行动为基础。我们在此介绍四种影响技术：提问，诠释，此时此地和面质。

（一）提问

提问（questioning）是指提出问题，以便从来访者那里寻求详细的解释或信息。有时来访者可能会由于顾虑隐匿部分内容，或是由于思路不清晰无法将内心的主要困惑表达出来，这时就要通过提问对关键性的内容进行进一步了解。提问的关键在于目的性，有经验的辅导教师通常认为除非你心中对于提问已有明确目的，否则就不应当提问。

提问的有效性依赖于问题类型和提问频率。一般而言，提问可以分为开放式提问和封闭式提问两种形式。开放式提问（open-ended questions）是用“什么”“何时”“怎样”“哪里”“为什么”等开头的提问。这类提问能使来访者的回答有更广阔的发挥空间，更加便于辅导教师了解来访者的情况。具体而言，开放式提问可以鼓励来访者进行陈述以获得信息，帮助来访者讲出行为、感受和想法的具体例子，促进治疗师对来访者问题的理解。封闭式提问（close-ended questions）是让对方作出“是”或“否”、“有”或“无”的回答。这类问题获得的信息量少，也容易使谈话中断，但可以达成以下几个目的：缩小讨论的话题；获得特定的具体信息；打断说个不停却和主题无关的来访者。不论是使用开放式提问还是封闭式提问，我们需要注意的是，区别有效提问和无效提问的核心在于，提问是否能够让来访者从一个新的角度和深度看待问题。

使用提问句的指导原则一般为：①

（1）提出的问题应围绕来访者的关注点，而不是治疗师的要求；

① 改编自 CORMIER S，NURIUS P S，OSBORN C J. Interviewing and change strategies for helpers［M］. 6th ed. Boston：Cengage Learning，2016：128-129.

（2）提出问题后，给来访者足够的时间去回应，不要害怕沉默；
（3）一次只问一个问题，避免问题堆砌，特别对于儿童或老年来访者；
（4）尽量避免指责性问题，以免引发防卫反应；
（5）不应将提问作为主要的辅导模式，避免来访者感受到冒犯和缺乏尊重。

（二）诠释

诠释（interpretation）要求辅导教师从来访者讲述中找出主题和模式，使来访者隐含的信息更清晰地显示出来。不同于倾听技术（鼓励，澄清，内容释义，情感反馈和总结），诠释针对的是隐含的信息，即来访者没有明说或直接讲出的那部分内容。辅导教师要依据自身的直觉及其对来访者的认知识别出信息背后的模式，并将隐含信息明确展现。不同理论流派的辅导教师对同一位来访者往往会采用不同的诠释，而任何一种诠释都可能会有帮助或者有害。诠释的价值依赖于来访者对它的反应。每一种诠释都为来访者提供了另一种新的思考环境的方式。诠释不同于内容释义，内容释义的要义是准确地表达来访者的原意，它不改变来访者的参考系，诠释则是提供咨询者自己的理解，为来访者提供了新的参考系。简而言之，诠释用一种新的观点重新命名或者重新定义了“现实”。形成有效的诠释有三个步骤：首先，倾听并确定来访者信息中的隐含内容，如行为、模式、情感、目标、行动和愿望等；其次，辅导教师需明确自身对该问题的看法；最后，通过评估来访者对诠释做出反应，检验诠释效果。

（三）此时此地

此时此地（here and now）也被称为即时化（immediacy），是指在咨询面谈中，来访者与辅导教师对当前正在发生的事情做出的言语反应。它被认为是一种真诚、直接和交互的谈话。当回避此时此地时，距离感就会产生。在咨询过程中应用该技术时，辅导教师需要对三个方面做出即时反应：辅导教师的想法、情感或行为；来访者的想法、情感或行为；两者之间的相互作用。通过运用此时此地，可以达成以下三个目的：（1）公开表达辅导教师对自己、对来访者或者二者间关系的现时感觉，可以减少由于不承认存在潜在的问题而导致咨访关系破裂的可能；（2）针对此时此刻相互关系中的某些方面展开讨论或提供反馈，有助于增强双方的工作联盟；（3）帮助来访者进一步认识自己与他人的关系，以及人际关系出现问题的背后原因，因为通常来访者与治疗师相处的方式，也即他们在生活中与他人相处的方式。即时化反应可以向来访者示范如何讨论和解决他们在咨询室之外的人际关系问题。简而言之，此时此地的良好运用可以帮助辅导教师感知到在当下来访者和自己所发生的互动，并加以体验和利用，来影响和推动辅导和治疗过程。

（四）面质

面质（confrontation）是指辅导教师指出来访者行为和言语表达中的矛盾或不一致

之处或指出来访者认知与情感、心理与行为之间存在的矛盾，使其真实地面对自己的问题，最小化阻抗并发动来访者的潜能，为了其自身的利益向着更深刻的自我认识和更积极的行为迈进。

面质不是直接的、尖锐的挑战。它是一种较为温和的技巧，包括仔细地倾听来访者的陈述，然后力图使来访者更全面地审视自己或环境。面质不是“反对（go against）”来访者；它是“伴随（go with）”来访者，寻找解决问题的新办法[①]。面质技术的使用主要有三个目的：一是帮助来访者意识到其想法、感受和行动中存在着差异或不协调，提高来访者识别自身行为、思想、情感等中的不一致、矛盾或混合信息的能力；二是澄清问题所在，正视自身担忧，以利于解释或解决冲突和差异；三是帮助来访者挖掘出认识自己的不同方法，最终引导他们采取不同的行动以促进改变的发生。

面质通常指向受辅导学生提供的矛盾信息，包括他们在思维和情感、说的和做的、自我观念和他人评价、语言信息和非语言信息之间的矛盾等。例如：“虽然你嘴上说你很想让自己的成绩提高，但在行动上我似乎没有看到你为此做了哪些努力。”“你说你不在意跟舍友之间的感情，但另一方面，你对于他们对你的冷淡又表现得愤愤不平。”

面质技术通常会对受辅导学生的心理造成一定的威胁，因此要在受辅导学生对辅导教师有高度信任时，与辅导教师有十分稳固的合作关系，且有充足证据表明其情感或行为不一致时，面质才能产生好的效果。面质技术使用时一定要注意不可将面质变成宣泄辅导教师个人情绪乃至伤害学生的工具，要以温暖、尊重、关怀为基础，让受辅导学生面对质疑感受到的是被关心和支持，而不是觉得被攻击。

总而言之，运用影响技术的目的就在于帮助来访者明白自己需要改变，并需要一个更为客观的参考框架，来指导改变自己的行为。影响技术及其主要目的如表 3–2 所示。

表 3–2　影响技术及其主要目的

影响技术	定义	主要目的
提问	开放、封闭式提问	开放式问句 1. 鼓励来访者进行陈述或获得信息 2. 帮助来访者讲出行为、感受和想法的具体例子 3. 促进治疗师对来访者问题的理解 封闭式问句 1. 缩小讨论的话题 2. 获得具体的信息 3. 打断说个不停的来访者，如提醒其要围绕当次治疗的主题

① IVEY A E，IVEY M B，ZALAQUETT C P. Intentional interviewing and counseling：facilitating client development in a multicultural society［M］. 9th ed. Boston：Cengage Learning，2017.

续表

影响技术	定义	主要目的
诠释	根据来访者的隐含信息和治疗师的直觉，反映来访者的行为、模式和情感	1. 确认来访者隐含的信息 2. 从不同角度探讨来访者的行为 3. 增进来访者的自我理解，并影响来访者的行为
此时此地	在咨询之中描述当时正在发生的情感或过程	1. 展开内隐的或未表达的情感或问题 2. 在过程或互动发生的当时提供反馈 3. 帮助来访者自我探索
面质	描述矛盾、歪曲	1. 识别出来访者混杂的（不协调的）信息或歪曲 2. 探索其他看待来访者自己或情境的方式 3. 影响来访者以采取行动

总而言之，心理辅导与治疗的常用方法包含五个层面：（1）基本态度，主要包括尊重、真诚、积极关注、共情四个方面。如前所述，良好的咨访关系是来访者个人成长、改变或治愈的必要条件，而良好咨访关系的构建，离不开上述四种基本态度。（2）贯注行为，是心理咨询最重要也最基本的技巧，它传递的是你对来访者的关切和理解，主要包括目光接触、肢体语言、声音性质、言语跟随和观察技巧五个方面。通过前四个方面的贯注行为，来访者的言谈将更自由，回应更开放，也更可以聚焦于主要问题，而通过观察技巧，咨询员将重点放在来访者的言语和非言语行为以及冲突和不一致的地方，这将帮助我们明确来访者是如何解释世界，困扰可能是如何产生的等。（3）倾听技术，是心理咨询发挥作用的关键所在，有咨询师提出，只要掌握了基本的倾听技术，其实就已经做好了开展一次完整的、组织良好的五阶段咨询会谈（见图 3-4）的准备。它主要包含鼓励、澄清、内容释义、情感反馈和总结五个部分，是积极关注与共情在咨询实践中的具体体现，良好的倾听有助于了解来访者思考、感知和行动的方式，发现其优势和资源，从而提升来访者采取行动的可能性，帮助他们从新的角度认识和改写自己的故事。（4）影响技术。倾听技术主要是从来访者的角度或参照框架出发，对来访者传递的消息做出回应。而在咨询过程中，有时需要超出来访者的参照框架，从逻辑结果、心理教育和压力管理等出发，对来访者施加某些影响。这些影响技术主要包括提问、诠释、此时此地和面质四个部分，相对于倾听技术，这些技术对来访者产生更直接的影响。（5）整合，有两个层次：一是将之前所涉及的概念技巧和咨询策略进行整理，使各种技能融为一体并实现初步灵活应用；二是在此基础上，将心理辅导技能与心理咨询伦理，还有辅导教师的自我探索做进一步的分析整合，形成辅导教师的个人辅导风格和辅导理论基础。

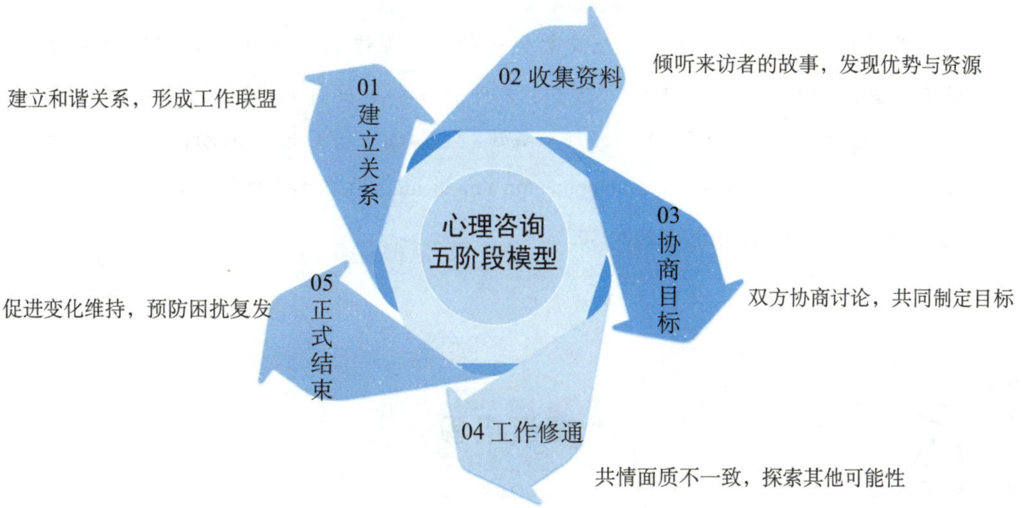

图3-4　心理咨询的五阶段模型

【知识链接】个体心理咨询的五个阶段

世界上存在的主要心理辅导与治疗理论学派有多种，对同一位来访者，不同学派有不同的“说法”（理论诠释），不同的“治法”（策略与技术）。而心理咨询的五阶段模型（见图 3-4）可以为不同的心理辅导与治疗理论提供基本的组织框架。无论你现在或未来倾向于什么理论学派，在运用不同的策略技术时，都可以将五阶段模型作为其基础。

1. 建立关系。在会谈开始首先需要建立和谐关系，形成工作联盟。在此过程中达成知情同意，说明伦理原则，并解释咨询过程中可能发生什么。常使用基本态度和观察技巧促进紧密联系的建立。

2. 收集资料。解决问题的前提是明确问题，我们需要发现和澄清来访者到来的原因。在此过程中倾听来访者的故事与困扰，发现其潜在的优势与资源。常运用贯注行为和倾听技术收集详细信息。

3. 协商目标。判断效果要有明确目标作为前提，我们需要与来访者协商讨论，共同制定目标。在此过程中讨论来访者想去往哪里，可能产生什么新的思考方式，希望的情绪状态或行为的改变。常运用倾听技术和影响技术来确定可行目标。

4. 工作修通。在前期工作的基础上，探索解决问题的多种可能性（包括什么都不做，接受现状）。在此过程中，可能需要面质来访者存在的矛盾和不一致。常运用倾听技术和影响技术来确定达到理想效果。

5. 正式结束。在最后，我们需要促进咨询中的变化维持，预防问题和困扰再次发生。在此过程中，将咨询所得一般化，促进来访者改变日常生活中的想法、情绪和行为。常运用倾听技术、影响技术和家庭作业来确定达到目的。

资料来源：改编自 IVEY A E，IVEY M B，ZALAQUETT C P. Intentional interviewing and counseling：facilitating client development in a multicultural society［M］. 9th ed. Florence，KY：Cengage Learning，2017：222-230.

知识巩固

1. 心理辅导与治疗的主要流派有哪些？
2. 简述人本主义疗法的主要观点。
3. 简述行为疗法的主要观点。
4. 简述贝克认知疗法的主要观点。
5. 简述理性情绪行为疗法的主要观点。
6. 简述家庭系统疗法的主要观点。
7. 如何依据来访者的不同情况选择合适的辅导与治疗流派？
8. 心理辅导与治疗的常用方法有哪些？
9. 在使用心理辅导与治疗常用方法时需要注意哪些事项？
10. 举例说明心理辅导与治疗的常用方法在实践中的应用。

第四章　特殊儿童心理辅导与治疗的基本方法

知识目标

- 理解支持性心理治疗等五类心理治疗方法的基本理论。
- 了解每种方法的原则、目标和适用对象。

技能目标

- 掌握支持性心理治疗等五类心理治疗方法的具体操作程序。
- 能够恰当地运用以上五种方法。

第一节　支持性心理治疗

一、支持性心理治疗的基本理论

（一）支持性心理治疗的界定

支持性心理治疗（supportive psychotherapy），又称支持性表达治疗（supportive expressive therapy），从心理动力学发展而来，其概念不易界定。从本质上看，它是治疗者对患者的生活或行为进行“支撑”、维持和援助。[①] 许多研究者从不同的角度对其做了阐释。例如布洛克（Bloch）认为，支持性心理治疗是给那些患有慢性精神残疾的

① JUNAID O，HEGDE S. Supportive psychotherapy in dementia［J］. Advances in psychiatric treatment，2007，13（1）：17-23.

人提供心理治疗的一种形式，对此类人而言，根本性的改变是难以实现的。[①] 由此看来，支持性心理治疗是一种常用的心理治疗形式，其中治疗者的支持是一个核心要素。布洛克强调维持和维护，而不是抑制和压制。吉尔伯特（Gilbert）等人指出，在支持性心理治疗中，治疗者的主要作用是支持和强化个体的潜能，使他们在适应和发展方面形成良好的以及成熟的自我。[②] 沃尔曼（Werman）将支持性心理治疗视为使患者获得他们缺失的或不足的心理功能的一种替代方法。[③] 罗森塔尔（Rosenthal）及其同事将支持性心理治疗描述为以谈话为基础的“二人互动治疗”（dyadic treatment）方法，它的焦点是通过直接的方法，维持或增加患者的自尊、适应技能或心理功能。治疗者可能会鉴定患者真实的和过渡性的关系、情感反应及行为方式。因为这个过程是以谈话为基础的，所以，与典型的表达性治疗相比，治疗者倾向于更加频繁地做出回应。[④]

关于支持性心理治疗的界定并不确定，对不同的治疗者来说有不同的理解。虽然如此，它包含着一些大家公认的因素，例如情感唤醒、理解和共情、结构化、成功体验、提供有益于健康的希望和乐观主义等。因此，有研究者认为，支持性心理治疗不是一种治疗方法，而是所有治疗方法的基础。由于支持性心理治疗多少有点类似精神分析法，最初是用来治疗不太适用精神分析方法的来访者，所以有观点认为，支持性心理治疗是精神动力心理治疗的一个亚型。但也有研究者将其视为一种具有一致性的、独具特色的心理治疗模式。

（二）支持性心理治疗的原则

在支持性心理治疗中，治疗者扮演着一种积极和指导性的角色，以帮助患者改善他们的社会功能和应付技巧。重点在于改善行为和主观感受，而不是获得洞察力或自我理解。因此，支持性心理治疗不是以某个理论为基础的，而是从大量相关文献中归纳出来的，这些文献描述了影响人产生变化的诸多因素。[⑤]

需要指出的是，所有心理治疗方法中，都包含支持性的构成要素。但是，支持性心理治疗作为针对某一特殊患者群体的独特的治疗模式，与其他心理治疗还是有区别的。支持对所有心理治疗方法而言都是基本的因素。当治疗者面对患者的时候，都会将其作为常规的、可靠的和值得关注的方面。而支持性心理治疗还包括这样的技术，即鼓舞人心、反复安慰、建议、说服、辅导以及再教育。治疗的主要对象是

---

① TEMPLETON J D. An introduction to the psychotherapies [J]. Journal of neurology neurosurgery & psychiatry, 1979, 42 (9): 871.

② GILBERT S, UGELSTAD E. Patients'own contributions to long-term supportive psychotherapy in schizophrenic disorders [J]. British journal of psychiatry supplement, 1994, 164 (23): 84.

③ WERMAN, et al. The practice of supportive psychotherapy [J]. Brunner/mazel, 1984.

④ PINSKER H, ROSENTHAL R N. The beth israel medical center manual of supportive psychotherapy [J], Social and behavioral sciences documents, 1988.

⑤ JUNAID O, HEGDE S. Supportive psychotherapy in dementia [J]. Advances in psychiatric treatment, 2007, 13 (1): 17-23.

那些心理上过度脆弱、固着以及防御性过强而不适合作探索性心理治疗（exploratory therapies）的人。[①]

（三）支持性心理治疗的目标

关于支持性心理治疗的目标，布洛克认为有以下六个：[②]

（1）通过恢复和强化患者的能力，最大可能地提升他们的心理和社会适应性，以应付生活的变化和挑战；

（2）通过强调优点和成绩来支撑患者的自尊和自信；

（3）使患者意识到他们的局限性、治疗的状况以及什么可以做到、什么做不到等生活处境的现实性；

（4）预防临床状况复发，因此要尽力防止病情恶化，或再次入院治疗；

（5）使患者仅需要专业化的支持，以使他们获得最大可能的适应能力，防止产生不适当的依赖；

（6）将支持性资源从专业人员那里转移给亲戚或朋友。

综上所述，支持性心理治疗的目标有这样一些特征：首先，让患者客观地看待自己，也就是既看到自己的优势，又让他们意识到自己的不足以及各方面的限制；其次，既给他们提供最大限度的支持，又要防止他们陷入依赖的状态；再次，强调患者家庭成员以及其他人的参与。

二、支持性心理治疗的适用对象

支持性心理治疗的适用对象比较广泛，可以将其视为一个连续体或谱系。其中一部分人处于谱系的一端，需要所谓的“纯粹性”的心理支持治疗。对其进行支持性心理治疗的基本目的是改善症状以及防止病情进一步恶化。这些患者一般在心理结构和自我功能方面存在重大缺陷，例如认知能力、现实判断能力、思维过程、行为组织能力、情绪管理、与他人保持理性接触的能力的缺陷以及发动活动方面存在困难等。其主要原因包括严重的精神或心理障碍、广泛性发育障碍、严重的边缘型人格障碍、智力障碍以及教育和社会化程度及水平受限等。与此种类型的患者晤谈时，治疗者关注的重点是患者的日常活动、药物治疗以及社会康复资源的使用方面。连续体或谱系的另一端是这样一些个体，他们的心理结构或功能没有缺损，思维清晰和具有现实性，智力至少达到平均水平，感知精确，生活有所作为，能够形成正常的人际关系，能够享受诸多活动，相对而言不会和他人产生过多冲突。这些个体寻求治疗的原因在于自我方面的缺陷而导致人际关系出现障碍，或者人格需要进一步改善等。他们或许有强

---

① JUNAID O，HEGDE S. Supportive psychotherapy in dementia［J］. Advances in psychiatric treatment，2007，13（1）：17-23.

② TEMPLETON J D. An introduction to the psychotherapies［J］. Journal of neurology neurosurgery & psychiatry，1979，42（9）：871.

迫症、依赖或回避型人格障碍、精神抑郁、惊恐障碍或者适应障碍。处于谱系中间的人一般为自恋人格障碍和精神病性抑郁症等。①

由此看来，支持性心理治疗的适用症比较广泛，其中也包含特殊儿童常见的一些心理和行为问题，因此也是对特殊儿童心理和行为问题进行干预和治疗的有效方法之一。无论如何，支持性心理治疗还是有原则可循，有方法可依，对特殊儿童及其家长而言，是一种温和可信的方法。

三、支持性心理治疗的操作

支持性心理治疗包含着一些关键的组成成分，布洛克对此作了说明，以作为支持性心理治疗的基础。②

第一，保证或安慰（reassurance）。这对于消除患者的疑虑和误解是必要的。只有现实性的保证或安慰才具有效应，其目的是给患者带来希望和积极的期待。

第二，应该对疾病做一种详尽的解释，聚焦于当下的状况，强调患者所面对的外部现实。最为重要的目标是改善个体的应对能力，而不是提高他的自我意识。重复性的现实性验证是关键。

第三，直接给予建议或指导是适当的，也是可取的。其最终目标是形成可迁移的技能。个体不仅要发展出更好的技能，还要知道什么时候寻求帮助。

第四，治疗者提供的建议通过有形或无形的影响，使患者产生改变。

第五，鼓励可以提高自尊，预防自卑情绪的出现，并且促进更加适当的行为模式的形成。

第六，为了使重要的改变产生，需要经常性地改变环境。

第七，共情性的积极倾听、无条件接纳以及允许适度的宣泄，可以确保患者具有安全感，同时也要使环境安全可靠，促进患者能够做到完全的和坦诚的自我暴露。

关于支持性心理治疗的技术，布洛克将其分为两大类：

第一类为解释。包括移情、鼓励、保证、安慰、称赞、提升患者的自尊、构建健康联盟、现实性验证、希望植入、包容、理解和运用迁移。

第二类为指导。包括提出建议、进行教育、改变环境、认知重建、问题解决以及塑造（通过更加开放的自我表露，治疗者增加患者与之认同的可能性）。

对以上相关内容分析可以发现，布洛克所提出的这些方法或技术，更像是一些操作原则，而且在基本层面，与人本主义的“以来访者为中心”疗法比较接近，具有很大的灵活性和延展性。特殊儿童的身心状态和表现往往呈现出复杂和多样的境况，因

---

① WINSTON A，ROSENTHAL R N，PINSKER H. Introduction to supportive psychotherapy［J］. Journal of clinical psychiatry，2004，65（12）.

② TEMPLETON J D. An introduction to the psychotherapies［J］. Journal of neurology neurosurgery & psychiatry，1979，42（9）：871.

此，支持性心理治疗对他们的身心调适和康复而言，具有明显的适切性。

四、支持性心理治疗主要方法举例

（一）称赞

经常称赞是支持性心理治疗的最好方法。赞扬可以强化已取得的进步和更多的适应性行为，其前提是来访者认为自己值得被称赞。以下是称赞的案例：

治疗师 1：你告诉老师知道自己错了，这个做法很好。你同意吗？

治疗师 2：你能这样体谅同学真的不错。

称赞虽是一种好方法，但要避免不恰当的或虚假的称赞，因为这种称赞对来访者来说毫无意义。例如：

来访者：最近我很怕我的语文老师。

治疗师：怕什么呢？

来访者：昨天上午上语文课我正在想怎样写布置的作文，她走到我的课桌旁很生气地说："发什么呆，还不赶快写作业！"她经常会莫名其妙地冲同学发脾气。我前天听说她和先生正在闹离婚。

治疗师：你解释得很清楚。（这虽然是一个支持性的评述，然而并不真实。因为她将老师对她的态度和对其先生的态度混淆了。因此辅导者不能说来访者对自己的情况阐述很清楚。）辅导者应作如下回应：

治疗师：把这些事情说清楚，对你而言真的不容易，你已经尽力了。

需要注意的是，治疗者对来访者的赞扬应该是后者认可的，否则会产生负面效应。

（二）保证

保证也是支持性心理治疗的常用方法，它要求保证必须实事求是，必须建立在对来访者的特殊情况有足够的理解，而且治疗者对来访者所做的保证，不得超出自己的专业领域。例如，医生可以向患者保证某种药物的疗效和副作用，但是不能对刚上市的药物的长期疗效作出承诺。与保证相关的另一种方法是正常化，对来访者而言，这是一种可接受的保证形式。保证和正常化一般不会用于病态的或非适应性行为，以及投机或敌意行为。

格言和座右铭是正常化常见的形式，例如：

治疗师：俗话说，"你不能逼自己的孩子吃饭、睡觉或天天开心"，我们也可以说"你也不能逼孩子和兄弟姐妹待在一起"。

保证有时可以以权威的形式表达：

治疗师：你不能让你的孩子每门功课都考一百分！

保证如果和某些原则或规则并用，效果能达到最好。例如：

来访者：我总是担心自己的情绪会失控。

治疗师：有社交恐惧症的人经常会害怕控制不了自己的情绪或行为。然而，事实上，社交恐惧症并不总会导致这种情况出现。

（三）鼓励

鼓励的意思是激励或推动，以及给予希望。一般而言，有心理障碍的人在身心方面都缺乏活力，鼓励他们参加运动，与他人交往，变得更加独立和关心别人就显得尤为重要。身心的康复都需要一步一步来，但是，有的身心残障者，认为一点一点的恢复没什么用，因此，在为他们确定康复步骤方面，就需要一些技巧。由于人们都愿意相信，努力不会白费，因此，规劝就成了鼓励的一种常用的方法：

来访者：我吃饭、睡觉都还好，就是不想收拾房间，所以，房间总是乱糟糟的。我妈说搞清洁是一件“幸福”的事，希望我能做。

治疗师：意志消沉的人往往认为，做也没用，所以就不愿尝试。解决问题的方法是，当你感觉自己的抑郁程度轻一些的时候，就强迫自己做些事情，尽管不喜欢。住在乱糟糟的房间里，每天都会让你觉得自己什么都做不了，这样对你的自尊心不利。因此，强迫自己打扫房间对你有好处。

（四）合理化和重构

合理化是给行为找到理由和依据，以改变自己原有的想法。合理化举例：

来访者：我真傻。昨天考数学，我把一道题看错了，我应该更细心一些。

治疗师：是有点糟糕。但是，如果你把它看成有时候一定会发生的偶然事情，你就会认为这不过是日常考试过程中粗心要付出的代价。（合理化的方法。来访者发现，治疗师作为成年人并不认为他愚蠢，因此从中获益。）

重构是指从不同的观点和角度看问题，让来访者有所领悟。例如：

来访者：我妈妈总是不经我的允许翻查我的个人物品，我快气爆了。我爸爸要我不理会她，但是，我无法做到视而不见。

治疗师：如果你认为妈妈翻看你的私人物品是对你的不尊重，那么另一方面我们可以认为，你妈妈觉得你们两个的关系很亲密，她可以随意查看你的东西。那么，你妈妈的做法表明，你的确让你妈妈有了这种感觉。所以，就此而言，你做得不错。

（五）建议和指导

提建议是支持性心理治疗的重要方法之一。但是，治疗者需要注意的是：首先，建议必须符合来访者的需要，避免治疗者的偏见和自以为是，否则就会影响治疗关系。如果治疗者提出的建议是中肯的，并且符合来访者的需要，那么，建议就是有意义的。其次，假如建议很好，但是和来访者的需求不一致，就会出现这样的情况，即听起来很对，但是缺乏针对性。再次，不要对来访者进行陈词滥调的说教。最后，建议要以来访者的自述为基础，而不是凭借猜测。恰当的做法是给来访者提一些日常生活方面的建议以及适应技能和具有前瞻性的指导等。例如：

治疗者：你每天应该尽快完成家庭作业，上学前整理好书包，这样会使你的日常生活更加有规律。

治疗者：让我们来看一看能否找出一种方法，让你在生气的时候不再大喊大叫。（适应性技能的指导）

除了以上的方法之外，支持性心理治疗的方法还有事先指导、减轻和预防焦虑、对问题进行界定以及扩展来访者的觉察等（expanding the patient's awareness）等。

第二节　艺术辅导与治疗

艺术辅导与治疗，是心理辅导和治疗的一种，是将艺术作为重要媒介，结合艺术学、心理学和医学的创造性艺术表达和心理治疗的助人技术，属于心理治疗领域的新兴学科。艺术治疗的基本形式包括音乐治疗、绘画治疗、舞蹈（舞动）治疗、戏剧治疗等。艺术辅导与治疗因具非语言沟通的特质，其对象较一般心理治疗更为广泛，幼儿以及智能障碍、丧失语言功能者等均能接受艺术治疗。

一、绘画辅导与治疗

（一）绘画辅导与治疗的基本理论

1. 美术治疗概述

绘画治疗属于美术治疗的一种。在心理治疗领域，越来越多的治疗师倾向于将心理治疗的科学严谨同艺术活动的启发性相结合，使心理治疗的效用润物无声地播撒在来访者的自我成长过程中。尤其对于儿童来说，很多时候语言能力的局限导致儿童无法表达关于心理状态的重要信息，一张纸、一把水彩笔显然更容易将儿童最本真的心灵信息释放出来。而对于特殊儿童来说，存在生理缺陷（如视觉障碍、听觉障碍等）的儿童容易出现孤独感、自卑感、内疚感和怨恨感等负性心理，其他如情绪障碍、智力障碍、自闭症等儿童更需要通过多种渠道发展健康心理，美术治疗为特殊儿童提供了一个既有效又有趣的治疗途径。

科学性质的美术治疗（art therapy）于20世纪初期发展起来，理论基础涉及艺术学、社会学、哲学、心理学等多种学科，如今，美术治疗作为一种辅助性治疗手段，在特殊儿童教育与心理治疗领域备受关注。广义的美术治疗包括使用视觉艺术（绘画、雕塑、书法等）、听觉艺术（音乐、诗歌诵读等）、时空艺术（文学、舞蹈、戏剧、影视等）在内的所有艺术手段，来进行心理诊断与心理治疗；狭义的美术治疗则专指通过绘画、拼贴、塑形等美术活动调节人们身心的美术疗法。[①]

可见，若要充分了解美术治疗的内涵，则应关注四个方面：

（1）美术治疗是以艺术活动（例如：绘画、拼贴、黏土塑形等）为媒介的。

（2）美术治疗是以心理学和艺术理论为基础的。

（3）美术治疗是建立在治疗师、当事人和作品三者互动关系上的。例如：治疗师与当事人的联盟关系；当事人的创作和对作品的感知力；治疗师对作品的分析评判和过程介入等。

（4）美术治疗的优势是化解情绪冲突、改善心理状态、消除焦虑、整合人格等。

绘画治疗在庞杂的美术治疗里，自始至终都是最主要的干预手段。早在1876年，法国精神病学家保罗-麦克斯·西蒙（Paul-Max Simon）就开始关注精神病患者的绘画作品，并提炼出作品中重复出现的象征性符号作为诊断精神疾病时的参考依据。[②] 此后，诸多精神病学家及心理治疗的各理论学派开始关注绘画活动的心理价值，结合自身学派的具体特点与技术，将其运用于临床干预的实践中。

各理论学派都对绘画治疗做了具体的定义，但归根结底，绘画治疗的内涵是十分清晰明确的：一种利用象征性的图像符号达到心理干预目的的治疗技术。首先，绘画活动能将儿童的内心世界以图像的形式呈现，图像变成了替代言语的表达形式。治疗师和儿童能够通过图像信息进行沟通，语言本身变成了传递信息的辅助性方式，这对于处于特定身心发展阶段的儿童，特别是具有言语障碍的儿童，是一种十分有效的交流方式。其次，绘画作品呈现出来的图像具有象征性，通过心理投射技术的合理运用，能够探索到儿童的潜意识状态，这也是绘画活动能够成为一种心理疗法的关键所在。一方面，绘画本身就是一种疗愈，儿童通过信手涂鸦或绘画游戏，能充分将自己的情绪情感、压抑的内心冲突释放出来，一定程度上缓解了焦虑。另一方面，心理投射是绘画治疗的主要理论依据，儿童将自己的本能欲望、心理创伤等潜意识内容显现，呈现出具有象征意义的各种图像符号，治疗师就这些图像符号与儿童展开互动，具有针对性地干预儿童的内在情感及冲突。这就是绘画治疗的基本原理。

绘画治疗的作用机制来源于大脑半球分工功能理论。斯佩里著名的裂脑实验得出结论，人的大脑两半球具有相互独立的优势功能，左脑主要负责言语、数字、逻辑推

---

①② 孙霞．特殊儿童的美术治疗［M］．北京：北京大学出版社，2011.

理等理性活动，而右脑主要负责情绪情感、图像、音乐、空间等非言语感性活动。也就是说，当儿童在参与绘画游戏时能够充分调动右脑的活跃度，进而激活其灵感、创意、想象以及情绪情感等多种感性因素，使得儿童的潜意识内容通过象征性的图像符号意识化。因此，绘画治疗在特殊儿童相关研究中一直作为主要的干预手段。研究表明，美术治疗能够有效促进患者内在改变，患者在治疗过程中和结束后表现出创造力、自我意识、自我力量的增强以及对治疗团队的信任感。①

传统谈话法咨询的模型为：来访者（个案）—咨询师，围绕情绪和语言开展工作；而绘画分析的模式为：来访者（个案）—图画—咨询师，具有象征性的图像符号成为新的主角，而语言和情绪成为理解图像的辅助性工具，工作内容就由原来的两边关系变成三边关系，增加了咨询的趣味性、创造性和互动性。如图 4–1 所示。

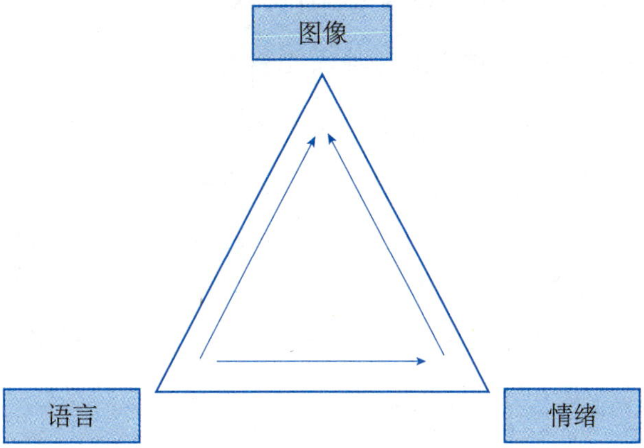

图4–1　绘画分析的模式

2. 绘画心理辅导与治疗的特征

（1）适用范围十分广泛。对于特殊儿童来说，绘画本身就是一种游戏活动，儿童在绘画活动中首先能感受到无穷的乐趣，任何时候、任何地点都可以开展起来。无论是简单的涂鸦，还是主题绘画，或者是互动绘画，都有利于吸引不同年龄段的儿童群体参与进来。从特殊儿童的种类来看，绘画治疗对情绪障碍、神经症、自闭症、行为问题等类型的儿童具有更高的心理疗愈价值，同时，对于存在发育障碍、智力障碍等问题的儿童也能较好促进其感知觉统合功能的康复。

（2）以图像信息交流为主，言语交流为辅。认知疗法如今在心理咨询与治疗领域占据半壁江山，治疗师调动逻辑反驳来访者诸多不合理信念以改善其情绪和行为问题，主要是通过言语表达来实现的。但对于特殊儿童来说，身心发展的阶段性特点决定了儿童的言语能力的局限性，无法准确表达情绪体验，特别是一些身心障碍儿童，传统的语言干预更是苍白无力。从裂脑实验的结论可以看出，以图像加工为主的感性

---

① HOLMQVIST G，ROXBERG A，LARSSON I，et al. What art therapists consider to be patient's inner change and how it may appear during art therapy［J］. Arts in psychotherapy，2017（08）.

思维和以言语表达为主的分析思维在大脑结构中分属于不同的功能区，绘画治疗有效地避开了言语局限，使儿童运用图像来推进思考，更契合儿童直觉形象思维的阶段性特点，有利于儿童心理状态信息的收集。这是绘画治疗相较于其他疗法的独特优势。

（3）绘画过程本身就是一种升华效应。特殊儿童的心理很多存在强烈内心冲突，潜藏的焦虑、愤怒、恐惧、敌意等负性心理需要一个表达的通道。但因为社会规则及伦理道德的制约，儿童一方面接受着普通教育，另一方面压抑着自身的负性能量。而绘画活动为这些特殊儿童本能的释放提供了机会，当儿童将那些不被社会所接纳的冲突通过绘画的方式展现，用一种柔和、自由的态度将毁灭性的能量转化为建设性能量，绘画活动得以升华。加之在治疗师的引导下对具有象征意义的特殊符号发生意识层面的理解和接纳，此时的绘画活动就达到了治疗的效果。

（二）绘画心理辅导与治疗适用的特殊儿童类型

当前关于特殊儿童的绘画治疗研究，集中于情绪障碍儿童、自闭症儿童以及社会化层面的留守儿童，但由于绘画活动是儿童十分喜爱的游戏活动，因此绘画治疗所针对的特殊儿童种类十分广泛，除以上列举的几类疗效显著的特殊儿童类型，绘画治疗还可以针对身体残疾、发育迟缓、智力障碍、各类行为问题等特殊儿童开展起来，有效促进儿童感知觉能力、认知水平的发展以及正确的自我意识的确立。①

（三）绘画心理辅导与治疗的操作

1. 材料

素描纸、铅笔、马克笔、水彩笔、油画棒、颜料等。

2. 环境设置

心理咨询室的整体布置对于心理咨询的开展起着十分重要的暗示作用。当来访者走进咨询室，意味着他将毫无保留地公开自己的隐情，宣泄自己的情绪，因而咨询室的设置一定要给人以安全、放松、舒适、解脱的感觉。

特殊儿童作为一个特殊的群体，更需要特别的布置。

（1）地理位置。

首先，心理咨询室需要专门的名称牌、路标等温馨提示。对于特殊儿童来说，名称牌和路标的风格和图案需要迎合儿童的心理需求，适当活泼有趣，充分吸引儿童的关注；其次，地理位置应设置在人流较少、周围环境较安静的地方，但注意不要与外界距离过远，避免在某些意外情况下咨询师无法求助。

（2）空间设置。

咨询室的空间要避免过大或过小，过于空旷无法给儿童带来安全感，过于狭小

---

① 孙霞．特殊儿童的美术治疗［M］．北京：北京大学出版社，2011.

易让儿童感觉压抑。适当大小的空间能让儿童逐渐放松下来，顺利展开各项心理辅导活动。

咨询室要保证至少有一扇窗户，保证室内通风的同时，也为室内提供明亮且柔和的光线。

（3）色调设置。

咨询室的色调以温暖、平和的色调为主，应该避免过于鲜艳或过于暗沉的颜色。推荐浅粉色、米色等暖色调或中性色调。

（4）设备配置。

沙发：一张舒适的沙发能使来访者体会到安全、温暖、舒适的感觉，有利于咨询的开展。

桌椅：桌椅的风格以简洁明快为主，高度上要适合儿童的身高。

文具：特殊儿童的绘画用具包括铅笔、橡皮、素描纸、水彩笔、水粉颜料、调色盘等。

时钟：方便咨询师和来访者随时注意咨询进度。

挂画：挂画的风格应参考儿童一般心理规律，画面应以积极、活泼、有趣、通俗的内容为主。

3. 辅导与治疗的基本技术

（1）涂鸦技术。

涂鸦是一种在自然状态下随意涂抹出视觉痕迹的自由描画活动，而涂鸦技术则是利用涂鸦实现心理干预的治疗手段。涂鸦技术适用于所有儿童。

涂鸦技术对于特殊儿童的康复训练具有显著的功效。首先，涂鸦本身是一种本能行为，对特殊儿童来说，涂鸦画上的任意痕迹都承载着儿童本能行为的意义，是儿童内心活动的一种投射。通过观察儿童涂鸦的线条描画、出现方式、色彩搭配等要素，可以提炼出儿童的感知觉状态、情绪情感状态等心理特质。其次，利用涂鸦技术对特殊儿童进行干预，能够有效辅助儿童重新统合感知觉系统。感知觉是人体与外界环境沟通的第一道生理屏障，涂鸦技术能够充分调动儿童视觉、触觉、知觉乃至情绪状态，引发对外界环境的好奇心、观察欲，促使身心积极主动与外界建立联结，从而起到康复的效用。

从具体效用来看，涂鸦技术可以分为三类：自由涂鸦、感知涂鸦、联想涂鸦。

自由涂鸦的主要目的是解除儿童的防御感和焦虑感，引导儿童释放天性、积极参与、尝试表达。在自由涂鸦中，治疗师可引导儿童训练对线条、点线的控制感及形状所触发的联想，此类训练能够使儿童充分调动情绪、培养感知力，进而引发思维联想能力的训练。

感知涂鸦的主要目的是培养特殊儿童充分感知外界环境与自我，通过联觉现象的形成来促进儿童提升感知、开发潜能。适用于学习障碍、多动症、智力障碍、语言缺失、心因性缄默、各类心理障碍等儿童的前期恢复阶段。

联想涂鸦要求儿童具备一定的感知和思维能力，在原有感知系统的基础上，借助涂鸦痕迹引导儿童进行联想等思维运作，促进儿童更加深入探查自我与外界。因此，与其他涂鸦技术相比，联想涂鸦是一种积极的投射处理技术，对特殊儿童的认知水平要求更高，产生的心理干预价值也更高。按照涂鸦过程与干预过程的重合度来看，可以分为图像联想式涂鸦和活动联想式涂鸦。图像联想式涂鸦是涂鸦后进行延伸性形象联想，治疗师需要观察儿童涂鸦时的整体表现，且重点关注联想内容，运用心理投射技术获得儿童心理状态的重要信息。活动联想式涂鸦关注涂鸦的整个过程，促使儿童思维联想与涂鸦画面内容同步发展，以涂鸦过程带动思考，又以思考结果推进涂鸦，使得涂鸦的演进过程成为干预的治疗过程。

从涂鸦技术的操作形式来看，可以分为三类：个体涂鸦、互动涂鸦和团体涂鸦。

个体涂鸦要求儿童独立进行并完成，治疗师对儿童涂鸦过程的表现进行观察，完成后对作品进行询问或讨论，时间以 5 ～ 20 分钟为宜。互动涂鸦是儿童与同伴、父母或治疗师等搭档接力完成，一般用于存在心理阻抗或交往障碍的儿童，也常用于家庭治疗，对儿童增进交往能力、促进家庭成员间情感交流有显著效果。时间一般以 10 ～ 40 分钟为宜。团体涂鸦一般应用于团体心理辅导中，治疗师作为引导者，儿童作为团体成员参与者，根据治疗目的设计具体涂鸦活动。

（2）绘画技术。

相比于涂鸦技术，绘画技术重在对图像意义的运用和把握，要求治疗师不仅具有相应的心理辅导和治疗能力，还需要具备视觉训练和自如的图像运用能力，以便较为准确地运用投射技术对儿童心理进行干预。因此绘画技术对于治疗师的专业水平要求更高。

绘画技术可分为三类，分别是命题绘画法、互动绘画法和自然绘画法。

命题绘画法具有明确的目的性，由治疗师指定明确的主题，儿童根据特定命题进行绘画创作，然后双方依据绘画作品进行相关讨论。能够展开绘画的命题十分丰富，如画人及人物关系，包括自画像、家庭画像、朋友画像等；再如画景物，如我家的房子、树木等。较典型的命题绘画技术是“房-树-人”绘画法（House-Tree-Person, HTP）。房、树、人三个意象分别具有特定的投射意义：“房”被认为象征儿童对自己生活环境的感受，也反映着画者与外界的关系和现状，可以反映家庭或家庭成员的相关信息和问题；“人”则反映了画者现在的状态，从中可以了解儿童的人格特点、人际关系、对外界的认同感和情感状态；“树”是具有个体成长意义的象征，会呈现较深的自我投射现象，可以显示个体人格的特质和潜意识。树枝结构能够展现画者人格的组织，反映画者从外界环境中获得的满意度，也体现了画者内外的能力与需求，是画者对内驱力的协调程度。

互动绘画法将绘画过程与治疗过程相结合，强调非语言的沟通，使绘画过程本身具有心理干预的效用。首先，治疗师应参与到儿童的绘画创作过程中，在恰当的时机运用图像“象征性”的形象互动，协助儿童积极调试具有负性作用的图像信息，添加积极因素，强化正性信息的传达，实现干预目的。其次，治疗师应参与到儿童的图像处理过程，利用图像表征传达干预信息，一旦双方达成共同的象征性符号，便起到治疗的效用。互动绘画法要求治疗师具备更丰富的互动经验，一般以灵活多样的互动游戏展开最初的探索。常用的互动绘画法是自由续画法，即治疗师根据儿童的意愿，双方协商绘画内容和顺序，而后以互动的方式交替续画，同时展开干预治疗。整个过程须以儿童为主，治疗师为辅。

自然绘画法是一种充分顺应特殊儿童认知水平的干预技术，以特殊儿童的自然发展阶段为依据，通过刺激儿童思维活动进行自然创作，从而增进他们的能力发展和潜能训练。同时，它不仅要求治疗师充分理解儿童美术能力发展阶段的不同特点，还要具备较高的美术心理和视觉感知的能力，因此自然绘画法对治疗师的要求最为严格。可以展开自然绘画的类型包括感知类绘画、体验类绘画、联想类绘画等，治疗师引导儿童充分调动感知觉和思维，鼓励儿童将切身感觉、感受、联想等内容通过绘画形式表现出来，促进儿童潜能的提升。

【知识链接】“房－树－人”绘画法

“房－树－人”绘画法（House-Tree-Person，HTP）是目前心理治疗师最为常用的绘画干预形式。治疗师邀请来访者在白纸上画出三个意象：房子、树木、人，用这三种意象构成自己所创作的一幅画面，后续通过治疗师与来访者共同探讨绘画作品来探索来访者的心理状态，是一种十分有趣、有效的投射技术。

在“房－树－人”的图像中，每一种意象均被赋予象征性意义。“房子”被认为象征着画者对自己生活环境的感受，尤其是个体对出生和成长的家庭、家族关系的看法、感情、态度。通过对屋顶、窗户、门和地面等组成部分的分析，可以了解个体在家庭中的自我形象、家庭亲子关系、安全感、家庭与外部环境之间的关系等。“树”是生命的化身，是成长的象征。树干可以呈现个体的自我控制，反映个体基本力量和心理发展的潜在状态，且个体过去经受的创伤或不快都会显现在树干上，体现个体内在的生命成长。“人”更多地反映出个体当下的自我状态。借助人物在画中的关系，可以了解儿童的人格特点、人际关系、对外界的认同感和情感状态。

此外，作品中的附加物、作品的整体结构、色彩搭配等都可以成为分析的重点，治疗师和儿童都可以对其进行深入探索。

4. 观察维度

对特殊儿童进行绘画辅导与治疗时，应从各个阶段各个方面积极展开评估。

绘画前阶段，治疗师应与特殊儿童展开导入式的互动，重点观察儿童的外在表现，包括对儿童需要治疗和矫正的问题表现、对即将展开的绘画游戏的态度和行为反应，以及其他言语、表情和行为等。通过对特殊儿童前期反应的观察，能够基本了解儿童的问题类型、症状表现以及对心理治疗的依从度，为此后治疗过程的展开提供了参考。

绘画过程中，治疗师首先需要观察儿童对绘画任务的理解，对绘画材料的选取，其次需要关注儿童下笔后的情绪动态、图像要素呈现的顺序、绘画过程中出现的停顿等，儿童的任一反应都具有潜意识的投射可能性，因此治疗师所观察到的信息具有十分重要的价值。对于互动性质的涂鸦和绘画，治疗师还要敏锐察觉儿童在互动中的言语和思维，随时通过具有象征意义的图像要素纠正儿童的负性心理状态。

绘画过程结束后，治疗师需要针对图像信息与儿童展开讨论与分享，应重点关注儿童所描述的图像信息，这是最主要的心理投射内容；还应关注儿童对自己绘画成果的反应，如被询问时的情绪反应、被赞赏时的情绪反应等。对于一般绘画治疗来说，讨论与分享环节带有主要的治疗性质，因此治疗师需要重点记录儿童在此环节的表现，进行针对性的治疗。

二、音乐辅导与治疗

（一）音乐辅导与治疗的基本理论

1. 音乐辅导与治疗的概念

1950 年，美国国家音乐治疗协会（National Association for Music Therapy，NAMT）正式成立，音乐治疗成为一门正式的学科。其实，人们用音乐来愉悦身心、促进健康从远古时代就已经开始了，最早的记载可以追溯到五帝时期，黄帝利用弦琴促进士兵痊愈，舜帝常与百姓唱歌娱乐得以长寿。国外音乐治疗的发展起源于宗教仪式中，早期部落利用手鼓、舞蹈、钟鸣和歌曲为人们驱除疾病。可见，人们很早以前就发现了音乐对于身心的影响作用，并在日常生活中有意识地运用不同种类的音乐促进健康。

美国音乐治疗协会给出了这样的定义："音乐治疗是一种系统的干预过程，治疗师利用各种音乐体验形式帮助患者达到健康目的。这些音乐体验形式包括唱歌、乐器演奏、作曲和跳舞。"也就是说，音乐治疗师在多学科理论和方法的指导下，运用音乐对人生理、心理特有的效应，有目的和有计划地选用音乐治疗技术，与患者一同参与和共同分享当下生成或预设的各种音乐活动及与音乐有关的活动，来缓解、消退患者的情绪及心理障碍，从而达到身心健康的目的。

2. 音乐辅导与治疗的特征

对特殊儿童来说，音乐治疗是一种能够促进儿童感知觉、情绪等方面健康发展的重要方法。针对特殊儿童的音乐治疗，治疗师需要在多学科和理论的指导下，抓住儿童音乐临界期特有的功效，针对其成长过程中某阶段或某方面、暂时或永久、短期或长期的在情绪、行为、学习、社会适应等方面存在的困难，有目的、有计划地选用音乐治疗技术，使其在音乐和各类音乐活动中，自愿地、无强制地学习文化、社会知识等，达到适应社会、提高生活质量的目的。

特殊儿童的音乐治疗是一个整体性的活动，使孩子在有组织的音乐声中得到各种经验，去弥补他们在情绪、生理、心理、沟通、认知等方面的弱势之需。音乐治疗中的听、唱、跳、奏等音乐活动，都是为了促进特殊儿童个体的某种能力和技巧而设置的。

音乐治疗不同于一般的心理治疗，心理治疗运用语言去改变病人的认知，再影响病人的观念和情绪。音乐治疗则是运用音乐去改变病人的情绪，在其情绪好转后再设法去改变病人的认知。正常儿童可用语言直接进行交流、沟通，抒发和表达自己的意愿与不快之情，治疗时可使其认知发生改变来解决引起情绪波动的问题。特殊儿童由于受语言表达和听从能力的限制，造成与人沟通的补偿和阻塞，因而其情绪处于极不稳定的状态中。因此，对于特殊儿童来说首先需要解决的问题就是情绪问题，然后，才能逐步谈及改善和提高他们的认知能力及其他问题。由此可见，音乐对于特殊儿童情绪干预的可行性以及音乐治疗对于矫正特殊儿童问题行为、消除心理障碍的重要性。

（二）音乐治疗适用的特殊儿童类型

音乐治疗可干预多种儿童疾病，如发展障碍、行为障碍、情绪困扰、肢体障碍、学习困难、多重障碍、语言障碍、自闭症、视觉损伤、听觉损伤、受虐儿童、脑伤儿童等，可见音乐治疗的服务范围是非常广泛的。①

（三）音乐治疗的操作

1. 材料

音乐治疗室一定需要配备适量音像设备、视听设备以及乐器等。

音像设备和视听设备：电脑、录音机、摄像机、数码照相机、电视机、DVD、功率放大器、音响、话筒、耳机、投影机、幻灯机、刻录机等。

音像资料：录音带、录像带、CD、VCD、DVD 和图书等。

乐器：音乐治疗师应该根据患者的个人爱好和条件去选择乐器和乐曲，使他们在演奏过程中，尽量少遇挫折，逐步建立自信心，最终达到康复的目的。常用的乐器有钢琴、电钢琴、电子琴、吉他、打击乐器（包括奥尔夫打击乐器、铃木音条乐器）、吹

---

① 吴幸如，黄创华．音乐治疗十四讲［M］．北京：化学工业出版社，2010.

管乐器（包括竖笛）、鼓类、风铃等。对特殊儿童来说，最容易上手的乐器是打击乐器，用得最多的乐器也是打击乐器。打击乐器的击打训练能刺激儿童的听觉与触觉并抒发其情绪和情感，同时击打的动作能够训练儿童手臂与手腕的运作技巧及抓握能力。

音乐治疗也用到专门制作的属于治疗性质的乐器，如源于亚非拉的民间乐器、源于原始部落的吹奏乐器、筝的变形系列、钦巴罗（扬琴）的变形系列、提琴的变形系列、木琴的变形系列等。

音乐治疗专用治疗仪器：有针对性的、用于不同病症的音乐治疗仪器，将音乐与某种治疗技术相结合研制出来，如数字音乐电疗仪、瘫复康音乐电治疗仪、音乐颈椎治疗仪、音乐信息治疗仪、中频脉冲治疗仪等。

2. 环境设置

音乐治疗室的整体布置应使人感觉到温暖舒适、安全温馨。具体来讲，音乐治疗室除需要具备心理治疗室一般的设置，如采光充沛、温湿度适宜、通风好、隔音好等标准以外，还应具备特有的配置：治疗师应有里外套间，治疗室为里间，观察室为外间，中间用单向玻璃做成隔断，便于进行行为观察、学习和交流；治疗室的墙体需要软包，桌子和柜子应尽量少，为儿童营造宽敞自由的环境；灯光设置应该柔和，避免直射。

3. 基本技术

（1）节奏训练。

节奏训练将特殊儿童本身具有的一种潜在的能力激发、召唤出来，使他们具有更敏锐的感知、判断、整合能力。因此，节奏训练是诱发特殊儿童感觉和知觉最基本、最有效的方法之一。临床奥尔夫音乐治疗就是通过节奏听说，朗诵字词、成语或谚语，唱儿歌或童谣，玩语气的游戏等训练特殊儿童感觉和知觉。

运动觉即通过身体运动与大脑建立一个“桥梁”，如：人体时值的探索、自然时值的探索、生活时值的探索；节拍的探索，手臂操、脚节拍操、球节拍操；节奏探索，双手节奏练习、手脚节奏练习、脚部节奏练习、综合节奏练习；旋律探索，上下运动旋律练习、前后运动旋律练习等。[①]

（2）动作训练。

动作、节奏的联系及多声部动作、节奏的训练，为听辨力的提高、肢体的放松、乐器演奏及多声部乐器演奏奠定了基础。通过身体不同部位在时间、空间、方位中的运动，再配合形体表演、即兴动作等，使身心得到平衡发展。训练从拍手、拍腿、捻指、跺脚开始。例如，治疗师进行动作训练，可让特殊儿童模仿治疗师拍手，模仿治疗师拍手和跺脚，模仿治疗师拍手、拍腿与跺脚。

---

① 郑莉．现代音乐教学理论与方法研究［M］．北京：中国文联出版社，2004.

（3）乐器训练。

在有音高的乐器上进行演奏并辅以动作节奏，形成奥尔夫方法的多声部器乐合奏。奥尔夫方法强调在音乐活动中给予儿童尝试操作音乐的权力，来探索声音和身体运动。从说话、唱歌、身体动作、身体击拍等模仿进入，让儿童从自体开始体验。当儿童能模仿音乐模式的同时或之后，治疗师授以即兴演奏的知识，提供尝试新的演奏机会。经过前述过程，治疗师鼓励儿童在各种体裁、风格的音乐作品中创造自己的作品，并以说、唱、演奏等方法表现出来。这样的器乐合奏使孩子们能领略到演奏多声部音乐的魅力，及身体配合、协助共同进行才能完成一首多声部的奥尔夫方法的器乐合奏乐曲。同时，特殊儿童在玩奏的过程中，学习和锻炼了忍耐、坚持、等待、理解等品质。

（4）即兴演奏技术。

鲁道夫-罗宾斯音乐治疗中的音乐是重要的载体和手段，治疗师采用即兴演奏钢琴或边弹边唱的形式来引起孩子的注意，或用即兴的音乐去描绘和配合特殊儿童个体的性格特征和情绪变化，促成特殊儿童在聆听、反应、跟随、配合等方面的反馈，让其感受具有美感的歌曲或乐曲，在音乐审美的过程中唤起孩子的反应，来达到治疗的目的。这就是鲁道夫-罗宾斯音乐治疗中即兴演奏技术使用的核心之处。

儿童即兴音乐创作。有时会让儿童自己选择乐器，一般是简单的打击乐器、奥尔夫音条乐器和鼓类。特殊儿童个体有意无意、自发情况下的创作，被治疗师看作是其内部生命“旋律”涌动的外化，自我表达或与他人的交流，儿童所发出来的哼哼声，或其他声响和创作也应被治疗师记录下来，补充和整理后在治疗需要时进行重复、发展。在反应的过程中，治疗师通过模仿特殊儿童个体说话、唱歌及演奏乐器的节奏型，或用完全不同于特殊儿童个体即兴演奏的音乐，去诱导其改变速度、强弱、长短等，在他们演奏的间歇或某个没有解决的音的后面添加某音、某段、某句，或在某个调性音后面加入一个和声序列等，来帮助特殊儿童个体完成即兴音乐的创作。

治疗师即兴音乐创作。治疗师一般运用乐器演奏或边唱边演奏乐器，来联结特殊儿童与治疗师之间的互动和沟通，建立起彼此的交流关系。治疗师通过即兴创作出优美、抒情、温婉的音乐，或怪诞、生疏、刺激、具有攻击性的声音或音乐，来营造被接受和信任的氛围，激发特殊儿童的兴趣和想法，促使其对音乐的反应及潜意识中音乐感觉的展露。治疗师即兴音乐创作时应注意：首先，治疗师即兴音乐不能因自己的习惯、喜好、情感来演奏，而是应该围绕特殊儿童个体当时的情绪走向、需求及治疗目的来即兴创作。其次，治疗师在即兴创作音乐时，要熟悉各民族音乐风格及不同风格的音乐会使人产生何种情绪反应，以便及时跟从和适应特殊儿童的音乐或其动作的改变。再次，治疗师的即兴演奏可以是现场呼应特殊儿童认知需要的创作，也可以是已有歌曲或乐曲的二次创作。

【知识链接】鲁道夫－罗宾斯音乐治疗

鲁道夫－罗宾斯（Nordoff & Robbins）音乐治疗是由 Paul Nordoff 和 Clive Robbins 两个人共同创建的。Paul Nordoff是美国的一位作曲家和钢琴家，Clive Robbins 是英国从事特殊教育的专家。这是一种创造性即兴音乐治疗，基本的理念是：每一个人都具有先天的音乐能力，这种能力可以通过对个人成长和发展的治疗而被激发出来。这种自我实现的潜力可以通过即兴演奏音乐最有效地被唤醒，而这种人类本能的创造力也会有助于情绪、生理和认知方面的困难得到克服。

鲁道夫－罗宾斯音乐治疗协会开设的治疗中心主要分布在美国纽约（纽约大学）、英国的英格兰（伦敦大学）及澳大利亚（西悉尼大学）等地，其临床治疗、研究和图书的出版都不断在发展中，已成为在世界范围内的一个很重要的音乐治疗流派。

资料来源：郝莉．聚焦国际音乐治疗的发展之鲁道夫－罗宾斯音乐治疗［J］．乐器，2011（03）：43-45.

三、舞动辅导与治疗

（一）舞动治疗的基本理论

1. 舞动治疗的概念

1966 年，美国舞蹈治疗协会（American Dance Therapy Association，ADTA）正式成立，1995 年时将舞动治疗最终定义为一种心理治疗手段。舞动治疗（dance movement therapy，DMT）即使用动作进行情绪、认知和生理的个人整合过程。舞动治疗利用了舞蹈这一最直接、非语言的表达形式，将各种肢体律动赋予象征性信息，使人们在舞动的过程中释放不良情绪，重建关于自我及外界环境的认知，以及加快身心疾病的康复等。因此，舞动治疗是在医学、艺术学、心理学等学科基础上逐渐发展出来的创造性艺术疗法。

舞动治疗是现代舞、动作分析理论及心理治疗理论相结合的产物。

最初，舞动治疗起源于 20 世纪中期的现代舞。现代舞的肢体动作带有强烈的自我表现力，其精神创作中的选材、立意和结构充分表达了舞者的情绪情感以及人格特性，最终将舞者自身精神层面的生命感悟渗透到舞蹈作品中，有意识地调节和控制个人的内在知觉。

鲁道夫·拉班（Rudolf Laban）提出了动作分析理论。拉班说：“舞蹈是表达内在态度与冲突的极好媒介。”[①] 在拉班看来，每一个舞蹈姿态均是个人内在情感的诠释，动作的表现均来源于个人的内心冲动。拉班的动作分析模型包括四个概念：身体（body）、空间（space）、努力（effort）、关系（relationship）。这四个概念分别通过人体解剖学、空间移动、内在能量的释放程度以及个体内部和环境之间的关系来解读舞蹈动作，立体地分析了舞蹈动作作用于个体生理、心理以及与外界环境关系的重要意义。

心理治疗理论和学派繁多，诸如心理动力学理论、完形治疗理论、行为主义理论等均有关于行为动作的心理分析，从精神层面探索肢体动作所潜藏的内部信息，为舞动治疗奠定了重要的心理学意义。

舞动治疗的主要目的和效用体现在多个方面。首先，舞动治疗帮助个体疏导情绪和情感。肢体动作一方面是情绪情感的表达，另一方面能够有效影响情绪的发生和改变。轻松自由的舞动能够有效缓解焦虑等负性情绪，同时辅助个体通过舞动来学习正向情绪的表达。其次，舞动治疗帮助个体培养健康的行为。舞动治疗通过具有象征意义的健康性肢体动作的训练，引导个体在身心放松的状态下建立对身心的正向意念，并逐渐培养健康的行为习惯，提高生活品质。再次，舞动治疗帮助个体重塑自身与周围环境关系的认知。个体做出轻松的舞蹈动作，能够很好地用有别于语言的表达形式探索自身与他人及环境的关系，开拓了人际交往的另一种良好渠道，同外界建立起积极健康的互动关系。

2. 舞动治疗的特征

舞动治疗所应用的“舞蹈动作”，是指广义的随情绪韵律而成的表达情绪、认知和生理的个人整合。人体动作不是随意运动，生命有着自身的目的性。动作属于人类真正的智慧、情绪和精神状态的可视性启示，是努力追求被认为有价值的目的或一种内心状态的结果。舞动治疗使个人的意识得以清晰的梳理，然后通过有针对性的交流和动作体验，舞动人性里的健康本能，以治疗心理障碍、平复情绪创伤、建立自我调节能力、帮助身心智正常化、提高人际交流能力和应急理事能力。

（1）以身体为主要的治疗载体，动作体验为主要过程，配合思想和行为能力的调理。

动作体验治疗是各种治疗方法中最快速和最直接的。动作治疗是身体、思想和心灵的对话过程，由身体动作的扩展带来体会，有助于对自我有更深的了解。从动作经验中所产生的影响和改变，并不是改变身体的外形（如变瘦、脊椎变直等）或改变个人的身体状况（如变健康、不失眠等），而是由身体行动的变化性与发展性所带来的新经验与非限制性观念，由身体动作的实践去感受各种可能性。

（2）科学地应用非语言和动作技巧，直接地激发生命力和适应能力。

应用非语言和动作技巧，通过身体的状态、人体的姿势、身体的表情（包括面部

---

① LABAN R. A Life for dance［M］. London：Macdonald & Evans，1975：177.

的表情）和身体的运动中呈现的对于空间、时间、重力的态度，以及由这种态度构成的结构与非结构的、语言学与非语言学的、连续与非连续的表现与交流，呈现出生命千差万别的情调与色彩，传达出生命内在的冲动和种种倾向性。这可以应用于塑造身体、心理和行为素质，直接地激发身心调控能力、生活适应能力和事业运作能力。

（3）建立人体动作和谐，治疗成长经历中的创伤或克服障碍，重新建立健康行为的能力。

人的身体进行活动时，动作本身的质量和形式，会引起内在的情绪和意识的能量反应；个人的情绪及行为对外界环境作用，引起外界人、事、物环境的能量反应，此反应又引发内外两方面的反复相互作用，互成因果，循环不断。人体动作产生于人的内在冲动，它是人的内在生命和心理活动的外在显现，往往不以人的意志为转移，不受理性控制地泄露出人的内在真实和内心隐秘。为了达到身体动作的协调状态，治疗成长经历中的创伤或克服障碍，重新建立健康行为的能力，减少人类身体能量的损耗，将“力效”动作构成不同因素间的组合与变化，调和动作中质与量的变化，增强人类动作操作的功效。

（二）舞动治疗适用的特殊儿童类型

对于特殊儿童来说，舞动治疗是一种最简易、最直接、最能够与之建立互动关系的创造性艺术疗法。研究表明，舞动治疗对智力障碍儿童、自闭症儿童、情绪与行为障碍儿童、学习障碍儿童、身体病弱儿童等疗效显著。

1. 智力障碍儿童

国外学者通过舞动治疗对智力障碍儿童进行干预，发现多数个案的智商水平在干预后均有显著增加，并能够将舞动过程中习得的经验迁移到具体生活情境中，个案的生活能力、社会交往能力均有提升。

2. 自闭症儿童

自闭症儿童具有较大的交往障碍，主要表现在语言表达能力的欠缺，舞动治疗能够很好地弥补语言表达的局限。自闭症儿童对非生活情境的细节感知较强，身体舞动能有效扩大儿童的注意范围，将其关注点逐渐引入实际生活情境中；在舞动治疗过程中，儿童能欣赏到轻松舒缓的旋律，且有规律的身体动作也能够有效改善儿童的情绪。多数研究均显示，舞动治疗对自闭症儿童的疗效显著，突破了儿童的表达模式，引导儿童关注生活，提升其社会交往能力。

3. 情绪与行为障碍儿童

情绪与行为障碍儿童的日常行为表现大致归为两类：活动过多型，多表现为多动、注意力不集中、易怒、焦虑、攻击行为等；活动过少型，多表现为抑郁、压抑、自卑、动力缺乏、兴趣缺乏等。这类儿童总体缺乏正确的自我意识，多出现暴力行为或自伤行为。国外研究显示，系统化的舞动治疗能明显减少此类儿童的暴力行为，且身体动作的训练能够加深儿童对自身的认识，提高其自信心、自控力，发现自身的优点。

4. 学习障碍儿童

学习障碍儿童一般伴随注意力不集中、肢体协调不佳、好动、易兴奋等特征。舞动治疗能够较好训练此类儿童重复性动作，学习规则化运动，提高儿童的肢体协调性、语言表达、注意力的集中以及社会交往能力。

5. 身体病弱儿童

患有身体疾病如心肺疾病、恶性肿瘤等的儿童多表现为身体虚弱、发育迟缓、自卑、自我意识水平低，甚至出现自闭等心理问题。在接受生物治疗的同时，应多关注此类儿童的心理状态。研究表明，良好的情绪、积极的心态能显著影响体内激素水平，提升人体免疫力，而免疫力的提升能够抵抗病菌的侵袭，加速人体的康复。舞动治疗对于此类儿童是一种良好的辅助疗法，有规律的身体动作的训练不仅能直接打通身体脉络，加速康复进程，还能使儿童保持愉悦、积极的心理状态，从而缓解儿童的生理病痛，提升儿童康复的信心。

（三）舞动治疗的操作

1. 材料

包括音响设备、舞蹈场地、游戏材料等。

2. 环境设置

场地应空旷，地面铺设具有缓冲力的专业地胶，保证儿童的自由活动空间，防止儿童摔伤；环境布置应简洁、温馨，为儿童营造轻松、具有安全感的氛围。

3. 基本方法①

舞动治疗主要分为六个方法。

（1）调和动作治疗法。该方法是一种通过一系列身体动作的互动建立起治疗师和患者之间相互信任、相互接纳的治疗关系，用这种良好的关系为动力去推动治疗的进程，达到使患者感受到温暖、舒适、被接纳，进而促进成长和康复的目的。情绪障碍儿童、自闭症儿童、智力障碍儿童、学习障碍儿童、身体病弱儿童等都较适宜这种温和的舞动疗法。

（2）反映对照法。该方法要求治疗师引导患者做出与示范动作相反的对比性动作，使患者更好探索自身肢体的更多可能性，帮助患者更好地体验肢体的丰富变化所带来的感觉，最终达到深入认识自我的目的。智力障碍儿童、学习障碍儿童、情绪与行为障碍儿童、自闭症儿童、听力损伤儿童等均适用于此方法。

（3）交流动作法。拉班的“动质动形”强调舞动治疗的动态过程旨在引导患者从身体动作中察觉自身的内在态度。“动质”指身体的质感，具体在于身体与空间、力量、时间、流动等概念的互动关系，“动形”描述身体在周围环境影响下所呈现出来的形态。

---

① 胡世红 . 特殊儿童的音乐治疗［M］. 北京：北京大学出版社，2011.

交流动作法将“动质”和“动形”相结合，使患者用身体察觉内在态度，表达自我意识及与外界的关系。交流动作法适用于视力受损的儿童、智力障碍儿童、注意障碍儿童、沟通障碍儿童、身体病弱儿童等。

（4）动作质量训练法。动作质量集中表现于个体肢体的灵活性、有序性、节奏性。该方法将关注点集中于肢体动作在张力、空间、时间、力度等方面的素质，通过系统的训练有效提高个体肢体的灵活性、有序性和节奏性，克服身体僵化、刻板和混乱的现象，最终通过身体动作的提升达到心理素质提升的目的。动作质量训练法尤其适用于肢体残疾儿童、身体病弱儿童，既能达到康复训练的目的，提升儿童的生活自理能力，同时还有助于增强儿童的自信心和社会交往能力。该方法依然适用于情绪与行为障碍儿童、智力落后儿童。

（5）创造性动作疗法。该方法以自发性和创造性动作体验为主，儿童在无准备的情况下即兴而舞，利用随机的身体动作表达情绪，使之能够直接与自身潜意识内容建立联系，从而培养内省能力，建立自然和真挚的表达能力和习惯。治疗师需要更多理论和经验的指导，在治疗过程中随时洞察特殊儿童身体动作背后潜藏的内部信息，作出动态点评和分析。创造性动作疗法为特殊儿童提供了一个自由发挥和宣泄的舞台，使儿童能更加真实、真诚地表现自我。该方法适用于多数特殊儿童。

（6）群体动力疗法。该方法将舞动治疗与团体心理辅导相结合，在团体心理辅导中融入舞蹈游戏。在团体动力疗法中，特殊儿童能够共同完成多种舞蹈任务，体会团体协作或个体竞争所带来的感觉，同时感受到心理场的强大能量，在团体中共同成长。群体动力疗法适用于情绪与行为障碍儿童、智力落后儿童、身体病弱儿童等。

【知识链接】舞动治疗的具体方法

舞动治疗的具体方法很多，此处列举可用于教学的易于操作的三种方法。

1. 热身

组织大家围成圆形站立，导师站在圆圈中间。音乐起，导师带领大家随着音乐节奏舞动起来（要求动作尽量符合音乐旋律特点，不要过多去考虑舞姿的优美与否）。动作相对比较简单、易做，主要是对身体每个关节的活动与热身，让人慢慢进入到一种自然、放松的状态当中。在一段音乐的转换中，导师要求两人一组去模仿对方的动作，去感受对方的心理变化，和对方做一些动作进行心理交流。在音乐的最后部分，导师再次带领大家集体舞动，导师用双手相合捧着代表生命的种子，并把这颗种子一个一个传到每个人的手中，然后双手合十形成种子发芽的动作姿态，慢慢打开双手，头向上高高抬起，音乐慢慢结束。通过音乐旋律，结合动作练习，可增强人们对自身的感受力，找到被忽视的身体部位，放空头脑，随心而动，找到内心真实的自我。

2. 解放束缚，让身体说话

人的身体动作反映出一个人的内在情感，所以不需要动作有多专业，也不需要考虑姿态有多优美，只要身体可以自由表达即可。随着音乐节奏略微加强一些，导师带领同学们做一连串四处摘取东西的动作训练，动作从下到上，从左到右，从前到后，动作幅度慢慢加大，最后大家跳跃并向最高处张大双手去抓住内心想要的东西。然后将自己摘取来的东西捧在手心里，把手放在额头上，顺着眉毛、眼睛、鼻子、嘴巴、脖子、胸口依次向下，最后把它们放到心里去。顺应"爱的秩序"，化解过去的影响。

3. 改善人际关系

导师要求学生两人一组，两个人运用手的连接，一个人带领另一个人舞动，双手、肩膀、脚、头、背等部位接触舞动起来（两人的肢体不能分开，一定要连接在一起）。随着音乐的变化舞动，有助于学生感受到生命的力量，改善人际关系，重拾内心的平静与平衡。后期以欢快的曲子结束，导师带领大家随着音乐自由的舞动，动作逐渐舒缓，最后躺在地面上舞动、放松。

资料来源：罗轶 . 舞动治疗［J］. 艺术评鉴，2016（11）：178-179.

第三节　游戏辅导与治疗

一、游戏治疗

（一）游戏治疗的基本理论

1. 游戏治疗的概念

游戏治疗是指游戏治疗师通过创设一个自然、自由和宽松的游戏环境，与需要接受心理治疗的儿童建立信任的关系，使儿童能在自然、和谐的游戏环境中真实地表现自己，宣泄负面情绪，获得增强感觉运动能力、言语能力、认知能力、情绪调控能力、社会交往能力等的机会，达到身心成长的目的。广义上说，一切在心理治疗中选用游戏作为主要沟通媒介的方式，都可称为游戏治疗。在游戏治疗中，游戏本身不是治疗的目的，而仅仅是治疗的一种手段或方式。根据心理治疗不同的治疗取向，发展出个人中心游戏治疗、认知行为游戏治疗、格式塔游戏治疗、心理动力游戏治疗等不同流派。[①]

心理学界对儿童的游戏进行了多维度的划分，典型的分类有以下几种：

---

① 周念丽 . 特殊儿童的游戏治疗［M］. 北京：北京大学出版社，2011.

（1）皮亚杰根据儿童的认知水平将儿童的发展阶段分为感觉运动阶段、前运算阶段、具体运算阶段，同每阶段相对应的游戏为练习游戏、象征性游戏和规则游戏。这三类游戏较好地反映出儿童的认知逐渐由具体形象思维发展为抽象逻辑思维。

（2）帕顿根据儿童的社会性发展水平将游戏分为五类：旁观游戏、单独游戏、平行游戏、联合游戏、合作游戏。这五类游戏所反映出的儿童的社会性水平逐渐递增。

（3）米兰斯基根据儿童占优势的心理成分将游戏分为四类：机能性游戏、体验性游戏、艺术性游戏、创造性游戏。这四类游戏分别发展了儿童的身体机能、内在体验、艺术能力、创造性思维能力。

同成人的表达方式不同，心理治疗的常规方式并不适用于儿童，在心理治疗中加入游戏，是十分有意义的。游戏能够直接引发儿童的兴趣，游戏中的儿童是快乐的，游戏能够快速、高效地在治疗师与儿童之间建立信任的关系；在游戏中，儿童能够尽情表达自身的感受，释放负面情绪，体验到快乐游戏所带来的轻松、自由、安全的氛围，表达最真实的自己；游戏也促进了儿童各种身体机能、认知能力以及社会性的全面发展，帮助儿童快速成长。

2. 游戏治疗的特征

第一，游戏治疗突破了特殊儿童言语表达的极限，通过轻松、自由的游戏活动达到心理治疗的目的。游戏治疗师加利（Garry）曾经说过："玩具是孩子的词汇，游戏是孩子的语言。"游戏治疗适用的范围极其广泛，不仅对儿童的精神障碍有着较好的疗效，也适用于多动症、学业困难、情绪与行为障碍、智障等特殊需要儿童。①

第二，游戏治疗一般需要与艺术治疗相结合。绘画、音乐、舞蹈、戏剧、诗歌等艺术活动在心理治疗层面并不关注艺术技巧，而更加关注儿童自身从艺术活动中关于自我意识、情绪情感表达等活动体验。单纯的游戏治疗对于提升儿童的自我效能感和社会性仍然存在一定局限，而游戏治疗与艺术治疗相结合，能够充分调动儿童的各项感知，引发儿童的好奇与探索，促成身心状态的良性转变。

（二）游戏治疗适用的特殊儿童类型

不同类型的特殊儿童对于游戏治疗存在不同的需求。

以心理问题或障碍为主的特殊儿童，主要表现为自卑、退缩、焦虑、社会功能受损，游戏治疗旨在通过针对性的主题活动，迅速确立良好的治疗关系，在游戏中帮助儿童有效放松，合理宣泄情绪，培养积极的自我意识以及社会交往能力等。以自闭症儿童为例，他们中大约有75%同时兼具智力发展、言语发展、社会性发展和情绪发展障碍于一身，游戏治疗的意义在于使儿童感受真正地被接纳，体验分享的乐趣，增强模仿和学习的能力，加强交流的意愿。②此类儿童对游戏本身缺乏兴趣，在游戏互动中

---

① 杨广学．特殊儿童的心理治疗［M］．北京：北京大学出版社，2011.

② 周念丽．特殊儿童的游戏治疗［M］．北京：北京大学出版社，2011.

缺乏交流，无法赋予游戏象征意义。因此对自闭症儿童的游戏不仅要根据其特殊性来设计，还需要极大的耐心和陪伴。游戏策略可以从以下几点入手：（1）个别化支持策略，即针对个人，一人一计划，为单一儿童量身定做游戏策略；（2）情感支持游戏策略，在游戏中时常给予儿童表扬鼓励、拥抱和成功的体验，这种情感支持可以来自治疗师，也可以来自同伴；（3）重复性游戏策略，即设计一些刻板的、重复性的游戏以取代象征性意义的游戏。

以生理问题或障碍为主的特殊儿童，往往生理的缺陷与负性心理形成恶性循环，促使儿童的问题行为无法自行消退，游戏治疗应针对性地设计出适合各类型特殊儿童恢复生理机能的游戏活动，使儿童不仅能够在游戏中边娱乐边康复，同时通过游戏能够提升自身的潜能。

肢体障碍、感官障碍的儿童，游戏设计应避免幅度过大的活动，以安静、精细的游戏为主，除提升残障儿童的身体机能外，还应发展儿童的认知能力、社会适应能力。游戏可借助一些辅助设备，如轮椅、助听器、手语等。

（三）游戏治疗的操作

1. 材料

材料主要为玩具。选择玩具时可参考以下一些建议：[①]

（1）多感官刺激的吸引：玩具可以有光、声音、气味的输出、强烈的颜色对比。

（2）激活的方式：玩具的启动方式让儿童感兴趣，避免单一直接，应该包括几个比较简单的步骤，这样便有了挑战性，使儿童有一种克服困难的成功感。

（3）玩具占据的空间：玩具应该在很容易找到的地方安置，而且可以适合有些特殊儿童躺着来玩。

（4）成功的机会：玩具要适合儿童个人的风格、能力、节拍，而且对于利用这个玩具的游戏来说是开放性的，儿童在游戏中不存在对与错。

（5）同等的体验：这个玩具可以是目前正常儿童玩具的适当调整，而且可以和其他活动联系起来，使得特殊儿童感觉到自己和其他儿童是同等的。

（6）自我表达：通过此玩具的使用，儿童可以自由地表现自己，在游戏过程中需要表现出自己的创造性、独特性和自我选择。

（7）可调整性：这个玩具的高度、音量、速度、难度水平是可以调整的，可以适合儿童的不同发展阶段。

（8）儿童的个人能力：这个玩具可以体现儿童个人的兴趣和能力，并且利用这个玩具进行的活动要能体现儿童个人的发展水平年龄和实际年龄。

（9）安全性和耐久性：这个玩具的大小要适合儿童的力量，具有耐潮性，可以被清洗。

---

① 秦雪梅，梁伟健，何幸杏. 美国特殊儿童玩具评定系统探析［J］. 社会福利（理论版），2017（11）：39-43.

（10）交往的潜力：玩具玩法的设计要求儿童积极地参与，并尽可能地支持社会性的互动。

2. 环境设置

游戏室的大小要适中，不应太狭小，也不应过大，避免让儿童感到局促、空旷。

游戏室的布置要温馨、活泼，以低饱和度的暖色调、中性色调为主，搭配适当色彩活跃氛围，使环境也能成为激发儿童游戏兴趣的一部分。

游戏室的设置需着重强调安全原则。部分游戏设备需要通电，因此电源需要装有儿童安全装置；家具应当装有防撞的护角，表面平整光滑，没有尖锐的突出物；门窗结实耐用，避免破裂导致受伤。

3. 辅导与治疗的基本技术①

从心理学流派来看，精神分析、人本主义、格式塔、行为主义、认知–行为等流派均出现多种游戏治疗方法；从参与人数的规模来看，有针对单个儿童设计的游戏疗法，也有家庭参与的亲子游戏疗法，还有众多儿童集体参加的团体游戏疗法。在特殊儿童的治疗方法中，但凡加入游戏元素，均属于游戏治疗的范畴。一套科学、严谨的游戏治疗方案，均应遵循一个有利于促进儿童发展的程序，以“5R”为例进行说明。

Gumaer 提出“5R”游戏治疗模式，具体指建立关系（relating）、放松宣泄（releasing）、再次体验（re-experiencing）、再次创造（re-creating）、问题解决（resolving）。

（1）建立关系。心理治疗师和来访者开展心理治疗的第一步就是建立关系。儿童的认知特点、心理状态区别于成人，跟儿童建立良好的关系更加具有挑战性。首先，尽可能地了解儿童的方方面面。除了特定年龄阶段儿童的身心发展特点、一般心理规律等专业知识外，治疗师更应收集与该儿童个人相关的资料，如家庭背景、成长经历、典型创伤事件、个性特征、个人喜好等。其次，治疗师应站在儿童的立场上充分与之共情，充分尊重、关注儿童的情绪多面性，提供一个真诚、温暖、包容的平台，使儿童能够更多地表达自我。

（2）放松宣泄。儿童的思维模式和行为模式更多以本能的原始情绪为主导，因此为儿童提供一个宣泄情绪、表达情感的环境十分重要，甚至直接起到治疗的效果。例如拓印游戏，儿童可以在一张大纸上任意拓印描画自己的手和脚，并为之涂上自己喜欢的颜色；或者用手指沾取彩色颜料，在巨大的画布上描画自己的作品。再如角色扮演游戏，让儿童作为大人、洋娃娃作为孩子，在儿童照料洋娃娃的任务当中表达自身情感。治疗师应善于观察儿童在此环节中的态度、行为表现，洞察出儿童的潜意识愿望，并帮助其有效处理。

（3）再次体验。当治疗师与儿童已建立基本信任关系后，儿童的问题会更多、更

---

① 周念丽．特殊儿童的游戏治疗［M］．北京：北京大学出版社，2011.

深地暴露出来，集中表现在游戏环节中。儿童从已有经历中逐渐发展出自己的行为模式和态度体验，游戏是一种现实的模拟情境，在这个情境下，儿童不仅会继续暴露更多的问题，而且在这种安全、信任的环境下会更真实地表现。这就要求治疗师应根据儿童的治疗目标设计更合理、更有利于儿童获得再次体验的游戏任务。

（4）再次创造。当儿童在游戏中经过了再次体验后，治疗师应及时捕捉儿童的情绪反应，通过适当的方式对儿童进行心理干预，帮助儿童将当前的反应和以往的创伤事件相联系，并且用新的合理的方式表达当前情绪和认知，以促进儿童重建认知、发展潜能。

（5）问题解决。这一阶段的儿童已对游戏中所遇到的问题有了自身认知层面的理解，治疗师可引导儿童充分表达关于问题本身的想法，并给予关注和接纳。当儿童能够面对问题时，意味着儿童的思维开始发挥作用，并能尝试用多种不同的方法来解决问题。这一阶段的儿童尝试寻找新途径解决问题，可能将游戏情境中习得的经验迁移到现实情境中，游戏便达到了治疗目的。

二、沙盘游戏辅导与治疗

（一）沙盘游戏辅导与治疗的基本理论

1. 沙盘游戏与治疗的概念

申荷永在《沙盘游戏疗法》一书中对沙盘游戏疗法的定义做了较好的总结：沙盘游戏治疗是一种以荣格心理学原理为基础，由多拉·卡尔夫发展创立的心理治疗方法。沙盘游戏是运用意象（积极想象）进行治疗的创造形式，“一种对身心生命能量的集中提炼”（荣格）。其特点是在咨访关系和沙盘的“自由与保护的空间”（卡尔夫）中，把沙子、水和沙具运用于意象的创建。沙盘中所表现的系列沙盘意象，营造出沙盘游戏者心灵深处意识和无意识之间的持续型对话，以及由此而激发的人格（及心灵与自性的）发展。①

简单来说，沙盘游戏治疗简称沙游治疗，即在沙游中，治疗师提供沙盘、水以及各类物件，来访者在沙盘内随意选用符合自己心意的物件创造一些场景，治疗师和来访者双方针对沙游过程和沙盘作品进行治疗性互动。学者将沙盘比作心灵生活的容器，意指沙盘相当于来访者内心世界和现实环境的“中间地带”，来访者在沙盘中投射自我并改造现实。同时，沙盘也是来访者意识和无意识的“中间地带”，沙盘内容是无意识内容被具体形象地呈现，且来访者被压抑的内容也被带入意识中。

为了更好地理解沙盘游戏疗法的原理，应首先了解沙、水、沙盘、沙具的象征意义。

沙子代表着世界的“原始物质”，承载着历史与时间的本质，因此在许多文化中，

---

① 高岚，申荷永. 沙盘游戏疗法［M］. 北京：中国人民大学出版社，2012.

沙子都被赋予了神圣的意义。水是生命之源，一旦将水引入沙盘，沙子就能更好地随意呈现各种形状。一般情况下，标准的沙游治疗室会配备干沙盘和湿沙盘两个沙盘。沙盘一般为木质，底面和边框均为蓝色，来访者可将其当做天空或海洋，再配上沙和水，总体营造出一种宁静而又深远的底蕴。沙具的种类和外形，均是在荣格原型理论的基础上，结合中国本土传统文化所设计制造的，沙是将无形的心理内容以模型的象征形式呈现出来，为来访者提供了心理疗愈与潜能发展的载体。

2. 沙盘游戏辅导与治疗的特征

无论是对于成人还是儿童，沙盘游戏都具有不可抗拒的魔力。对比于其他疗法，沙盘游戏治疗具备许多优势特征。

第一，沙盘游戏本身对特殊儿童来说具有十足的吸引力。沙子、水、沙盘和沙具为儿童提供了现成的、丰富的表达形式，儿童可以根据需要直接作出选择并创作出属于自己的沙盘作品。在沙盘中，儿童是充分自由的，因此创作的沙盘能够更真实、更准确地投射儿童的内心。

第二，沙盘游戏通过非语言的象征意义达到治疗目的，有效弥补了儿童并不成熟的语言表达能力。特殊儿童通常没有足够的能力准确表达内在想法，这是由于其身心发展的阶段性特征决定的，因此对于特殊儿童的心理治疗展开方式应区别于成人，沙盘游戏就是一种十分有效的方法。在沙盘游戏中，儿童的内心体验可以通过形形色色的沙具被形象化、象征性地表达出来，儿童和治疗师的互动也是通过具有象征意义的特定符号，因此，对于儿童来说，沙盘是一种自然语言，对于不同文化和发展阶段的人来说，它是一种共同语言。

第三，沙盘游戏能使来访者以一种更加柔和的方式应对现实冲突。主意识层面的谈话疗法直接使来访者面对问题并解决问题，因而不可避免出现防御、阻抗等阻碍咨询的因素，但沙盘游戏治疗为来访者提供另一种呈现现实冲突的方式，使来访者降低了心理防御，促进了表达，同时也能自然呈现在沙盘作品中。

第四，沙盘游戏激活了儿童无意识中的天生康复力量，并且为儿童提供从受伤者转变成创造者的机会。儿童在沙盘游戏中是主动的、有意识的，因此他们能够克服无助感和自卑感。儿童也可以自主呈现亟须处理的某种心理体验，并且通过象征性的非语言游戏来表达，每一个儿童都会为自己是一个能掌握自己生活的、聪明的、受尊敬的人而欣喜。

（二）沙盘游戏辅导与治疗适用的特殊儿童类型

沙盘游戏治疗在特殊教育领域有着神奇的效果。国内外学者将沙盘游戏主要应用于自闭症儿童、注意缺陷儿童等特殊儿童的心理治疗，取得了较好的成效。

自闭症儿童的典型表现包括语言发展障碍，而沙盘游戏本身所具有的强大的象征性功能较好地弥补了特殊儿童的语言表达能力，并且在潜移默化中促使儿童将游戏中的良好经验迁移至现实生活中，逐渐促进儿童的整合能力。典型的研究来源于日本学者樱井素子和我国学者张日昇，对澳大利亚一名重度语言障碍的 8 岁儿童萨姆进行了 5 次沙盘游戏干预。最初，萨姆的一切反应均与外界环境无法联系，5 次沙盘游戏治疗过程中，萨姆在沙子“母性”的包容感中逐渐建立起内在整合能力，形成了对自我的更加深刻的认知，表达中明显增加了使用“I”的语句，主动同别的伙伴交流、唱歌，此后萨姆逐渐融入正常人的世界。

注意缺陷多动障碍的儿童表现为无法专注，沙盘游戏能够帮助患儿将注意力集中于“具体可感的、自我主导的活动”，获得一种自我掌控感[①]。金春花设计的沙盘游戏治疗对 20 例控制组注意缺陷多动障碍儿童进行干预，控制组的多动指数、多动冲动、学习问题均显著改善[②]。王峰等学者对 16 例患儿进行沙盘游戏治疗，发现患儿与母亲间的不良亲子关系能在沙盘中较好地表现出来，达到宣泄情绪、改善母子依恋关系的效果[③]。

（三）沙盘游戏辅导与治疗的操作

1. 材料

（1）沙盘。

一间沙盘室至少需要配备两个沙盘：一个装干沙的干沙盘，一个装沙和水的湿沙盘。常用尺寸为 50 厘米 ×80 厘米 ×8 厘米。

对于特殊儿童来说，可以使用尺寸较小的沙盘。有研究指出，与在较大容器中进行沙游相比，儿童在较小的沙盘中玩的时间更长，可以用反射性的象征模式更清楚地表达其内在世界观。沙盘在实际效果上对游戏者和创作都起到了扶持和限制的作用，在一个有限的安全空间中，心灵能够最完整地呈现它自己。

沙盘的形状不同，游戏治疗的体验也会不同。除方形沙盘外，最好再配备一个圆形沙盘。研究指出，圆形沙盘使画面较集中，创作的场景更加理想化，对来访者能够起到镇静和安抚作用。

（2）沙盘桌。

沙盘需要一个强有力的支撑，因此沙盘桌必不可少。桌面应足够大，除了摆放沙盘外，还应该摆放水、纸巾，且保证有足够的空间盛放儿童将要摆入沙盘的沙具。桌子的高度应适中，根据成人和儿童的身高分别配备合适的高度。桌子的底部应有滑轮，便于沙盘的移动。

---

① 王巧敏，黄钢，章小雷，等．沙盘游戏治疗儿童注意缺陷多动障碍的对照研究［J］．中国心理卫生杂志，2010，24（9）：691-695.

② 金春花．沙盘游戏治疗在儿童注意缺陷多动障碍中的临床效果分析［J］．世界最新医学信息文摘，2017（35）：60-61.

③ 王峰，杜亚松，谢红涛，等．沙盘治疗对注意缺陷多动障碍患儿症状及母子依恋安全水平的影响［J］．临床精神医学杂志，2017，27（2）：73-77.

（3）沙子和水。

沙子的粗细对于游戏体验十分重要。来访者不同的情绪状态、心境状态会影响到他们对于沙子的选择。比如对于某些来访者，细沙较粗沙给他以更多祥和宁静的感觉，对于另一些来访者，粗沙更让他们感受到安全感。因此，至少提供两种不同颗粒的沙子供来访者选择。

沙子的颜色也是十分重要的影响因素，不同的颜色会给来访者带来不同的感觉。常用的两种颜色为土黄色和白色，如果条件充裕，可以提供多种颜色的沙子供来访者选择。对于特殊儿童来说，他们在沙游中很有可能将沙子吃下去，因而可以用粗玉米粉、粗粒小麦粉或小米粒来代替沙子，这样可以保证儿童在沙游中不会对身体造成伤害。将沙子倒入沙盘，大约位于沙盘内壁的 2 ～ 3 厘米厚度即可。如果儿童选择了湿沙盘，应在沙盘旁边备一壶干净的水，以便儿童可以随时倒水。

（4）沙具。

沙具的类别和数目在条件允许的情况下越多越好，为来访者尽可能提供能力范围内最多的选择。一般情况下，沙具包括以下几个类别：人物模型、动物模型、植物模型、环境物件（建筑物、家具、标志等）、交通工具、其他（自然象征物、照明物等）。

（5）陈列架。

陈列架是用来摆放沙具的，条件允许的情况下尽可能多备几个陈列架，每一个架子摆一类沙具，使得不同类别的沙具陈列一目了然。

（6）照相机。

沙盘治疗室中需要配备一台照相机，方便对完成的沙盘作品进行拍照记录。

2. 环境设置

目前较多见的环境设置分为两种：一种是沙盘治疗室与心理治疗室分开，另一种是包含沙盘治疗的综合心理治疗室。分开的环境设置可以使不做沙盘游戏的来访者免受沙盘游戏布置的影响，独立而专门的沙盘治疗室，也能让做沙盘游戏的来访者更加集中于沙盘游戏本身。综合心理治疗室需要有较宽敞的房间，且应该设置两个不同的“工作区”，一个咨询区，一个沙盘游戏区，且咨询区的来访者沙发应背对沙具的陈列架，避免来访者被沙具所干扰。

3. 沙盘游戏的基本技术

一次完整的沙盘游戏治疗包括创作阶段和解读阶段，沙盘作品的创作是儿童自主进行的，沙盘作品的解读则是由治疗师和儿童共同完成的。

（1）首先引导儿童积极接触沙盘。一般情况下，儿童对新鲜事物的好奇心会促使他逐渐靠近沙盘。如果儿童并未表现出兴趣，治疗师可以将儿童的注意力吸引至沙盘进行引导：“你喜欢沙子吗？可以用手摸一摸，你也可以挑选各种各样的玩具一起玩，试一试吧！”并通过触摸沙子、挑选沙具来为儿童进行演示。治疗师需要仔细观察儿童的表情和行为反应，如果儿童表现出迟疑，治疗师则需要付出更多的耐心，切不可"迫使"儿童在不愿意的情况下进行，让儿童感受到沙盘是治疗中的压力来源。但一般情况下儿童会表现出明显的兴趣和热情。

（2）选择沙具，持续投入沙盘游戏。当儿童已经开始投入到沙盘中时，意味着此方法已经为儿童所接受，此时的儿童对沙子、水、沙具均能表现出一种亲近感。儿童按照自己的意愿摆弄沙子、挑选沙具时，治疗师的角色是一位"支持者"，在一旁观察和守护，通过微笑、点头对儿童传达出的疑问和要求等表示支持和鼓励。需要注意的是，治疗师在此阶段应当尽量保持沉默，避免将自己的主观倾向性加于儿童的意愿之上，干扰儿童进行自由发挥和创作；同时，治疗师需要记录好儿童在沙盘中的行为表现，包括儿童首次挑选到的沙具、沙具摆放的顺序、调整过位置的沙具、反复纠结和表现出疑问的沙具，以及儿童在相应行动时表现出来的情绪反应和态度。

（3）儿童自我审视。当儿童大体完成自己的沙盘作品后，治疗师需要留出宽裕的时间让儿童重新审视自己的作品。在这一环节中，治疗师可以引导儿童："你还可以再仔细看一看，它们在对你说些什么呢？也许你还想再做一些变化？如果你确定完成了，可以告诉我。"儿童需要尝试与自己创作的沙盘作品主动联结，深入理解自己创作背后的想法和意愿。治疗师需要观察儿童的目光移动、面部表情，着重记录儿童视线停留的地方、重新作出位置和方向变动的地方、明显改变儿童情绪的地方等。

（4）解读沙盘作品。首先，引导儿童详细描述自己所创作出来的作品："这个画面里一定藏着你最想说的话，分享一下你独特的想法吧。"治疗师应当认真地倾听，倾听时用眼神、肢体积极地表示关注和回应，并鼓励儿童持续地描述。在倾听的过程中，治疗师需要着重记录沙盘作品的内容，包括这是一个怎样的场景，场景中的人、事、时间等，儿童所表达的内容均是解读沙盘作品的重要线索。其次，治疗师和儿童需要展开良好互动。儿童的表达能力有限，加之特殊儿童的心理防御较重，单凭儿童的主观描述是无法获取准确的象征性信号的，这时就需要治疗师捕捉其中值得关注的信息点进行深入沟通。例如张伟伟干预的一例自闭症儿童小全在经历几次沙盘游戏后第一次将人物摆出，意味着一项重要的进步，治疗师可以在儿童完成作品后谨慎询问该人物所指。① 再次，治疗师需要具备敏锐的洞察力。沙盘作品的外显主题包括创伤主题和治愈主题。沙盘游戏治疗初期，创伤主题出现的频率高于治愈主题，随着治疗的进展，治愈主题会逐渐取代创伤主题。不论是哪种主题，沙盘作品中都会出现象征意义明显的沙具作为表现形式，这就需要治疗师及时捕捉儿童当下的内心世界。例如，小全的沙盘作品中常常出现龙门和城堡，这可能意味着内心存在强大的自我防御；而动物多出现奶牛、鸡等家禽，可能意味着小全性情温和。沙盘作品的内隐主题蕴含于沙盘的四个区域中，如图 4-2 所示。

---

① 张伟伟．唤醒孩子内心沉睡的话语——一例运用沙盘游戏疗法的心理咨询案例［J］．中小学心理健康教育，2015（9）：20-22.

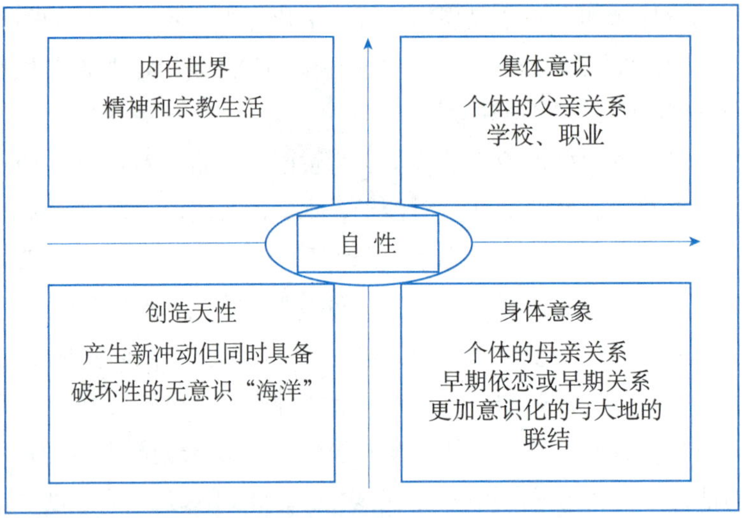

图4-2　沙箱内代表不同内隐主题的四个区域

资料来源：蔡成后，申荷永．沙盘游戏模具收集与主题分析［J］．社会心理科学，2005（2）：47-51.

从区域图中可以看出，沙盘作品的不同区域代表了不同的无意识领域，治疗师可以从儿童所摆出的具体形态和游戏过程中的态度、表现对沙盘作品做适当解读。

【知识链接】创伤主题和治愈主题的表现形式

国内学者申荷永等在《沙盘游戏模具收集与主题分析》中归纳了沙盘的主题分类，主要分为两类：创伤主题和治愈主题。创伤主题和治愈主题的数量随着治疗的进展而发生变化，治疗早期，创伤主题多于治愈主题；治疗后期，治愈主题增多，创伤主题向治愈主题积极转化。

创伤主题的表现形式主要有：

（1）混乱：随便的、分裂的、无组织的模具摆放；

（2）空乏：不使用模具，或者使用缺乏能量和毫无新异的无生命感的东西；

（3）分裂：沙盘的各部分之间是孤立的或分离的；

（4）限制：通常情况下的自由的形象陷入了困境或被关押起来；

（5）忽视：沙盘游戏中的角色孤立无援；

（6）隐藏：把模具掩埋或隐藏起来；

（7）俯卧：通常直立的形象被有意地放倒；

（8）受伤：受伤的形象或正在受伤的形象；

（9）威胁：遇到险恶的或可怕的事件，以及受到威胁的角色的无力感；

（10）妨碍：新的成长和发展的可能性遭到妨碍或受到阻止。

治愈主题的表现形式有：

（1）联结：元素之间的联系和对立面的联结；
（2）旅行：沿着小路或围绕中心的运动；
（3）赋能：呈现出活跃的、强烈的能量；
（4）深入：对更深维度的探索和发现；
（5）诞生：新发展的出现；
（6）培育：为成长和发展提供滋养或帮助；
（7）变化：沙子和（或）各种物体被创造性使用；
（8）神圣：出现宗教和精神的象征，如超自然人物、偶像或神灵；
（9）居中：在沙盘中心，元素得到很好的平衡或对立面出现整合；
（10）整合：适当的有组织的结构体现在整个沙盘中。

资料来源：蔡成后，申荷永．沙盘游戏模具收集与主题分析［J］．社会心理科学，2005（2）：47-51.

第四节　应用行为分析

一、应用行为分析的理论

（一）应用行为分析的含义

应用行为分析（applied behavior analysis，简称 ABA）就是行为科学原理的实践和应用，目的在于使特殊儿童逐渐改变惯有行为模式，逐渐习得具有社会化实用价值意义的行为。

行为科学原理最初起源于华生（John B.Watson）。1913 年，华生在美国《心理学评论》杂志上发表了一篇论文——《一个行为主义者所认为的心理学》，这篇论文一般被认为是行为主义心理学正式成立的宣言。华生开创了一支以研究行为为主的心理学队伍，从以研究意识为主的大军中分离出来。他以巴甫洛夫的神经反应学说为研究基础，将刺激-反应的联结当做心理的唯一机制，主张研究客观可见的行为。

此后，斯金纳（B.F.Skinner）通过研究小白鼠的行为规律，发现当小白鼠得知按压杠杆可以得到食物后便会经常按压它，因而得出行为的后果在行为出现频率上起着重要作用。相应的，斯金纳在巴甫洛夫刺激-反应原理的基础上总结出了两种行为反应模式：应答条件作用（respondent conditioning）和操作条件作用（operant conditioning）。应答条件作用也叫经典条件作用，以刺激-反应原理为基础，是个体在条件刺激下自动出现行为反应的作用机制；操作条件作用个体将行为后果与行为本身发生联系，行为的后果直接影响到个体行为的出现频率，是个体更为主动的行为模式。斯金纳的行为研究使行为主义理论更加充实和完善。

洛瓦斯（Ivar Lovaas）真正将行为主义理论加以运用，使应用行为分析成为自闭症儿童的有效治疗手段。在洛瓦斯的研究中，19 名自闭症儿童组成的干预组中，47% 获得了好转，与正常儿童基本无异。其他同样运用应用行为分析干预自闭症儿童的学者也得到了相似的结论。ABA 在自闭症儿童乃至更多特殊儿童中成为十分有效的干预手段。

（二）应用行为分析的作用

ABA 最初被洛瓦斯引入自闭症儿童的行为治疗，后来被广泛应用于各类特殊儿童的行为矫正中。

在自闭症儿童的治疗中，ABA 主要针对患儿在语言、交流及感知运动等方面所存在的缺陷有针对性地对其进行教育训练，核心是以正强化技术增进儿童对环境、教育和训练内容的理解和服从，学习语言交流，矫正不当行为和情绪，这对于他们改善社会功能、提高自我生存和发展的能力，具有非常重要的意义。大量研究已证实 ABA 的成效。研究者通过两年以上的应用行为分析治疗，发现实验组的儿童认知、语言、社会适应性和社交分数均显著提高。石萍等通过 3 ～ 12 个月的应用行为分析疗法训练发现，有 85 名患儿在语言、运动、生活自理和交往等方面均有明显的提高，尤以语言和适应性较为突出。训练两周后患儿都能很好地遵从课堂规则，进行课程训练。经过 3 ～ 6 个月训练以后，患儿可听从 85% 以上的指令，模仿力有很大的提高，可模仿一两步，甚至连续的动作、语言，这为他以后在正常儿童中不断模仿学习打下了基础。①

在脑瘫儿童的治疗中，ABA 的具体应用方法包括：儿童注意力训练、逃避任务问题行为的矫正、生活自理能力的训练、语言理解和表达能力的训练等。杜晓燕对 76 名脑瘫患儿进行 3 个月的 ABA 治疗，多数患儿在粗大运动、精细运动、生活自理活动、语言沟通、认知社交方面有了一定程度的提高；ABA 对脑瘫患儿的情绪有了明显改善，性格变得活泼开朗，对学习和自主探索的兴趣大大增加。②

二、应用行为分析的原则

应用行为分析的开展需要满足七个原则：

（1）行为实用性。个体矫正后的行为应该是基于适应社会化要求的行为，这种行为能够满足基本生存需求和适应社会的需求，是有意义的。

（2）可观察的、可量化的。个体的目标行为应该被量化，行为所产生的数据可以被较好地记录、统计和保存。

（3）可分析性。在一个完善的应用行为分析的研究和应用中，要有明确的自变量

---

① 石萍，于情，郭少芹，等. 应用行为分析法治疗儿童孤独症［J］. 中国组织工程研究与临床康复，2007，11（52）：10489-10491.

② 杜晓燕，朱东娇 . 应用行为分析疗法在儿童脑瘫康复中的应用［J］. 内蒙古中医药，2015（6）：12-13.

和因变量，通过调控自变量能够敏锐引起个体目标行为的增加和减少，实验效应应当明确可信。

（4）技术性的。详细描述行为干预所应用的方法、程序和策略，如环境布置、干预流程、具体技术和方法，目的是使该方法能够在其他相似案例和环境下达到同样良好的效果。

（5）完整的理论体系。行为干预的具体实施必须来源于与之相关的理论基础，并且这个理论也必须是完整的、系统的。

（6）有效性。干预方法应当行之有效，对目标行为的促进和消退起到显著的成效。

（7）可迁移。个体行为的改变能够从当前干预环境下迁移至其他环境中，且持续较长时间，甚至改变其他未受训练的行为。

国内学者针对自闭症患儿行为矫正的整体进程，对这七项原则作了宏观上的理解，将应用行为分析分为三个阶段。[①]

一是行为的选择。目前针对特殊儿童的行为研究集中于儿童语言、智力、问题行为的矫正和康复，因此目标行为的选择应遵循行为实用性和有效性两项原则，以促进儿童个人发展和适应社会。

二是行为的矫正。首先，行为应符合可观察、可量化的原则。在行为训练的前后，行为发生的次数、自发发生还是引导发生等数据收集工作直接体现了行为训练的效果，这对于治疗师是十分有价值的提示和反馈。其次，行为矫正前应进行必要的功能分析，确定行为出现背后的影响因素和心理动机，进一步明确行为训练的自变量和控制变量，在行为训练的干预下对目标行为进行有效影响。再次，行为矫正的开展需要落实干预的技术性。应用行为分析强调"回合式训练"，对单个儿童的单个行为进行矫正，每个回合均运用促进和消退等技术程序。最后，行为干预需要有完整理论体系的支持。行为主义理论诸如强化、消退、惩罚等均广泛应用于各种行为矫正技术中。

三是行为的保持。儿童行为的改变不应是只在实验情境下的改变，目标行为出现的次数变化、持续的时间，都是应用行为分析干预结果的重要评判标准。

三、应用行为分析的操作

行为主义的科学原理主要包括：强化原理、消退原理、惩罚原理、分化原理等。针对特殊儿童的应用行为分析操作技术依托于这些科学原理而展开，主要分为两大层面的积极干预：促进适当行为和减少不良行为。

（一）促进适当行为

促进适当行为时，可运用一定的强化手段塑造儿童的良好行为。

强化原理指行为的结果使得该行为再次出现的可能性增加。其中，引发行为出现

---

① 赵中．应用行为分析的维度对孤独症行为矫正的提示［J］．中国儿童保健杂志，2012，20（1）：49-51.

频率增加的行为结果就是强化物。强化分为正强化、负强化。正强化指行为结果是在环境中增加了某些成分（物质的、关系的、机会或者特权等）使得行为再次出现的可能性增加；负强化指行为结果是在环境中撤出了某些成分（物质的、关系的、机会或者特权等）使得行为再次出现的可能性增加。

在特殊儿童的问题行为干预中，应以正强化为主。目标行为出现时，及时给予特定标准的强化物进行奖励，帮助儿童塑造良好行为。例如：朵朵是一名 5 岁的自闭症儿童，每次手脏了都不愿意去洗手，即使在强迫状态下洗完手，也不愿意擦干。朵朵妈妈便用强化法帮助朵朵建立洗手擦手的习惯。每次带她去洗手，并帮助她擦干后，朵朵妈妈便奖励她一颗糖果，并夸奖她："朵朵的小手真干净！朵朵真棒！"4 次这样的程序过后，朵朵不再出现对洗手的强烈反感情绪，后来去洗手都很开心，最后养成了主动洗手的好习惯。在此案例中，妈妈能够在目标行为（洗手并擦干）出现后及时给予奖励（糖果）和积极的反馈（夸赞），使朵朵认识到此行为的结果，得到鼓励和信心，因此逐渐塑造出良好的行为。

（二）减少不良行为

减少不良行为时，可将消退原理、差别强化原理和惩罚原理用于行为干预。

1. 消退原理

消退原理是指当儿童出现不良行为时外界环境不予理睬，即不给予强化，不良行为此后出现的可能性就会减小。例如：婷婷刚上幼儿园时出现明显的分离焦虑，她要求奶奶必须寸步不离待在自己身边，否则会大哭大叫。幼儿园老师与奶奶沟通一起纠正婷婷的行为。第一阶段时，奶奶在老师安排下坐在离她和同伴很远的位置，婷婷很不适应，大声哭喊，但奶奶不为所动，婷婷也逐渐被老师手中的玩具所吸引，成功地转移注意力，但持续时间不久，又会反复哭喊，奶奶始终不为所动。此后婷婷分离焦虑得到明显改观。第二阶段时，奶奶故意回避，不出现在婷婷视野内，婷婷有时会哭喊着寻找奶奶，但基本上会在老师适当安抚下得到平复。最终，婷婷能很平静地跟随老师上课。在此案例中，如果每次婷婷哭闹时奶奶出现，那么奶奶的出现就变成了强化物，使婷婷哭闹的频率增加，但如果不给予这样的强化，则婷婷的分离焦虑表现会逐渐消退。

2. 差别强化原理

差别强化原理是指同时运用强化原理和消退原理一面来提高良好行为出现的频率，一面来减少问题行为出现的频率。差别强化既可以用于塑造良好的行为，同时又能用于减少不良的行为。例如：小亮是一名 4 岁的语言障碍儿童，在幼儿园中，小亮总是在老师点名其他小朋友时表现出不良行为，在座位上跳，摇晃板凳。经过专业人员的细致观察，发现每当小亮出现破坏课堂秩序的不良行为时，老师都会马上制止，而小亮安静坐在座位上时，却并未得到老师的关注。因此，专业人员建议老师，当小亮可以安静坐在座位上时，每隔 5 分钟奖励一朵小红花和口头表扬，而当小亮出现不良行为时，不予理睬。此后，小亮逐渐能稳定地坐在座位上持续 30 分钟。

3. 惩罚原理

惩罚是指个体在某种行为出现后，对其心理或生理上给予不愉快刺激，从而减退和遏止该行为的再次出现。也就是说，惩罚在行为矫正中具有三个要素：不良行为发生，在不良行为发生后立即跟随一个不愉快的结果，该不良行为再次发生的可能性减弱。惩罚大体上分为两种策略：撤销强化刺激、施加厌恶刺激。撤销强化刺激是一种实施惩罚的较为缓和的方式，不会引起儿童的强烈反感，因此更为受欢迎。例如：当某儿童在与其他同伴发生争执并动手打人时，老师可以扣掉该儿童一朵小红花并发出“如果再动手打人，会扣掉更多小红花”的警告。这种撤销小红花的策略能对该儿童的不良行为起到有效制止的效果。施加厌恶刺激也是一种行为矫正的策略，例如：某儿童故意将同伴的图画作品撕碎，老师要求他向同伴道歉，并且用胶带将同伴的图画作品粘贴恢复原状，还要将粘好的作品整齐摆放在相应的座位上。厌恶刺激还包括斥责、身体约束、体罚等。值得注意的是，惩罚是一种压制性的行为，起效的持续时间较短；惩罚的手段很有可能对儿童造成身心的二次伤害。因此在行为矫正中，优先推荐正性、积极、以强化和消退为主的策略，不推荐使用施加极端厌恶刺激的惩罚策略。

第五节 功能性沟通训练

一、功能性沟通训练的基本理论

（一）功能性沟通训练的含义

功能性沟通训练（functional communication training，FCT）是指获得与问题行为有着相同功能的适当的沟通行为，通过这一沟通行为使与问题行为相同的功能能顺利且正确地实现，是一种减少个体问题行为发生的有效干预方法。具体来说，功能性沟通训练的含义包括三个层面。

第一，获得问题行为背后的功能和目的。特殊儿童群体中，自闭症儿童、智力障碍儿童等均存在语言沟通障碍，他们并不懂得如何利用语言表达需求，因而产生了诸多问题行为。因此，当儿童总是出现发脾气、摔东西、大声哭闹，甚至自伤行为或攻击行为时，单从表面上的行为矫治是无法从根本上解决问题的，而应当了解问题行为产生的原因、环境以及所起的作用。

第二，寻找具有相同功能和目的的适应性的、良好的替代行为。当得知儿童问题行为的意义后，制定适合儿童当前状态的沟通方式。这种沟通方式或替代行为应该是较问题行为更容易产生的，或是儿童之前已经习得的，使得干预更容易起效。

第三，促进替代行为，减少问题行为。将应用行为分析的操作技术运用于功能性沟通训练，设计系统的差别强化方法，使和问题行为具有同等功能的“社会性合适的沟通手段”逐渐取代问题行为。

（二）功能性沟通训练的作用

研究发现，当个人无法以社会接受的方式进行交流时，挑战、攻击等行为就变成了一种沟通方式[①]。功能性沟通训练能较好地评估儿童问题行为的功能，在同等功能下实现良好行为替代问题行为，从而起到行为矫正的成效。FCT 对自闭症、残疾人士、脑瘫以及发育障碍等病症的儿童能够达到良好疗效。

二、功能性沟通训练的操作

首先进行的是问题行为的功能性评估。经研究得出，儿童问题行为的功能大致可以分为四类：获得注意、获得物品或活动、逃避厌恶状况、获得感官刺激。针对四类功能，发展出相应的行为干预方法，下面一一介绍。

（一）获得注意的行为干预法

当判定儿童出现问题行为是为了吸引关注时，处理这样的行为主要采用两种手段：以消退为主的忽视和以强化为主的注目。一方面，避免与正在出现问题行为的儿童产生任何的目光接触；另一方面，在儿童表现与问题行为无关的良好行为时给予积极关注，且根据一定时间间隔频繁地给予积极关注，深入强化良好行为，达到减少问题行为的目的。

（二）获得物品或活动的行为干预法

当处理儿童因无法得到喜爱的玩具、食物或活动等出现问题行为时，参考“获得注意的行为干预法”。一方面，采用消退策略，即忽略；如果问题行为可能造成儿童自身或周围环境的破坏，应当立即制止。需要注意的是，制止时给予的力量要使问题行为恰好不能继续为宜，力量过大和过小均不利于解决问题行为。另一方面，在儿童表现良好行为时，利用其喜爱的强化物对良好行为进行间隔性的强化，达到逐渐减少问题行为的目的。

（三）逃避厌恶状况的行为干预法

当要求儿童完成某项任务，儿童却做与该任务无关的事情时，可以判定问题行为的功能是逃避或者拖延任务。处理此类问题行为时，消退策略的重点是不给予任何反应，让儿童坚持完成任务，不得拖延或者中途逃避，这样也有利于对儿童建立管理权威和管理效率。另外，采取积极强化策略，逐渐增加活动参加时间。每次增加一段时

---

① HEATH A K，GANZ J B，PARKER R，et al. A meta-analytic review of functional communication training across mode of communication，age，and disability［J］. Review journal of autism & developmental disorders，2015，2（2）：155-166.

间，立即呈现愉悦的强化刺激如强化物、表扬、适当休息、降低活动难度等。也可以将活动中插入愉悦刺激，或将活动分成小段来间隔进行。

（四）获得感官刺激的行为干预法

获得感官刺激也称自我刺激，这类功能的问题行为是被自身所强化的。儿童的行为表现以单一、刻板和重复为主，如眯眼、发出“哼哼”声、经常用舌头舔、不停蹦跳等。处理此类问题行为时，干预的重点是增加环境内更多有意义、社会可接受的合理化刺激，在活动中增加有意义的愉悦强化物，促进儿童的社会性交往。

【知识链接】功能性沟通训练案例

小杰，男，被诊断为自闭症，某培智中心学校五年级学生。小杰喜欢一个人玩；可以在指令下和同学们一起参与活动，但当发脾气的时候，就会尖叫、扔东西、拍桌子等。当他想要东西时直接拿，若是得不到就会出现问题行为。这严重影响着小杰和其他学生的学习和生活，有时其问题行为也会对其他人的安全构成威胁。

对小杰问题行为进行功能性行为评估及分析，发现其问题行为主要有三种功能，分别是：获得妈妈或教师的注意力；获得实际物品；逃避任务（见表 4–1）。小杰的问题行为功能集中表现在获得实际物品，因此教师针对小杰获得实际物品时出现的问题行为进行功能性沟通训练。

表 4–1　小杰的问题行为 ABC 评估表（部分）

时间 / 地点	A 背景事件	B 行为	C 结果	问题行为的功能
教室	上课老师安排其按顺序拼锁链	把锁链扔到地上，手用力地拍桌子，把柜子推到地上，伴有尖叫	老师让他自己单独坐在垫子上	逃避任务
	上课老师安排小杰走迷宫	把书扔到地上，手用力地拍桌子，把柜子推到地上，伴有尖叫	老师把书拿走，给他喜欢的小汽车	逃避任务
	自己写数学计算题，写名字时，铅笔断了，妈妈帮他削铅笔	尖叫，手用力地拍桌子	妈妈把笔给他	获得实际物品
	自己写数学计算题，妈妈离开，帮助他倒笔屑	尖叫，手用力地拍桌子	妈妈倒完笔屑回来	获得关注

续表

时间 / 地点	A 背景事件	B 行为	C 结果	问题行为的功能
教室	做眼保健操时，妈妈去拿加餐盒	持续尖叫、拍腿	妈妈瞪他，说“再叫就没有吃的”	获得实际物品
个训室	老师和小杰在上一对一的个别课，小杰爱吃的山楂片被剥夺	手用力地拍桌子，尖叫，并打旁边的人	辅助他坐好，等待他安静后，把山楂片给他	获得实际物品
	老师和小杰在上一对一的个别课，小杰爱吃的山楂片被剥夺	手用力地拍桌子，尖叫，并打老师的腿	等他安静坐好时，把山楂片给他	获得实际物品
午饭	小杰吃完 1 碗饭	发出高频尖叫的声音，手用力地拍桌子，并打老师	妈妈给他盛了第 2 碗饭	获得实际物品
午休	同学们躺在垫子上睡觉，妈妈去超市了，老师在教室里	手用力地拍垫子，尖叫。并把签到表上的名字揭下来，扔掉	老师带他到操场上，让他自由活动。直到妈妈回来后，才安静下来	获得关注
课间操	排队上课间操，妈妈去超市了	尖叫，手拍打周围的人	老师带他回教室，让他自由活动。直到妈妈回来后，才安静下来	获得关注

第一阶段，呈现小杰喜爱的物品，小杰出现反应后撤走，3 秒后再次呈现，观察并记录小杰稳定的行为反应。

第二阶段，使用差别强化的方法矫正小杰的问题行为。一方面，强化小杰的安静行为；另一方面，学会通过口语表达获得喜爱的物品，使口语表达成为问题行为的替代行为。

第三阶段，泛化维持小杰的良好行为。向小杰呈现喜爱的物品，等待小杰做出反应，如果反应正确则给予这一物品；如果无反应，或直接伸手或出现问题行为时，不给予物品，安静 3 秒后继续呈现下一回合。

结果：小杰的问题行为减少，口语表达行为增多。

资料来源：高健，范文静，胡晓毅．功能性沟通训练减少自闭症儿童问题行为的个案研究［J］．绥化学院学报，2016（1）：97-101.

知识巩固

1. 简述支持性心理治疗的组成成分。
2. 简述支持性心理治疗的操作方法。
3. 简述绘画治疗的具体方法。
4. 简述音乐治疗的基本技术。
5. 简述舞动治疗的主要方法。
6. 简述应用行为分析的基本要素。

第五章　特殊儿童常见的心理行为问题及辅导

知识目标

- 掌握有关特殊儿童行为障碍的概念及分类。
- 探讨形成情绪与人际交往障碍、暴发性行为等心理行为问题的原因。
- 了解相关行为障碍问题的主要表现。
- 掌握应对特殊儿童心理行为问题的方法。

技能目标

- 能够识别每一种心理行为问题并针对性提出教育或矫正方法。
- 能够使用个案辅导技术对心理行为问题开展个案辅导。

第一节　情绪与人际交往障碍

大多数儿童的童年是在玩耍、学习和交友的美好时光中度过的，生活对于他们来说充满了阳光和希望。但也有些儿童长期生活在自我封闭的世界里，因过于害羞和畏缩，不会与别人玩耍和交流，他们很少获得来自同伴、老师、兄弟姐妹和父母的赞许和喜爱，甚至于自己也不能接纳自己。这些儿童便是有情绪与人际交往障碍的儿童，由于紊乱的情绪和人际交往障碍，他们有严重的适应障碍，因此需要通过特殊教育予以矫正和帮助。

一、情绪与人际交往障碍的含义

情绪障碍，即表现的情绪异于常人，比如会特别敏感或者焦虑、抑郁等。儿童患有情绪障碍的主要原因在于心理因素，或者是所处的环境以及教育方式。情绪变得难以控制，会莫名焦虑、强迫、抑郁等，这些都可以被列为情绪障碍，这样的儿童由于情绪的反应，往往生活中都不会开心，甚至会感到痛苦，难以适应社会。人际交往障碍指的是在儿童交往中存在困难或者交往不顺利，对于特殊儿童而言，因为他们在感知觉、记忆、语言、思维、情感和个性方面的特点，他们的人际交往能力明显低于同龄人[①]。

二、情绪与人际交往障碍的原因

（一）心理特点影响

1. 感知觉特点

特殊儿童在认知方面远远低于正常儿童，对于外界事物的刺激感反应较慢，感受范围狭窄，导致认知、情感、意志等很多方面发展得不协调，影响了特殊儿童的情绪功能（情绪诱导、情绪调节、情绪理解、情绪表达）作用[②]。特殊儿童的认知内容与认知过程不协调，包括思维缺失和认知偏差，认知成分与认知方式的不协调易使其产生孤独感、失落感，认知、情感、意志三者之间的不协调主要影响特殊儿童的认知选择和自我控制能力。

2. 情感特点

主要体现在特殊儿童在面对挫折时缺乏正确对待和解决问题的能力。情绪障碍儿童往往会采用攻击性行为或呆滞重复性行为来掩饰挫折，或者利用幻想逃避现实。

3. 语言特点

智力障碍越严重，语言的发展越迟缓，有的特殊儿童甚至只会说简单的字词。在教育教学中，多数轻度和中度智力障碍儿童在语言方面也表现出词汇量少、表达意思简单、句子缺少成分、错别字多等各种问题。而且许多特殊儿童伴有言语障碍，如发音不清、音调有问题，这必然导致特殊儿童与同龄儿童难以顺畅地进行交流。

4. 思维特点

思维是智力当中最核心的一部分。特殊儿童的思维特点主要表现在三个方面：一是思维长期停留在直观形象阶段，缺乏分析、综合、概括的能力。这一特点，在与人交往的过程中表现为难以与他人进行独立、有思想的交流。二是思维刻板，缺乏目的性和灵活性。他们在思考问题时往往缺乏明确的目的性。在进行某项活动时，当遇到困难或其他的新鲜事情，原先的想法就会停滞。思维的不灵活性主要是指不能根据客观条件的变化来调整自己的思维方式。这一特点，在与人交往的过程中表现为难以与他人进行长时间的交流，交流的内容常常会跳跃性很大，内容之间有时不存在必然的

---

① 唐健．情绪行为异常儿童教育［M］．天津：天津教育出版社，2007.

② 黄敏儿，郭德俊．情绪调节方式及其发展趋势［J］．应用心理学，2001，7（2）：17-22.

联系。三是思维缺乏独立性和批判性。表现在不善于独立思考，难以发现和提出问题，对自己的行为和想法，很少能主动找出错误并加以改正。这一特点，在与人交往的过程中表现为，当儿童出现不恰当的行为或说出了不尊重对方的话语的时候，可能自己难以觉察到，只有当有人明确指出的时候才能得到改正。

（二）生理特点影响

这一特点主要体现在由于脑瘫而引起的智力障碍以及肢体障碍的儿童身上。他们因为自身的手脚存在问题，行动过于缓慢，导致不能随心所欲地运用，使得在与同龄儿童的相处中处于劣势，容易被同伴排挤甚至被欺负。日积月累之下，就导致了他们自卑、焦虑、抑郁、胆小、怯懦、不合群。他们得不到与同龄人互动的机会，只能跟父母、老师、长辈之间有亲密的接触。

（三）外部环境的影响

因为自身所存在的问题，他们经常性地被单独列入特殊的名单，由此他们的参与权受到限制，极少受到肯定和赞扬，经常被否定、批评，失败的次数多，成功的经验少。很少有机会与周围人进行平等的交流，经常接受居高临下的指导。在这样的情况下，他们的情感、压力就会通过一些异常的行为释放，更难以与他人进行平等的交流。

三、情绪与人际交往障碍的表现

情绪与人际交往障碍主要体现在他们的家庭、学校和社会的生活中。特殊儿童与其他儿童一样都体验着同样的心理和情绪问题，比如：来自父母的压力、同学间的冲突与竞争、学业上的紧张感以及社会环境中的其他因素。当特殊儿童遇到此类问题的时候，在同样的情境中、同样的时间内与其他儿童做同样的事情时，他们因为感知觉速度缓慢、范围狭窄，感知的信息量少，以及受其他的心理特点的影响，易产生焦虑、压抑、自卑、恐惧，甚至会产生暴力倾向；而且他们普遍存在礼貌举止不适当的现象，有些家长一般不愿将自己的子女带往公共场所及亲友家，因此，这些儿童一般只局限于家庭和学校活动中，生活环境狭窄，接触面小，除了与家人及老师、同学外，缺少与社会中其他人交往的机会。

同时，特殊儿童也存在着多方面的交往心理障碍，常表现为：（1）恐惧。与人交往时会不由自主地感到紧张、害怕，手足无措，语无伦次，严重的甚至害怕见人，目光不能与他人对视，看到陌生人时甚至向后退缩，躲到家人或老师的怀里。（2）自卑。由于特殊儿童大脑受损，他们成功的交往少，失败的体验多，因此，他们缺乏自信心，缺乏交往的勇气。（3）害羞。因为在实际生活中人际交往的次数少，缺少人际交往的经验，所以在交往中感到难为情，阻碍了交往的正常进行。（4）过度积极。某些语言发展较好的特殊儿童喜欢与人交往，看到陌生人甚至会主动打招呼，但因为他们的逻辑思维能力存在障碍，所以难以与他人进行更深层次的交流，有时就会出现答非所问的现象。

这里介绍两种常见的情绪障碍表现：

（一）焦虑障碍

焦虑是一种以强烈的消极情绪和紧张的躯体症状为特征的情绪状态，在这种情绪状态下，个体体验到对于未来的危险或不幸的不安[①]。这体现了焦虑的两个关键特征——强烈的消极情绪和害怕的成分。处于过度和阻碍性焦虑状态的儿童一般被称作患有焦虑障碍（anxiety disorder）。这些障碍有很多种表现形式。有的儿童只要和母亲分离或离家就会感到焦虑。有一类儿童会对几乎所有的事情担忧，而且在大部分时间会产生没有理由的焦虑。有些儿童仅在特定的情境下感受到焦虑，比如要坐飞机，需要在班级里公开演讲时。有些儿童会不断地被不必要的一些念头打扰而导致焦虑，他们会花很多时间去做一些程序性的行为以减轻焦虑。也有一类儿童会突发性产生高度的焦虑，他们会吓坏甚至不能动弹。还有些儿童会在创伤性事件后承受持续的恐惧困扰，比如水灾、性虐待或者亲历战争。

较小儿童通常会比大龄儿童体验更多的焦虑情绪，主要是与父母分离的焦虑。女孩比男孩表现出更多的焦虑，但是一般而言他们体验到的症状是类似的。尽管诸如分离性焦虑等特殊焦虑会随着年龄而减少，但是对于许多特定的恐惧而言，紧张和焦虑的症状并没有表现出随着年龄而减少的趋势。焦虑症状可能反映了某种稳定的特质，使得儿童产生预期发展阶段相关的过度恐惧情绪。因此，尽管儿童害怕的对象发生变化，这种易于焦虑的性格将会长期保持稳定。

（二）恐惧症

正如我们经常看到的那样，很多孩子会有特定的恐惧，但是不会有什么大影响，恐惧来得快也去得快，大约到 10 岁就不大有了，也很少需要特定的关注。但是，如果儿童的恐惧在不恰当的年龄还继续，出现持续、不必要的过分恐惧，导致对于人、物体或情境的回避，影响日常生活，就被称作恐惧症（phobia）。

患特定恐惧症的儿童会表现出对人、物体或情境的极端恐惧，尽管实际上该人、物体或情境基本上没有什么危险或不会造成威胁，但儿童还是会竭尽全力去避免。当遇到自己害怕的东西时他们会体验到极度的恐惧或惧怕。对恐惧刺激引起生理唤醒，产生恐惧的期望和回避行为。他们的思维会经常集中在威胁到他们个人安全的危险上，比如被蜜蜂蛰或者被闪电击中。

尽管有证据证明刺激是无害的或给他们讲道理，儿童对于恐惧刺激危险程度的信念经常是持续的。不像大多数的患特定恐惧症的成年人，儿童一般不会意识到自己的恐惧是过度的或者不必要的。如果个体很少遇到引起恐惧的物体，恐惧症可能不会导

---

① 李闻戈. 情绪与行为障碍儿童的发展与教育［M］. 北京：北京大学出版社，2012.

致严重的损伤，反之，儿童的恐惧症就会成为严重的问题。

四、个案辅导举例

对象：小文，8岁，有轻度智力障碍。对外界事物接受能力较差，适应外界环境的能力较弱，在广场、集市、超市等人多的地方就会恐慌、逃避，甚至大喊大叫；在学校缺乏交往意识，极少主动与人沟通，只与自己熟悉的同学或玩伴玩耍，但与同学玩耍时经常因为一些小事发脾气或出现其他焦虑行为；在全校学生集中做操时，常常惶恐不安，有发作性紧张、恐惧等。

干预措施：通过对个案焦虑行为的表现、产生原因进行分析，针对焦虑行为的前因后果，制定以下处理策略，以消除不良行为，培养其良好行为。

（一）前因控制策略的制定

前因控制策略主要在发现焦虑行为发生的先兆时，事先采取措施，以预防不良行为的发生。比如，老师发现小文在嘈杂环境中容易出现情绪繁杂、吵闹行为，当他置于或即将置于嘈杂环境中，应立即带他离开；或在进行活动，其出现不配合的时候，应立即转化教学策略，提供适当的协助，以缓解其紧张、焦虑的情绪。另外，对小文的焦虑表现不要过分注意。不要逼迫他说话，以免使其精神更加紧张。

（二）行为训练策略

前因控制策略防止了问题的发生，但这些只是暂时的措施，还要配合一定的康复训练，采取消退焦虑行为的策略，让他慢慢学会面对，学会在不良的环境中控制自己的紧张、焦虑情绪，教他以新的、适当的行为来替代焦虑行为。鼓励小文参加集体活动，在平时的教学或活动中，只要小文参与了，老师就会及时表扬他。

【知识链接】感觉统合训练对改善儿童情绪与行为障碍的作用

感觉统合治疗的目的在于对儿童存在的大脑对外界信息处理不良的问题进行矫治，增加感觉讯息的输入，尤其是前庭刺激的输入，打开通往神经系统部分的通路，从而达到改善脑功能的目的。

赵亚茹等研究发现儿童行为问题与感觉统合失调关系密切，经过感觉统合训练后，儿童的行为问题得到了明显的改善。此外，有研究表明，行为问题儿童都伴有前庭功能协调障碍。《北京市城区1994名学龄儿童感觉统合失调的调查报告》结果表明，感觉统合轻度失调率与重度失调率为35.9%和10.3%；情绪与行为问题儿童中伴有轻度与中度感觉统合失调（76.1%，34.2%）的均明显高于非行为问题儿童（29.2%，6.7%）。

随着国内独生子女的增多，感觉统合失调的发生率有逐年上升的趋势。通过感觉统合训练临床观察发现，儿童的神经心理及神经生理的调整功能、运动协调能力、注意力及情绪方面经过训练后有非常显著的改善。采用感觉统合训练方法是根据儿童所存在的感觉和动作发育不良给予相应的刺激，运用游戏式的运动控制感觉的输入，特别是从前庭系统、肌肉关节及皮肤等刺激的感觉输入，并同时做出适应性反应。训练中大量的前庭刺激的输入，使前庭功能得以改善，一定程度上起到了对因治疗的作用，随着儿童感觉统合的改善，其消极行为、多动、注意力不集中、情绪不稳定、社会退缩改善等行为与情绪问题相应减少。感觉统合训练注重儿童动作的整体性和协调性，有助于培养孩子活泼开朗、热情奔放的性格，有助于人际关系的建立。《感觉治疗 481 例临床疗效分析》结果表明，感觉统合训练对儿童情绪稳定的总改善率达 87%。

总之，感觉统合训练对儿童的认知功能、注意力、学习能力、人际交往能力等行为与情绪障碍均有明显的改善。为了减少儿童行为问题的发生，必须关注儿童感觉统合能力的发展。要了解一个儿童的行为，特别是正在发育中儿童的行为，既要注意心理因素，又要注意社会因素及家庭因素。感觉统合理论发现了导致儿童行为和情绪问题的基本原因，也对这些问题的缓解提供了行之有效的途径，使对儿童的教育与培养更符合实际。

资料来源：刘建梅，赵凤兰．特殊儿童早期训练与指导［M］．上海：复旦大学出版社，2013.

第二节　暴发性行为

在学校儿童发生失控行为，父母或者教师通常会有较高的容忍力，因为在他们的脑海里，小孩子冲动是一件很正常的事情。但是当儿童的冲动行为上升到需要干预的水平时，至少意味着两件事情：一是与该儿童同龄的伙伴们已经很少出现类似的冲动行为了，他们已经能够对自己的行为进行一定程度的控制了，但是该儿童还没有达到类似的水平；二是该儿童表现出来的冲动行为明显对其学习、生活、社会关系等造成了负面影响，引起周围人的烦恼。

一、暴发性行为的含义

暴发性行为是儿童期很容易出现的一类行为，也就是冲动行为。它指草率地进行一些不恰当或冒险的行为，多与环境不相称，经常导致令人不快的结果。它是个体突然产生的行为，即个体所表现出的某种不稳定的或者失控的行为。越年幼的儿童自控能力越低，暴发性行为也越容易出现。

二、暴发性行为的原因

（一）与儿童生理系统有关

儿童之所以会出现很多失控行为，与他们的中枢神经系统发育不够完善，尤其是大脑皮层兴奋与抑制过程不很平衡有密切的关系。随着儿童年龄逐渐增长，中枢神经系统的发育逐渐完善，儿童的自我控制能力也能够逐渐发展，暴发性行为也就相应减少了。因此，常常表现出冲动行为的儿童可能在中枢神经系统的发育方面存在发展迟缓的问题，导致他们对自身情绪情感的控制不够稳定。总是容易冲动的儿童很容易被周围人评价为“相比其生理年龄要幼稚”，即他们的成熟要比其他同龄儿童晚得多。患注意力缺陷多动障碍的儿童就是这样一类儿童，他们相比普通同龄儿童会出现更多的暴发性行为。从大脑的神经功能角度来说，他们的中枢神经系统通常被认为兴奋程度不足以控制边缘神经系统的活动，因此很容易出现暴发性行为。

（二）缺乏自我对话和内在语言控制行为的能力

人类具有使用语言与自己交流的能力，刚刚会说话的儿童主要是被人交谈，到3～4岁时，他们一边玩，一边大声自言自语，讲自己对游戏的设计、考虑，到6～7岁变成低声的自言自语，最后逐渐发展到用“内心的声音”自我对话（别人猜测不出他们想的是什么），这就叫作“内在语言”①。这种内在语言的发展，对于人类控制自己的行为是相当有意义的。内在语言可以指导自己的行为，能够遵循规则，冷静解决问题。当发生某种应激事件时，由于缺乏内在语言，这些儿童无法从瞬间的愤怒情绪中解脱出来，去考虑规则和自己的目标，在行动方面常常不假思索，想要做什么事，马上就行动，而不考虑后果。

（三）缺乏情绪控制

正常人向其他人表露情感之前，会根据需要去改变表达方式，这是由于具备了体察自己的情感、节制和改变情感的能力，甚至可以减少或消除最初的感情冲动，使自己平静下来，冷静地处理问题。有暴发性行为的儿童，他们感情上容易冲动，常常被自己的情感反应所左右，导致行为的失控。

（四）家庭教养方式

家庭是个体出生后的第一个环境，这个环境对个体的身心发展至关重要。在这个环境里，父母的一言一行都会影响到孩子的心理与行为，孩子暴发性行为与父母的教养方式相关。研究表明，父母早期对儿童越是采取鼓励与接纳的养育方式，儿童的暴发性行为发生率越小，而采取拒绝与惩罚的养育方式，则儿童出现暴发性行为障碍行

---

① 卢植．认知与语言［M］．上海：上海外语教育出版社，2006.

为较频繁。父母如果经常有暴发性行为，孩子就会模仿学习。另外，有些时候家长也会无意识强化孩子的暴发性行为，比如儿童哭闹摔东西后，父母无可奈何地放弃这一任务。这一结果无疑强化了儿童的发脾气行为，使得儿童逐渐知道可以用什么样的方法来让父母或者家长妥协。

三、暴发性行为的表现

常见的暴发性行为有以下几类。

（一）尝试性的暴发行为

儿童可能完全不经大脑思考就对某个刺激做出快速的反应，做出的反应通常是错误的。比如，当教师提出问题或者开始某项活动的时候，学生不经任何思考，马上举手回答或者要求参与。这类学生常常会表现得非常兴奋，甚至会大叫大喊，比如站起来大叫：“我，我，我”。有时，教师真的提问他们了，他们却不知道如何回答。可见，儿童的暴发性尝试行为是不经考虑的情况下做出的冲动反应。

（二）无特殊原因的暴发行为

一些儿童在课堂教学过程中无明显原因地离座、在教室里走动、离开教室、大叫或者发出其他噪声等行为。这类行为由于常常突兀地发生在安静的课堂教学过程中，很容易被教师和同学关注，并会影响到正常的课堂教学秩序中，因而常令教师和家长烦恼。

（三）需求得不到满足的暴发行为

儿童已经具备了一定的自我意识，他们开始对某些事物或事情有自己的想法或者见解，有了一定的需求并希望他人能够满足这些需求。当儿童提出一些要求时，比如吃某些食物，要某些玩具，玩某些游戏，家长由于多种原因拒绝了儿童的要求，如这种食物对身体不好、不能多吃，现在不能玩玩具和游戏，儿童出现暴发性行为，比如会将拿得到的书、本子、玩具等扔在地上，或者扔向成人，有的会出现破坏物体的行为，如使劲地踩玩具、撕书本或者砸其他东西，甚至对他人的身体造成伤害。

（四）被激惹的暴发行为

一些儿童可能受到某些外部环境因素的刺激，突发地做出某些行为，这些行为有时会带有暴力、攻击性质，比如突然地做出扔、砸物体或者打别人等行为。这些暴发性行为之所以发生，一般有外部环境原因。但这些事件对大多数儿童来说，可能是很小的事件，也很少会出现类似的被激惹行为。比如，与小伙伴一起在草地、公园游玩时被推了一下或者被批评了几句，儿童马上出现发火，甚至对小朋友动手的行为。一些儿童在冲动性地发火之后会转入平静，就好像什么也没有发生过一样。但暴发性行为障碍的儿童一下子体验到非常兴奋或发怒的情绪，因而做出较为强烈的反应。

四、个案辅导举例

对象：小明是一名 9 岁的自闭症男童，无言语，多动，脾气暴躁。不喜欢滑板，当老师安排滑板任务，就会大声哭，一边尖叫一边哭，声音越来越响。直到老师放弃让他完成任务，会立即停止哭闹和打滚而自己到一边去玩了。

干预措施：要改变小明这样乱发脾气的行为，需要家长先改变自己的行为，采用消退法撤除对儿童发脾气行为的强化，这样儿童的行为问题才能得到改变。

（一）改变引发行为问题的前情

有些儿童发脾气行为是由前情引发的，如生理原因、任务难度过高等。案例中的小明可能就是因为觉得任务重而发脾气。因此，训练者可以在仔细评估他的能力之后为其量身定做一个运动量，然后定期加量。

（二）改变行为的后果

有些儿童发脾气的行为是由后果在维持的，如要求没有得到满足，为了引起他人的注意等，在本案中也许这个运动量他是可以完成的，但他拒绝完成，那么当他做到 10 个没发脾气时就立即予以表扬、奖励糖果。随着运动量的逐渐增多，再给予强化。久而久之，他就会为获得强化物而主动增加运动量，同时发脾气的行为也会慢慢减少。也可采用隔离的办法，让儿童经历几次失败，消除这种不良习惯。

（三）培养儿童正常的情绪表达技能

有时候发脾气是儿童宣泄情绪的一种方法，通过发脾气可以释放儿童的焦虑和抑郁。遇到这样的情况时，教师和家长应尝试通过模仿、塑造、渐隐等方法，培养儿童情绪情感的正确表达方法，让儿童学会用其他方式来表达情绪。

首先，允许儿童发泄情绪，只有消极的情绪被发泄出来，才会产生积极的情绪，但需要纠正的是发泄的方式。因此，需要教儿童用其他方式来替代，如用语言来表达自己的情绪或跑步、唱歌等，而不是通过诸如跺脚、拍桌子、扔东西、大喊大叫或沉默等不良行为来表达自己的感受。

其次，儿童的很多行为都是模仿家长和教师而形成的，发脾气也不例外，教师和家长要向儿童示范正确的情绪表达方法，也可以通过编写社交故事的方式让儿童学会表达负面情绪的恰当方法。

再次，通过契约的形式，为儿童的行为设定限制。当儿童出现打人、骂人或摔玩具等发脾气行为时，要严格按照契约的规定进行惩罚。而当儿童出现契约上规定的良好行为时，则给予奖励。

【知识链接】行为矫正与行为治疗、应用行为分析

所谓行为矫正（behavior modification），通常指的是依据学习原理处理行为问题，从而引起行为改变的一系列客观而系统的方法（吕静，1992）。当然，不同的研究由于其理论取向不同，对所依据的学习原理有不同的看法，有的研究者倾向于完全的行为主义，而有的则站在认知行为主义的角度上。例如，张春兴（1998）认为，行为矫正的含义一是根据行为学习的理论，经由条件作用过程，改变个体已有的不当行为或者矫治不良的习惯，而令个体获得健康生活；二是采用认知学习理论，用以改变个体的态度、观念、思想等复杂的心理历程，从而达到改变某种不良行为的目的。

从行为矫正的定义可以看到，采用行为矫正的目的在于促使个体的行为发生变化，因此，也有研究者将行为矫正技术称为行为改变（behavior change）技术。但严格来说，并不是所有导致行为改变的方法都属于行为矫正的范畴。比如将个体放置于一个完全陌生的地方或者服用某些药物，甚至切除大脑的某一部分，都可以促使个体行为发生变化。但这些技术并非基于学习理论的行为矫正行为。

在专业文献中，还有一些术语被常常使用，甚至所包含的含义也与行为矫正类似，如行为治疗（behavior therapy）、应用行为分析（applied behavior analysis，ABA）。对于行为治疗来说，一些研究者认为该术语所指的原则和方法与行为矫正相同（Kanfer，Phillips，1970）。但也有不少研究者（Rimm，Masters，1974；Zirpoli，Melloy，1993）持不同意见，他们认为，虽然行为治疗和行为矫正具有很多相同的原则和方法，但行为治疗的方法是经典条件反射的扩展和实际应用，而行为矫正则更强调操作性条件反射；行为治疗更主要用于个体内在的行为和心理疾病，如焦虑、神经质等，而行为矫正更着重外在的可观察、可测量的行为，比如发怒、攻击性行为等。与行为治疗有关的技术包括系统脱敏法、厌恶疗法、洪水疗法、生物反馈法等（Kazdin，1978）。

应用行为分析可以说是行为矫正的新扩展，常常被用来替代行为矫正，这一术语指的是对行为矫正的原则在非实验室的、每日生活情境中的直接应用（Zirpoli，Melloy，1993），因此强调在每日自然环境中对于社会相关的行为进行应用性的研究，其针对的行为是可测量、可观察的外显行为，着重于环境变量对行为发生的影响，并要求对个体的行为反应进行仔细的测量。这一方法可用于多个领域，其目的是帮助人们理解、预防和改变个体的问题行为，同时促进个体学习。如注意力缺陷儿童的注意力控制训练、行为障碍儿童的怒气管理训练等。

资料来源：昝飞．行为矫正技术［M］．北京：中国轻工业出版社，2012.

第三节 注意力缺陷与活动过度

学龄前儿童注意力不集中现象是比较常见的，多动、喜欢玩闹、在活动中感兴趣的事物变来变去等常常是学龄前儿童的特征。即使孩子已经出现异于其他儿童的注意力分散行为，父母和教师也很容易做出错误的判断，认为孩子仅仅是年幼而非出现其他问题，直到孩子进入小学后表现出异于其他儿童的行为，成人才会重视。

一、注意力缺陷与活动过度的含义

注意力缺陷（ADHD）简称多动症，是儿童期常见的一类心理障碍。注意力缺陷障碍是多动、注意力不集中、注意时间短暂、参与时间能力差、活动过度和冲动，伴随认知障碍、学习困难、品行障碍和适应不良，而智力基本正常等表现的一组综合征[①]。

二、注意力缺陷与活动过度的原因

相关研究认为，出现注意力缺陷与活动过度主要有两大因素，即个体的生物学因素和环境因素，且两者之间有一定内在的联系。

（一）生物学因素

影响多动症的生物学因素包括产前、产中和产后的损伤，脑部差异和基因缺陷。

1. 产前、产中和产后的损伤

母亲在怀孕期间，尤其在怀孕的早期，如果感染了风疹、流感和其他一些病毒，就可能通过胎盘影响胎儿，导致胎儿脑损伤。产中和产后损伤包括脑部损伤、感染、缺铁性贫血以及暴露于化学有毒物质中，这些都会增加儿童患多动症的可能。

2. 脑部差异

母亲孕期的营养不良、疾病、接受 X 线照射，分娩期早产、难产、缺氧窒息，生后的颅脑外伤、炎症、高热惊厥、中毒等均可造成脑损伤，尤其是额叶皮质受损可导致 ADHD 症状。但有许多患儿并无脑损伤病史，也无神经系统异常的表现，故又认为是轻度脑功能失调，但尚缺乏充分的依据。大脑发育过程中，额叶进化成熟最迟、最易受损，有学者认为 ADHD 与大脑额叶发育迟缓有关，凡影响额叶发育成熟的各种因素均可致病，其依据是约 1/4 ～ 1/3 的 ADHD 儿童到青少年期症状能趋好转。近有研究认为注意力就像语言和运动功能一样应被看作是一个发展区域，存在注意力问题的人实际是这一功能的减弱或发育迟缓。

---

① 方俊明，雷江华，李伦，等．特殊教育学［M］．北京：人民教育出版社，2005.

3. 基因缺陷

有研究认为，多动症是多基因原因造成的，即认为是由不止一个基因的变异引起的[①]。多巴胺（一种在神经细胞间起交流信息作用的神经递质）输送和感受体基因可能受到损害，因此导致患多动症的学生出现缺乏一致的自我控制的症状。

有研究表明，多动症儿童的同胞兄弟姐妹同患该病概率与正常儿童相比增加 2 ～ 8 倍；同卵双生子同患多动症的比例为 79%，异卵双生子同患多动症的比例仅为 30%。因此，基因遗传因素被认为是多动症发病的主要因素[②]。

（二）环境因素

1. 家庭教养方式不当

父母严厉粗暴的教养方式，经常性地批评、打骂和惩罚孩子，容易造成孩子注意力缺陷多动。另外，如果父母过度管束和限制孩子，给孩子太多、太细、太严格的条条框框将孩子束缚住，限制孩子的自由活动，这也容易造成孩子的注意力缺陷多动障碍。因为孩子的每一个探索的愿望和行为都被一一制止和限制后，压制到一定的程度，很多欲望和很多行为就会在孩子身上同时“爆发”，这也正是多动症的主要表现，即无法专注在一件事情上，容易被很多刺激所吸引，注意力容易分散和转移，行为上也表现为多动。

2. 父母关系不和，周围社会关系产生压力

父母关系不和，经常发生争吵也是造成儿童注意力缺陷多动障碍的重要原因。当儿童身处这样的家庭环境中时，处于焦虑、紧张、惊恐的情绪状态中，他们的内心无法得到安宁，也无法将自己的注意力专注在自己的事情上，致使无法专心听课或专注地完成作业。另外，如果儿童和同学、老师有矛盾，也可能会分心而无法专注学习。总之，当儿童情绪状态不稳定，被焦虑、不安、紧张和惊恐的情绪所控制时，就会无法安定下来将注意力集中在他所要专注的事情上。只有让儿童内在的心理状态和情绪安定了，才有可能在外面世界的生活和学习中做到专注和安宁。

成长环境里充满干扰因素。从儿童所处的环境来说，某些环境条件需要儿童做出更多的努力才能维持较高的注意力水平和保持相对的安静。比如，缺乏对学生足够关注的集体课堂教学环境、高噪声背景的学习环境、房间内有与学习无关但吸引学生的外部刺激物，等等。

另外，活动或任务的难度也会影响到儿童的注意分散程度，超过儿童学习能力水平的任务容易让学生疲劳，注意力集中的时间较短，或者任务缺乏趣味性，儿童本身缺乏对所做事情的兴趣，也会让儿童出现分心、多动行为。

---

① 杨晓玲 . 儿童精神障碍及行为问题的矫正［M］. 北京：华夏出版社，1995.

② 王爱华 . 注意缺陷多动障碍的危险因素及病因［J］. 中国社区医师，2010（30）：3.

三、注意力缺陷与活动过度的表现

（一）注意力缺陷

儿童主动注意保持时间达不到与其年龄和智商相应的水平，是多动症的核心症状之一。这种儿童的注意力很易受环境的影响而分散，注意力集中的时间短暂，难以持久，注意对象频繁地从一种活动转移到另一种活动，经常有意回避或不愿意从事需要较长时间持续集中精力的任务。他们对来自各方的刺激都有反应，不能过滤无关刺激，思维处于游离状态。轻度注意力缺陷的儿童可以对自己感兴趣的活动集中注意，如看电视、听故事等；严重注意力缺陷的儿童对任何活动都不能集中注意。

有注意缺陷的儿童，不管是做功课还是玩都很难集中注意力，或者很难按照要求或者指示来做。在踢足球的时候，当球队的其他成员都在中场抢球时，有 ADHD 的儿童却可能跑到边上去玩泥沙，很多老师、家长对注意力缺陷的儿童普遍抱怨就是：儿童不听话、不遵守指令，或者不能完成活动任务或者功课作业。

（二）活动过度

活动过度，是指儿童格外好动，在需要安静的环境中，活动量和活动内容明显增多。在需要自我约束或者秩序井然的场合显得尤为突出。活动过度大都开始于幼儿早期，进入小学后因受到各种限制，表现得更为显著。

用一个高速运动的小马达来形容患有 ADHD 的儿童再贴切不过了，多动，或者行为过于活跃，有很多表现方式。对于患有 ADHD 的儿童来说，要想安静地坐着听完一堂课，那是不可能的。他们会坐立不安、扭来扭去、爬上爬下、在房间里毫无目的地乱跑、去抓看得见的任何东西，或者用铅笔敲来敲去。父母和老师说他们总是一刻不停，废话连篇。这些儿童精力旺盛、活动强度大，但不合时宜，没有明确的目的；而且他们不像其他精力充沛的儿童那样，他们很少能完成某个任务。

活动过度分为持续性多动和境遇性多动两种类型：（1）持续性多动指多动行为发生于学校、家庭和诊室的一种类型，发病年龄早、持续时间长、症状严重，认知缺陷或智商偏低，学习成绩和人际关系受影响较大；（2）境遇性多动指多动行为仅在某种场合（如学校）出现，而在另外场合（如家庭）不出现的一种类型，各种功能受损程度较持续性多动为轻。

四、个案辅导举例

个案：小阳，男，16 岁，3 岁被确诊为自闭症，现就读于启智学校，由母亲陪读。小阳动作能力正常，能够进行走、跑、跳等运动。有一定的自理能力，可以自己吃饭、穿衣、去厕所。听力以及发音器官正常。

小阳的父亲经常在外地出差，小阳平时主要由母亲照顾，而小阳与母亲通常在家活动，缺乏户外活动，因而小阳缺乏玩伴。在校小阳喜欢一个人和母亲坐在后面，和其他同学的课桌摆放距离较远。小阳的学习能力较差，对老师的教学内容少有反应，通常由母亲代为操作，偶尔会主动参与一些感兴趣的内容。

干预措施：通过对小阳的观察和班主任的访谈了解到，小阳的课堂问题行为主要表现为：（1）经常将自己的课桌与妈妈的课桌碰撞，发出声响；（2）随意离座走动；（3）尖声大叫；（4）和母亲说话且重复他人所说或自己想表达的同一句话。辅导老师通过两周的观察，并进行记录和分析。

具体行为干预的实施如下：

（1）逐渐减少母亲的陪护，直至完全离开课堂教学过程。母亲在课堂陪护使得小阳依赖母亲，事事要母亲帮助，面对困难的课堂任务时就让母亲去做，并在课堂上与母亲说话，这些不利于其自理能力和独立性的培养。此外，母亲对于小阳的问题行为态度不一，也使得其问题行为越来越严重。具体采取了“离开3分钟—5分钟—8分钟—10分钟—15分钟—20分钟—30分钟—整节课”的顺序使母亲逐渐离开课堂，以使小阳逐渐适应。

（2）老师在母亲离开课堂的过程中采取不同的方法吸引小阳的注意力。在干预的头两个星期要求小阳在课堂上完成一些较为简单并且能够完成的事情，如读音、写字等。

（3）使用脚丫贴提示正确行为。在小阳的课桌与椅子之间的地面上，贴上颜色鲜明的脚丫型贴纸，要求小阳上课时将双脚放在贴纸上，并对小阳说明，双脚放在贴纸上的时间越长，奖励越丰富。

（4）强化良好行为，激发学习动机。老师在课堂上要平静地发布指令，指令简单明确，完成任务后，采取更强烈的表扬和祝贺，使小阳从心底感到成功和喜悦。在小阳不服从指令时，要尽量不怒不喜，采取中性态度。把小阳不喜欢的任务穿插在比较容易的任务中间，以此促进其服从指令。

（5）增进亲子互动。老师与小阳的父亲商定，每周与小阳见面至少三次，和小阳一起玩游戏、聊天，与父亲约定，一旦小阳有用大叫或跑跳的行为引起家长注意的情况出现，不能满足其需要，有良好行为出现时及时给予奖励。小阳在四周内取得了比预计更快的进步。

【知识链接】连续操作测试

连续操作测试（coutinuous performance test，CPT），可以用来评估儿童的持续性注意。在一个连续操作测验中，给儿童呈现一系列的刺激，比如字母不时地出现在电脑屏幕上。让儿童坐在电脑屏幕前，并告诉他们只在某一字母跟着另一字母时按一下键，比如，要求儿童只在字母Z跟着字母A出现的时候马上按一下键，而其他时候不用按键。如果儿童在字母Z跟着字母A出现的时候没有按键，那么就是一个“漏报错误”，即注意力分散的标志。如果儿童在并没有字母Z跟着字母A出现的时候按键了，就是一个“虚报错误”（error of commission），即冲动的标志。例如：AACZAAAZAAAABZAAAZABAZZZZ，患有ADHD的儿童在进行连续操作测验时，通常比其他儿童犯更多的“漏报错误”和“虚报错误”。

资料来源：埃里克·J. 马什，戴维·A. 沃尔夫. 异常儿童心理［M］. 上海：上海人民出版社，2009.

第四节　自我刺激和伤害行为

自伤性行为是特殊儿童中常见的一种严重的问题行为，其后果不仅会直接地导致儿童的身体伤害，而且也包括对儿童社会生活和学习环境的限制和妨碍。虽然在普通儿童中也有自伤性行为，但是在特殊儿童中自伤性行为的比例要远远高于前者。例如，在自闭症儿童中，自伤性行为是非常普遍的现象。而在智力障碍儿童中，障碍程度越严重，发生自伤性行为的比例越高。

一、自我刺激和伤害行为的含义

自我刺激和伤害行为指个体在没有明确自杀意图的情况下，故意、重复地刺激或伤害自己的身体组织，如用利器割伤、打火机烧伤、以头撞墙等，具体伤害形式可能超过十多种。它是一种复杂的心理病理行为，其核心问题是情绪管理障碍，目的在于缓解强烈的负性体验。因此，自我刺激和伤害行为在本质上是一种适应不良的应对方式，这种行为虽不致死，但对特殊儿童极具危险性。

二、出现自我伤害行为的常见原因

由于自伤行为对个体的身体产生或多或少的不良后果，因此当儿童出现此类行为的时候，不管其发生频率如何，父母或者其他人都应该尽早对这一类行为的发生原因进行分析，以尽早对其开展预防或者干预。一般来说，儿童如果出现自伤行为，往往意味着其负面的情绪压力过大，以致其有意识或者下意识地做出自我伤害行为。儿童出现自伤行为可能有与儿童自身有关的因素及与自我刺激行为相关的因素。

（一）与儿童自身有关的因素

1. 自我伤害行为是一种表达方式

在特殊儿童尤其是表达能力严重落后的儿童、自闭症儿童身上，自我伤害行为常常是儿童用来表达自己内心想法的一种方式。特别是当儿童对父母等人有某种需求或者要求不被满足的时候，自我伤害行为的出现很容易迫使父母等人满足他们的需求或者放弃对儿童的要求。比如，当父母拒绝让小风吃冰激凌的时候，小风除了哭闹之外，还会不断地打自己的头，父母担心小风会打伤自己，只好满足小风的要求。

一位妈妈曾经告诉老师，她一直在陪着孩子康复训练，由于以前住的地方离学校太远，极不方便，她就带着孩子搬到离学校近的地方了，刚开始几天，每次在上学路上，孩子都会又哭又闹，还打自己的头，揪头发，拳打脚踢，可妈妈就是不明白孩子的意思，既心疼又难过，后来才了解到那是因为突然搬了家，上学的路和以前的不一样了，所以孩子就表现出惊恐和激动，但是又不会表达，所以就伤害自己，来引起妈妈的注意和理解。

2. 自我伤害行为是舒缓身体不舒服的一种方式

一些儿童之所以出现自我伤害行为可能与他们身体所存在的不舒服等特殊的生理状况有关。对大多数人来说，当身体出现头痛或者其他部位有疼痛、不舒服情况的时候，常常会采用敲头、按压身体的疼痛部分等方式，来舒缓疼痛或者不舒服的感觉；当眼睛不舒服的时候，人们也会不断地通过揉眼睛来减轻眼压带来的不舒服感。一些有视觉障碍儿童会比较多地出现揉眼睛、抠眼睛之类的行为，这些行为可能与他们的眼睛不舒服有关。

对于普通人来说，当身体的某一部分很痒的时候，会使劲地抓、挠皮肤，甚至当皮肤破损的时候还会继续。一些儿童之所以出现抓、挠皮肤等行为，也可能与皮肤过敏或其他不舒服的感觉有关。

3. 自我伤害行为是吸引别人关注的一种手段

想用自我伤害的行为来引起别人的关心和注意。在自闭症儿童中，有时他们的要求和意愿不被人重视，或者遭到拒绝时，他们就会伤害自己，来引起别人对自己的注意和关心。

（二）与自我刺激行为相关的因素

一般来说，每个人都需要各种各样的感官信息，如视觉信息、听觉信息、嗅觉信息、味觉信息、触觉信息和运动感觉等。心理学家们早就注意到，如果孩子没有得到充分的各种各样的感官信息，那么他们就有可能做出各种问题行为，包括自伤性行为来满足自己对感官信息的需要。而关于特殊需要学生的这种自伤性行为，更有相关的追加因素。例如，研究表明自闭症谱系障碍人士处理外界信息的大脑部位往往现实异常。他们通过正常活动与渠道得不到足够的感官信息，因此，常常通过一些看似反常的自我刺激行为来满足自己的需要。有些自伤性行为，是自我刺激行为发展到极端的表现。例如，有些学生会不停地晃动身体，这种行为发展下去就可能形成用头去撞墙或者桌面。有些学生会有吮手指的行为，由于这种行为的感觉会起到塑造（shaping）

的效果，学生最后会咬自己的手指或者手腕。有研究者认为，特殊需要学生的这种自伤性行为会作用于大脑的“快乐中心”，从而产生像吸鸦片那样的愉快感觉。至今，这种看法还只是停留在理论阶段，并没有进入经验证实的层面。

值得教育者注意的是，虽然特殊需要学生的这种自伤性行为是有其基因和大脑方面的基础，但是其发展变化与外界环境的条件是紧密相连的。

三、自我刺激和伤害行为的表现

自我刺激行为形式多样，与视觉、听觉、嗅觉等感官感觉直接相关。依次包括：身体方面的自我刺激、借助物体进行自我刺激、仪式化的行为和强迫行为、不当情境中发生的自我刺激行为。其中较为常见的是身体方面的自我刺激，包括：（1）头部自我刺激，如不断地摇头、点头、抓头发等。（2）脸部自我刺激，如盯视、痴笑、伸舌、玩口水、玩舌头和唾液等；较常见的是眼部的视觉性自我刺激，如眨眼睛、斜视、凝视闪烁的灯光或漂浮的灰尘等。（3）手部自我刺激，部分手指不停地晃动，将手做成不同的形状，用手敲打身体的某部位等。（4）身体自我刺激，身体前后左右不断摇晃、怪异地跳动等，粗大的身体运动方面有重复地转圈、脚尖走路、走动时驼背、左右摇头等。（5）其他自我刺激，尖叫、闻自己或他人身体的气味、呆望天空等。

自我刺激行为是部分普通及特殊群体所共有的一种刺激行为。综合现有研究来看，自我刺激行为具有固着性、反复性、发生频率高、缺乏与环境交互作用以及不具有明显的功能等特征。自我刺激行为虽不至于对特殊儿童个体造成严重的身体伤害，但有些行为如抠皮肤、撞脸、咬自己、戳自己等则较类似于自我伤害行为。鉴于特殊儿童的特征，若不加干预，对儿童的伤害较大。

自闭症儿童和其他发展障碍儿童常常出现的自我伤害行为主要有：重复地拔自己的头发、打头、用头撞墙、打脸、咬自己、抓自己、掐拧自己，割伤自己等。

四、个案辅导举例

个案：壮壮，男，2007 年 4 月出生。2009 年 9 月被诊断为孤独症，中度缺陷，有严重的情绪障碍并伴有轻度的智力低下，家长曾请过家庭教师做个别训练，但收效甚微。于 2011 年 10 月进入山东省聊城上某特殊学校，社交上表现为不和其他小朋友一起玩，与他人无明显的目光对视。语言表达上表现为鹦鹉学舌，语言理解上能听懂简单的指令。兴趣狭窄且怪异，特别喜欢看一些军事类的书，并在小本子上记录一些军事器械及其用途。除上述孤独症典型表现外，壮壮还表现出多种问题行为，其中最为明显的就是自伤行为，比如咬自己、撞墙等。

干预措施：通过观察，壮壮自伤行为发生频率较高的前提是所处的地点变换，想要获得某个东西，长时间（20 分钟以上）的学习，大人忽视或用严厉的语气拒绝孩子的要求，周围人大声训斥或大声争吵，布置给孩子学习任务。

干预方案：根据壮壮具体的自伤行为发生的前提制定具体化的控制策略，见表 5–1。

表 5–1 自伤行为发生前提及控制策略统计表

前提	控制策略
大人忽视或用严厉的语气拒绝孩子的要求	避免大声指责孩子，用平和的语气与孩子交流
孩子所处的地点变换	在固定的教室上课
孩子想要获得某个东西	不给或减少给予强化物的频率
长时间（20 分钟以上）的学习	避免长时间的连续训练，多穿插休息时间
周围人大声训斥或大声争吵	避免吵闹的环境
布置给孩子学习任务	减少新任务的数量、难度

干预过程综合运用消退、惩罚、区别强化法三种方法：

（1）消退法。消退法是指在某个情境或者刺激条件下，行为者产生了以前被强化的反应，但反应之后并没有跟随通常的强化，那么在下一次遇到类似情境时，该行为的发生率就会降低。

（2）惩罚法。惩罚是指个体做出某一行为反应的结果，降低了该行为以后发生概率的过程。惩罚主要有两种形式：一种是正惩罚，即让个体承受某种厌恶刺激；另一种是负惩罚，即撤销积极的强化物。

（3）区别强化法。区别强化是指采用强化物对某一组行为反应进行强化，但对其他反应则不予强化。目前有四种区别强化常常被用来减少不良行为，包括低比例行为的区别强化、不相容行为的区别强化、替代行为的区别强化、其他行为的区别强化。

经过一个多月的干预，壮壮的情绪行为得到一定缓解，自伤行为也明显减少。

【知识链接】反应限制用于咬手行为的干预研究

咬手行为在某些智力落后和自闭症儿童身上常常出现，其主要表现是个体反复地将手放入嘴巴，与唾液接触，有时还会用牙齿咬。咬手行为通常被认为是自动化强化维持的行为，个体可通过该行为获得舌、牙齿等口腔器官的触觉刺激满足，唾液分泌、涂到手上也可为个体用来强化。对于该行为，很多研究者试图通过戴手套等方式掩蔽由咬手行为带来的刺激满足，但也有研究者通过其咬手动作进行反应限制等其他干预措施进行干预。

卢瑟里（Luiselli，1998）对一名 15 岁患多重障碍男孩的咬手行为运用反应限制和其他行为区别强化策略进行了干预。该男孩名叫里奇，被诊断患有严重的智力落后和痉挛性瘫痪。他不会讲话，没有受过排便训练，缺乏基本的生活自理能力。里奇常常将他的手指、拇指甚至腕关节放入嘴巴里，然后吸吮、咬啮这些部位的皮肤。这些行为发生频率非常高，以致这些部位皮肤常常红肿，甚至受伤发炎。

卢瑟里对里奇咬手行为的干预采取了两种策略，分别是对其他行为的区别强化和反应限制。其他行为的区别强化技术具体是：教师对里奇的行为限定一个特殊的时间间隔里，如果里奇没有出现咬手行为，教师就会表扬他并给予食物奖励（如一小块饼干）。等里奇吃完之后，教师再重新设定时间，进行再一次训练。这个时间间隔开始时为 30 秒。如果里奇连续三个时间间隔内没有表现出咬手行为，则增加时间间隔，每次增加 30 秒。如果里奇在三个时间间隔里出现咬手行为，则减少 30 秒。

反应限制的策略则是里奇试图做出咬手行为时或者他将手放入嘴巴的时候，教师或者助教可以：（1）抓住他的手。（2）如果手已经在嘴巴里则停止该行为或者将手从他的嘴巴里拿出来。（3）引导他将放入嘴巴里的手放在腿上，同时抓住另一只手。（4）将他的手放在腿上持续 15 秒钟。15 秒钟结束之后，教师或者助教放开他的手。然后重新设定时间间隔。

这两种技术的引入使得里奇在前学习活动以及圆圈互动阶段所出现的咬手行为快速下降，干预取得了很好的效果。

资料来源：昝飞. 行为矫正技术［M］. 北京：中国轻工业出版社，2012.

第五节 饮食障碍

与进食有关的问题行为也常常是儿童养育过程中被关注的一类问题行为，当儿童出现这类行为时，父母或者其他养育者会不由自主地关注儿童的摄入营养问题，担心影响到儿童的身体正常发育。这类问题行为在一些特殊儿童身上尤其明显，比如，自闭症儿童的父母常常反映他们非常挑食，甚至拒绝在学校进食。如果儿童在学校午餐时出现此方面的问题，也会让教师感到焦虑。还有一些智力落后儿童则是由于过度进食导致肥胖等问题，而引发父母等人的养育焦虑。

一、饮食障碍的含义

饮食障碍包括厌食、贪食、偏食等，以神经性厌食较为多见。以不属食物的东西为食，称为异食癖。出现饮食障碍的儿童通常会出现持续地无法足够进食，以致难以维持正常的体重或者至少出现一个月以上的体重明显降低的状况，这类饮食障碍方面的问题行为在自闭症等障碍儿童身上更为常见。

二、饮食障碍的原因

儿童出现进食方面的问题行为，可能与生理方面的某些因素有关，也可能与生活环境中某些不利因素有关。

（一）儿童生理方面的相关因素

儿童生理方面的某些特点可能会使他们相比其他儿童更容易出现与进食有关的问题行为。这方面的生理因素可能有：

1. 与儿童感觉器官发育有关

儿童感觉器官的发育随着年龄的增长是一个逐渐完善的过程。婴儿出生后 2 ～ 7 个月是味觉发育的关键期，4 ～ 6 个月是婴儿学习咀嚼和吞咽的敏感期，适时适当地添加辅食有利于婴儿降低口腔内及唇部的敏感性，促进味觉发育①。有研究表明在出生 9 个月以后才添加辅食，会增加以后进食行为困难的风险②。

2. 与儿童身体内部微量元素有关

儿童进食行为异常与体内微量元素的改变有一定关系，血铅的升高是儿童发生厌食行为的危险因素之一，血铅浓度升高会使肠道功能紊乱，造成食欲下降、微量元素及影响物质的流失。儿童缺锌致使其味蕾敏感度下降，代谢酶活性降低，食欲不振。缺乏维生素 A 使舌乳头黏膜结构异常、唾液分泌量减少、胃排空时间减慢，明显降低儿童食欲，减少食物摄入量。

3. 与儿童的智力发展迟缓有关

有研究者认为，一些儿童之所以出现进食方面的问题行为与他们的智力发展迟缓有关，智力发展落后的儿童，他们可能分不清哪些东西是可以吃的，哪些是不可以吃的，因而会出现异食方面的行为。他们也可能不明白饥饿状态与饱餐状态的不同，因此常常会过量进食。

4. 与儿童的表达能力有关

进食方面的问题行为也可能是儿童和其他人进行某种社会互动的手段。在日常生活中，如果儿童出现过度挑食、异食、呕吐等行为，很容易引起周围人的强烈关注。一些特殊儿童（尤其是自闭症儿童）由于表达能力有限，所表现出的进食方面的问题行为是获得他人关注的一种手段。一旦儿童出现此方面的行为，周围人就会非常紧张，这在一定程度上强化了儿童此方面的问题行为。

（二）环境因素

1. 家长饮食习惯

有研究表明儿童进食行为与家长进食习惯密切相关，家长挑食、偏食、嗜食零食

---

① 侯日莹，吕晴，王琇. 儿童非器质性进食行为障碍影响因素研究进展［J］. 医学与社会，2016，29（3）：85-87.

② OULTHARD H，HARRIS G，EMMETT P. Delayed introduction of lumpy foods to children during the complementary feeding period affects child's food acceptance and feeding at 7 years of age［J］. Maternal & child nutrition，2009，5（1）：75-85.

的不良进食习惯会影响孩子对食物的态度，是造成儿童厌食行为的危险因素。儿童会模仿家长挑食、偏食等行为，从而造成其进食障碍等问题。

2. 家长对儿童的关爱态度

如果在家里，父母或者其他家庭成员常常缺乏对儿童的关注，儿童就有可能通过一些问题行为来获得成人的关注，在就餐时可能表现出过度挑食或者厌食行为。一些研究者发现，如果儿童无法获得来自母亲的足够照料，或者父母常常忽视儿童、打骂儿童，以及父母婚姻关系冷漠、家庭成员之间关系紧张等，都有可能给儿童带来巨大的社会心理压力，从而在进食方面表现出异常行为。

三、饮食障碍的表现

（一）厌食

厌食是食欲抑制的严重形式。儿童厌食的发生与内外环境的影响有关。如正在进食时，发生一些不快的事或听到不愉快的声音，可引起食欲抑制，甚至厌食。最突出的是，在儿童和少年中存在一种严重的以厌食为特征的进食障碍，在临床上称为神经性厌食。

这是一类故意节食使体重明显减轻的进食障碍。这种毛病最常发生于女性。起初，患者担心自己身体发胖，有的人身体已明显消瘦时还认为自己太胖，因而主动控制自己的食量，或采取过度运动、引起呕吐或腹泻等方式以减轻体重。严重时可使体重减轻 25% 以上，最终引起营养不良、代谢和内分泌障碍。尽管本病的确切病因不明，但许多学者认为心理社会文化因素与本病有明显关系。这可能与近几十年来青少年盲目地追求苗条有关。

（二）偏食

偏食是指儿童只喜欢吃某些食物，而不吃另一些食物。儿童偏食与家长和周围人的饮食习惯，以及大人日常对食物的评论在小孩心理上留下的好恶印象有关。如有的家长自己就有严重的偏食习惯，甚至把自己的喜好强加给孩子。还有些家长只重视给孩子补充蛋白质，而忽略了含微量元素和维生素丰富的蔬菜和水果。

造成儿童偏食的另一原因是家长不懂儿童营养的基本知识，为孩子准备的膳食很单调，单调的食物多次重复，对儿童的神经系统造成不良的刺激，即便是小孩爱吃的食物，吃得过多，也会产生厌恶感。

（三）贪食

贪食是指发作性、不能自控地在短时间内大量进食。贪食症患者有难以遏止的摄食欲望，至少每周发作两次，每次均大量进食，若得不到进食机会便心慌意乱，坐立不安，诉述强烈的饥饿感。有的患者每天进食七八次甚至更多。由于能量过剩，患者体态多肥胖。这类患者女性多于男性。然而也有患者怕自己发胖，常以引吐、导泻或间断进食等方式来消除进食过多引起的肥胖，但往往事与愿违，许多人越禁食，越吃得多，反而越肥胖。

（四）异食

异食癖指儿童嗜吃非食物性东西的习癖。典型的表现为咬食玩具上的油漆、灰泥、带子、头发、衣服等。多见于 1 岁半至 6 岁儿童，男孩多于女孩。较大一点的儿童还会吞食黏土、污物、动物粪便、石头、棉花和纸张等。可造成各种并发症，如吞食污物、粪便等，可引起肠道寄生虫病；吞服石头、破布、头发等可造成肠梗阻；大量吞食黏土，可导致缺锌；吞食大量灰泥，可致铅中毒。

异食癖的发生有因体内缺乏某种营养物质，试图从非食物中去摄取，或有肠道寄生虫等躯体因素；也有因父母欠关心，饥饿时得不到食物，无意中吃了别的东西，渐成习惯。对有异食癖的儿童，父母要多加关心，满足孩子正常食物的需求；尽量将异食之物藏好，以改变其习惯；避免让儿童生活在单调环境之中；检查治疗肠寄生虫；通过心理治疗，耐心的教育训练，纠正不良习癖。在接受矫治同时，驱虫治疗可望改善患儿体质及异食情况，但要防止复发重染异食癖。异食癖在儿童中的发生率并不高。

四、个案辅导举例

个案：洋洋，现 5 岁，父亲经商，母亲为大学教师，家庭经济条件及文化氛围较好。洋洋能够说一些两个字的词语，但不愿主动表达自己的需求。他平时喜欢拿着一张光盘及一条直条的勺子进行比画，一刻也不愿意放下。3 岁时被某市儿童医院诊断为自闭症。

洋洋 4 岁时进入某特殊儿童中心就读。在学校里，每到间餐时间，洋洋都去抢点心吃，而到了午餐的时间，他不是自己拿玩具玩，就是索性跑到操场上去；即使在餐桌旁，他也看都不看饭碗一眼。要是老师强行喂了一点给他，他就会大哭大闹，并把手伸进嘴里，使其吐出来。

干预措施：洋洋吃饭问题与其他小孩相比质与量方面都明显不足，影响其正常的学习和生活，饥饿问题使洋洋到下午都不愿参与其他活动，精神不振且脾气暴躁，并带来了不少的行为问题。为保证洋洋正常用餐，我们对洋洋的兴趣与爱好进行了调查，洋洋最喜欢吃肉松、面包、小饼干，喜欢玩“碟片”“尺子”等圆形和长条形的玩具，我们将他所喜欢的玩具和事物作为行为干预的正强化增强物。

（1）对洋洋进行了为期三天的观察，三天时间里，吃午餐的铃声响起之后，把洋洋带到餐桌前，把碗放到他的餐桌上，观察其反应并记录其饭量。

（2）强化处理阶段。

处理阶段 1：这一阶段持续七天，由老师喂洋洋吃饭，洋洋自己选择一个喜欢的位置。目标是吃完正常用餐量的40%，能够对老师产生信任感。训练中以洋洋最喜欢的“肉松”作为正强化物。米饭或菜里面要有肉松。

处理阶段2：这一阶段持续七天，目标是使洋洋能在餐厅里与小朋友一起用餐，吃完正常用餐的30%，训练中以他最喜欢的碟片和尺子作为正强化物。每餐只要一结束，就让他玩一会儿他喜欢的碟片和尺子。

处理阶段3：这一阶段持续七天，目标是自己去餐厅与老师和小朋友一起用餐，吃完正常用餐量的50%，用语言鼓励作为正强化物。吃完餐后老师给予语言奖励：“洋洋，你真棒，吃得真多！”

干预一段时间后，洋洋每天都能吃到正常量的70%～80%，而且各种蔬菜都愿意尝一尝，吃完之后还会主动添饭。

第六节　攻击与破坏行为

在心理学研究中，人们常常是从行为意图和行为后果两个角度来对攻击行为进行定义，前者更多指的是个体有伤害别人的意图，而后者指的是行为对他人造成伤害性的后果。在本节中，这种攻击行为指的是那些可能伤害他人或者导致财物损坏的行为。

一、攻击与破坏行为的含义

攻击行为指违背他人意愿，以伤害某个想逃避此种伤害的个体为目的的任何形式的行为[①]。它违反了社会行为规范，给他人造成伤害或损害。包括身体攻击、言语攻击、恃强凌弱及破坏性行为、消极抵制及敌意反抗行为。破坏行为是一种因心理偏差而产生的行为，比如，撕书本，往电器里浇水，砸东西……面对这些行为，老师和家长做了很大努力去杜绝这些行为的发生，但很多时候事与愿违，不但没有改善，有时甚至强化了这类行为。

二、攻击与破坏行为的原因

（一）需求不满

马斯洛把人类复杂多样的需要从低到高分为七大类，并把其中的生理需要、安全需要、归属和爱的需要、尊重需要称为基本需要或缺失性需要，把较高级的认知需要、审美需要和自我实现需要称为心理需要或生长需要。儿童有各种各样的需求，有物质的，有精神的。这些需求一旦得不到满足，就可能产生攻击性行为[②]。

（1）受诱惑性攻击或破坏行为。由于儿童基本没有自我控制能力，当外物具有较

① BREAKWELL G M.，应对攻击行为［M］. 王新超，译. 北京：北京大学出版社，2002.

② LORENZ K. 攻击与人性 =On Aggresion［M］. 台北：远流出版事业股份有限公司，1986.

大吸引力的时候，他们就较容易受其诱惑，进而产生攻击性行为。比如别的小伙伴带有趣的玩具来玩，他就会很感兴趣，在这类情境中，他急切的心情往往导致行为失当，以强迫的手段实现了把他人之物占为己有，比如将其他孩子推倒，继而自己拿到玩具。

（2）手段性攻击或破坏行为。由于多种原因，儿童难以从父母等家庭成员那里获取足够的爱与关注，对周围人的关注有过度的需求，如果遇到其他人不给予关注的情况，他们有可能采取攻击或破坏行为来获取他人的关注。比如一个经常被老师、被伙伴忽视的儿童会突然爆发攻击性行为，其目的仅是引起老师的注意。如果此时老师"投其所好"而予以注意，那么老师的注意实际上是强化了他的行为。

（二）社会、家庭的负面影响

（1）模仿性攻击行为。心理学家班杜拉曾做过如下实验：让被试儿童观察成人对塑料大玩偶一边谩骂，一边拳打脚踢，然后给孩子玩这些大玩偶。结果发现许多儿童模仿成人的攻击行为，对玩偶施行攻击。如某个儿童模仿电影里的拳击，把其他小伙伴的鼻子打出血来。他本人并非有意伤害他人，但客观上造成了伤害他人的后果。

（2）习惯性攻击行为。儿童有过攻击行为的经验，这种经验如未得到有效消除，即容易形成攻击行为的"动力定型"。在新的类似的情境中，这种"动力定型"可能引起攻击行为。

（三）神经系统不健全等因素

一些儿童尤其是特殊儿童可能由于大脑神经发育的特殊问题，比如精神障碍等，而出现攻击行为。"性格孤僻"的儿童，一旦他人打破他内心平静、孤寂的状态，可能产生攻击行为，"情绪亢奋"的儿童，也经常产生攻击行为。患多动症的儿童，其行为受压抑，也会不由自主地出现攻击行为。

三、攻击与破坏行为的表现

从儿童行为的外部表现形式来看，攻击行为可分为直接攻击行为和间接攻击行为。

（一）直接攻击行为

直接攻击行为是一种明显的，直接对准攻击对象的攻击行为，包括如打、踢、推、抓、咬等直接的身体攻击及抢夺物品、破坏物品等行为。在大多情况下，儿童的身体攻击行为指向的是他人的身体。儿童在出现这一类行为时，有时会与他人的身体发生密切接触，继而危害或者威胁到他人的身体安全。但有时候，儿童的身体攻击行为可能指向物品，如向他人投掷物品，或者扔、砸、踢等破坏物品的行为。如果这些破坏物品的行为仅仅是针对物体的，并没有将物体投向、砸向他人，我们也可以将这类行为从攻击行为中分离出来，将之称为破坏物品的行为。对于很多儿童来说，破坏物体的行为更多是一种发脾气的行为，是当他们的要求没有得到满足或者受到他人的批评、惩罚之后发泄不良情绪的一种行为表现。

（二）间接攻击行为

间接攻击行为主要指言语攻击，如辱骂、起外号、奚落、嘲弄、戏弄、威胁、背后说人坏话、散布谣言、号召群体排斥孤立他人等。相比而言，间接攻击通常没有很明显的外显行为，加上攻击者通常又会隐藏自己的身份，不易引起人们的重视，但事实上，它同样会对对方造成严重的伤害，尤其是持久的心理伤害。在智力落后的儿童身上，言语攻击行为相对要少；智力落后程度越严重，儿童这一类行为出现得越少。对于儿童来说，运用言语攻击行为来表达自己的情绪或者对他人的不满等，是需要一定的智力发展水平以及语言表达能力来支撑的。因此，对于表达能力受限制的儿童，他们的攻击行为更多会是肢体攻击行为，而非言语攻击行为。

四、个案辅导举例

个案：牛牛，男，5 岁，出生时 6 斤 4 两，足月顺产。出生时父亲 45 岁，母亲 41 岁。母亲另有长子，与牛牛同母异父，家人感情很好，对牛牛较为溺爱。父母均受过高等教育。父亲经商，母亲全职照顾牛牛，家庭经济状况良好。并非近亲结婚，也没有家族遗传病史。牛牛两岁半经专家诊断为广泛性发育障碍，3 岁之前不会说话，至今在杭州某康复中心康复。根据观察发现，牛牛逻辑思维能力差，性格比较外向，活泼开朗，但脾气倔强，表达能力有限。据母亲反映，孩子有严重的破坏性行为，家中易碎物品基本被砸光，又转而撕毁壁纸，一旦制止就会大喊大叫，在地上打滚，吵闹不休。

干预措施：牛牛破坏性行为的原因基本有以下几点：恶作剧行为、要求未得到满足、好奇心、情绪宣泄。目标是针对砸物品、推人和乱动东西行为进行矫正。通过分析，牛牛对责骂、打手等方式的管教无动于衷，并且喜欢用淘气的方式被赶出教室，老师赶牛牛离开教室强化了牛牛的破坏行为。牛牛即使受到惩罚，牛牛妈还是会在一段时间内给予补偿，这也强化了牛牛的破坏行为。牛牛不喜欢被管教，推人行为严重，曾导致小朋友受伤，破坏物品及乱动东西行为也十分严重。

具体策略如下：

（1）运用强化法，一个行为发生后，如果紧跟着一个强化刺激，这个行为就会再次发生；而得不到奖赏的行为以后出现的次数就会减少。在所期待的行为出现后，给予一个愉快刺激如糖果、微笑、表扬等，使这种行为模式重复出现，保持下来。

（2）消退法，是通过削弱或撤除某不良行为的强化因素来减少该项不良行为的发生率。一般常用漠视、不理睬等方式，达到减少和消除不良行为的目的。

（3）示范法，通过老师、同学的示范达到引导孩子正确的行为方式，让他知道破坏东西和未经允许动别人东西是不对的，建立基本的自我控制意识。引导牛牛学会借东西，如："哥哥把小汽车借给我玩好吗？"得到允许才可以动手，否则不可以随便动别人的东西。运用强化法，当牛牛推人、砸东西或乱动别人东西时立刻阻止，当牛牛认错便给予奖励，以强化牛牛减少破坏行为。

牛牛的破坏行为如推人、砸东西、乱动物品情况均有减少，在遇到问题时会主动寻求帮助，学会了用语言表达想法，因而减少了破坏行为的发生。矫正后期，牛牛已经不需要强化物的提醒了，在遇到以前所破坏的情境时，牛牛会主动说出："会破的，不能碰的""别人的东西不能碰的"，现在牛牛在学校没有发过脾气。

第七节　过度反应与逃避行为

特殊儿童常常会体验很多的失败与挫折，发展到后来，其逃避任务之类的退缩行为越来越严重，有时会被他人评价为懒惰、不愿意学习、缺乏兴趣等，而过多地逃避任务也会让他们的学习遇到更多的阻碍，个人的发展也会受到严重的影响。

一、过度反应与逃避行为的含义

过度反应指的是由于情绪障碍而发生的与情境不相称的行为，表现极度激动、兴奋等。逃避行为指的是儿童不愿意或者拒绝执行相关的指令或任务，采用一种消极的回避策略，比如有的儿童知道别人要自己做什么但不愿意做，故意采取不理睬的态度。

二、过度反应与逃避行为的原因

（一）与生理、心理特点有关

一些特殊儿童因为大脑损伤，导致身体损伤或功能限制，他们可能在言语、智力等方面存在障碍，容易形成严重的自卑、胆怯心理，往往在学习、交往中容易得到消极评价。当他们在环境中感到无能为力，担心环境中有对自己不利的因素时，他们会感到沮丧、情绪低落，并且会以各种保护性的逃避行为或过度反应行为来被动地应对环境。

（二）与他人提出的要求或者指令有关

下面几种情况都与儿童过度反应或逃避行为有关。（1）需完成的任务或者指令难度超过儿童的能力水平；（2）需完成的任务不是儿童感兴趣的活动；（3）完成任务需要太长时间；（4）完成任务的同伴不是儿童喜欢的对象；（5）周围人不恰当的评价与期望；等等。对于一些特殊儿童来说，由于其能力落后于其他儿童，再加上父母的高要求，很容易导致他们过多地出现逃避任务或指令行为。

三、过度反应与逃避行为的表现

（一）退缩、回避

特殊儿童由于注意力不集中，活动过多，冲动任性，行为异常和学习困难，常遭到老师的训斥、家长的打骂及同学们的讥笑讽刺，他们的自尊心受到伤害，学习成绩下降，考试常常出现不及格。失败和挫折的经历使他们害怕再次遭到挫折，从而采取退缩、回避的方法作为自我防卫的措施，以试图改变处处受责难的局面，表现为拒绝学习，不做作业，逃避考试，甚至逃学。儿童的这种逃避行为常会被父母及老师认为有意对抗，从而加重处罚，增加了额外作业负担，更加重了退缩回避行为。

（二）幻想和孤独

由于儿童在学校环境中得不到应有的乐趣，他们便会为自己创造一个幻想世界来得到精神上的安慰和满足，进而出现幻想及孤独症状，整日少言寡语、忧郁、自卑、失望，不与同学交往，甚至对母亲等家人也不予以交往、交谈。

（三）过度补偿行为

儿童为了克服自卑情绪，以补偿自尊心受到的伤害，就会依仗自己的组织能力、体力等方面的优势，组织小团体，强制其他同学入伙，在课堂上起哄，欺负其他同学，对老师恶作剧，甚至斗殴。这种带有攻击性的举动，是用来显示自己的能力，从而否认自己的不足，补偿自身的缺陷。

（四）掩饰和否认

儿童为了逃避责难，当老师和家长批评时就开玩笑，以阻止别人的注意力。比如：有的多动症儿童完全否认自己的不良表现，把自己的成败归罪于家长的打骂。这种掩饰和否认行为都会无形中加重儿童的多动症状。

四、个案辅导举例

个案：小锋，男，10 岁。智力测验得分 86，患有先天性唐氏综合征，身材矮小且发育迟缓。性格内向、温顺，在陌生人面前略显拘谨，通常以文字与对方沟通，喜欢参与活动，识字能力较佳。但课堂上不敢提问和发言、自我表现能力差。

小锋每天上学由妈妈接送，一般妈妈将他送到校门口，小锋也就乖乖回教室。但最近两年，小锋的课堂逃避行为有扩大趋势，如当妈妈离开后他不愿主动进入教室学习，找借口上厕所，几十分钟后才从厕所慢悠悠出来，蹲在楼梯角落。捂脸弯腰，每次由班主任老师上前安慰很长时间才肯回教室。

干预措施：从收集的信息初步判断，强化小锋的问题行为的原因可能有两种：一是老师及周围人的关注，二是逃避学习。按班主任说法，特殊学校的学生几乎无任何课业负担，逃避学习并非负性强化物，经功能分析，结果表明，小锋的问题行为是由周围老师和同学的注意维持的。一旦老师来到楼梯口与他交流，他就显得异常兴奋，此时他就能得到最大程度的关注。

具体的干预方法：

（1）促进。当小锋在通往教室途中出现问题行为时，妈妈可以通过促进的方式增加小锋完成正确的行为的频次。开始，妈妈以躯体促进方式（即亲自带小锋走进教室）增加其正确行为，之后逐渐以言语促进方式激励其自觉走进教室。

（2）代币法。以班主任自制笑脸为代币，开始采用连续强化，每个目标行为出现得到一个代币，以后逐步提高标准，采用间歇强化（如每三次或五次出现后给予一个代币）维持这种行为。

（3）差别强化。基于小锋具有一定的自知力，采用了差别强化程序，问题行为出现后立即撤销强化物，老师和周围同学对“该学生躲楼梯口”这一行为不做任何反应，也不流露出任何情绪；当小锋能主动、按时走进教室，周围同学特别是老师要立即表扬，在塑造目标行为的同时减少问题行为。

干预前期，主要依靠个案妈妈的力量并采用促进技术，逐渐由身体促进向言语促进方式转变。干预后期，以代币强化物来激发个案的问题行为转变的动机，并培养小锋的坚持性，同时以周围同学、老师差别强化作为辅助手段。

第八节　青春期问题行为

随着身体的逐渐发育、成熟，个体会很自然地产生性冲动和性需求，出现与满足此类需求有关的行为的可能性就会增加。一些儿童可能会在公共场所做出不恰当碰触、裸露身体隐私部位的行为。这类问题行为由于最不容于社会规范和交往礼仪，因此是让父母、教师在教育过程中感到最困扰的一类问题行为，也是行为干预中的一个难题。普通人士若有此类行为会被认为存在品行障碍等问题，但在智力障碍、自闭症以及其他发展障碍个体身上出现时，则很容易被父母等人认为与障碍有关。

一、青春期问题行为的含义

青春期问题行为主要是指特殊儿童在学校常出现的不良行为。很多智力障碍儿童到了青春期都会出现一些与性有关的问题行为。这些行为不仅违背了社会规范和交往礼仪，而且使学生难以进行有效的学习和课堂参与，破坏了正常的教学秩序，对其他学生也是一种错误的示范。

二、青春期问题行为的原因

一些特殊儿童（尤其是智力障碍的儿童）出现青春期问题行为，有多方面的原因。

根据当前的一些研究，主要有两个因素：一个是与特殊儿童自身特点有关的因素，另一个是与环境有关的不利因素。

（一）与特殊儿童自身特点有关的因素

1. 特殊儿童智力、认知发展方面的落后

智力方面的障碍以及认知发展方面的限制使得儿童在性心理发展方面会比普通儿童落后。但是在性生理成熟方面，他们与普通儿童之间的差距则非常小。这类儿童也会跟普通儿童一样随着年龄的增长而进入生理发育期，随着儿童第二性征出现而在生理上达到成熟，而性生理机能的成熟则会催生他们的性冲动以及对性满足的需求。

由于智力发展方面的缺陷，这一类儿童往往不知道自己的身体为什么会发生变化，对自己身体出现的感觉欲望也会感到好奇，他们可能会尝试去了解自己或者别人的性器官，甚至从抚摸自己的性器官中获得快感与满足。如果性冲动或者需求过于强烈，他们又缺乏对之按照符合社会常规进行控制和满足的能力，有时就会不顾场合做出一些不合适的行为。

2. 缺乏与性有关的关键知识

对于大多数普通儿童来说，各种约定俗成的与性道德、异性交往礼仪有关的行为规范，尤其是公共场合的社交行为规范，大多是通过生活经验逐渐内化而形成的。比如，在公共场合裸露身体尤其是隐私部位是不被周围人所接受的之类的关键知识，大多是在儿童与他人交往、阅读书籍、看电视和电影等过程中很自然地形成的，很少有儿童在此方面接受专门的教育。但是对于智力落后的特殊儿童来说，他们很难跟其他儿童一样自然而然地通过日常生活经验、观察等方式学习到此方面的社会规范，以及与伦理道德有关的知识。

3. 性心理发展水平落后，性社会化技能欠缺

有智力障碍的儿童虽然在生理发育上与普通儿童同步，但是在性心理成熟方面则要落后很多。他们可能会因自己身体变化带来的感觉感到困惑，但对自己此方面的权利以及他人的权利缺乏认识，很少能够尊重他人的隐私以及希望他人能尊重自己的隐私，很少对公开暴露、抚摸身体及生殖器以及在公开场合直言不讳地谈论性的行为产生羞耻感，他们在抑制或者控制身体冲动及表现出符合社会规范的行为方面缺乏能力，更多会去追求生理方面的满足。在与人交往时，他们缺乏此方面的自我保护意识、知识和能力，因此很容易被他人引诱而做出伤害自己的事情。比如，一些智障女生被人用金钱诱骗发生性行为，有的甚至只是因为有机会可以与别人聊天或者可引起他人关注。

（二）与环境有关的不利因素

一些特殊儿童之所以出现此类问题行为固然有其个人知识、能力水平以及生理特

点方面的因素，但是其成长过程以及行为出现时的环境中也可能存在一些不利因素。

1. 隔离、限制和受保护的成长环境

大多数智力障碍儿童、自闭症儿童生活在隔离、受限制和保护的环境中。虽然他们的生理发育和成熟规律跟普通儿童相似，但是父母等家庭成员并不会因为他们的身体成熟而赋予他们更多的权利，他们的日常生活、学习等几乎仍旧由父母或者其他家庭成员所控制。相比普通儿童，他们很少有机会参与公共场合的活动。除了学校和家之外，他们很少能独立地在一些公共场合活动，大多数只能在父母或者其他成人的带领下进行活动，而这些成人会对他们的行为进行很多的指导和管理。

2. 缺乏有益的生活经验、知识和学习机会

如果父母或者其他成人能够根据儿童本身的特点，比如智障、自闭症儿童的特点，来提供符合他们的生活经验，教他们与异性交往、公共场合规范等方面的知识和经验，那么，这类儿童的知识、能力水平也会相应得到提高。但是，大多数父母或者教师在此方面缺乏足够的准备。这可能跟我们所处的文化环境有关，即使是父母或者教师，他们也很难公开去讨论这一话题，讲授这一方面的知识，他们会为之感到尴尬和难以启齿。

3. 环境中缺乏有意义的事情

除了没有这一方面的行为知识和能力之外，特殊儿童之所以在教室等场所做出裸露、抚摸、摩擦生殖器等不符合社会规范的行为，还可能与其所处的环境特点有关，如果我们对特殊儿童出现此类问题行为时正在发生的事件进行分析，我们常常会发现，当时儿童所处的环境对他来说可能是一个非常无聊的环境。比如，对于这些儿童来说，教师正在讲的内容或者让学生完成的活动是他们无法参与的，或是完全不感兴趣的，他们的主要注意力可能都集中在身体的感觉方面。此时，儿童出现这一类行为常常是一种自我刺激行为，主要目的就是获得感觉刺激，达到冲动的满足。

4. 不恰当的行为强化历史

在一些特殊儿童身上，我们也会看到，这一类问题行为可能存在不恰当的强化历史。比如，当特殊儿童处于无聊状态，缺乏他人关注时，儿童出现此方面的行为就会被教师或者其他人阻止；有时，教师可能会给他一个感兴趣的玩具玩，如果这一类情况常常出现，即使儿童出现这一类行为首先是为了其自身的生理满足，但这类行为同时也会有其他功能，比如，为了获得成人的关注或者感兴趣的玩具。当然，在这一过程中，最重要的错误强化仍旧是儿童采取了错误的行为满足了他们的生理需求。

5. 来自周围环境的错误示范

一些有智力障碍或自闭症的儿童可能在日常生活中看到过类似的行为，比如从电视剧、电影、黄色书刊及碟片中看到别人做过类似的行为；在家里看见父母的亲密动

作，或者父母在家里穿着比较随意、暴露等。由于他们缺乏较好的认知能力，他们所看到的他人的行为很容易给他们一个错误的示范，因此难以真正认识到什么样的行为表现才是恰当的。

三、青春期问题行为的表现

进入青春期之后，随着特殊儿童身体发育的成熟，他们会自然地产生性的冲动与需求，对异性会比以前有更多的关注，有时在公共场所会做出不被周围人所接受的行为，这些行为具体表现为：

（1）与人交往时，身体过于靠近他人，比如，在学校里他们会使劲地往异性教师身上靠，或者故意触摸他人的身体隐私部位。

（2）允许他人与自己的身体保持近距离接触，甚至允许别人在某些情况下（如洗澡、清洁卫生时）触碰自己身体的隐私部位。

（3）在公开场合暴露隐私部位。比如，在上课时脱掉自己的上衣、裤子，暴露隐私部位，男生将自己的生殖器暴露在衣服外面等。

（4）当然，更加严重的还会有不恰当的性交等行为。

在特殊学校里，让老师们感到烦恼的此类问题行为主要是：使劲地靠近女教师的身体，抚摸她们的脸或者手；在教室里脱衣服裸露自己的身体或者生殖器，抚摸后嗅闻气味等。由于上述行为都是在公开场合（如教室、操场）出现的，因此是当前特殊学校教师感到非常困扰、棘手的一类问题行为。大多数出现此类问题行为的儿童在学校的大量时间里都会专注于身体的这一生理刺激，总是隔一段时间就会反复出现此类行为，因此难以将注意力集中在所要学习的内容上，继而阻碍其自身的能力发展。

四、个案辅导举例

对象：小希，女，15岁，由于唐氏综合征特殊的体貌特征，一出生便被医院诊断为唐氏综合征，经韦氏智力量表结果和社会适应量表结果（IQ值为50）评估为中度智力障碍和社会适应障碍。问题行为：中午在寝室午休的过程中，将手放进裤子里，不停的抚摸、揉搓生殖器。

干预方案分成两大策略：一是针对青春期性问题行为本身的干预；二是针对孩子性教育认知的干预。干预具体实施过程如下：

（一）针对问题行为本身的干预

1. 前兆控制

经过七天的观察发现，小希将手放进裤子里抚摸生殖器，是有一定的前提动作的。她首先会改变睡姿，由躺着睡或侧着睡，变成趴着睡，然后把手放进裤子里。由于自我刺激行为本身就能强化自己，所以针对这一自我刺激行为出现的一系列动作，必须在问题行为出现之前就要中断，自我刺激被制止得越早，进行自我强化的时间就越短。因此每次小希出现问题行为的前提动作，就必须马上制止她，刚开始制止时采用较为直接的言语制止和部分身体制止，告诉她要把手从裤子里拿出来，或者让她改变睡姿，慢慢地采用间接制止的办法，只需要走过去，给个动作提示或者看她一眼就会使其改变前提动作。

2. 刺激替代的区别强化

要消退这种生理感官刺激对小希的强化作用，是不可能的。因此只能找到与之功能相似又被社会所认可的刺激方式来替代之前的问题行为。这种用恰当的与个体生理需求相匹配的刺激去替代维持问题行为的强化刺激的方法叫做刺激替代。在小希躺在床上问题行为还没出现之前就给她一个柔软的小球，柔软的小球能提供一定的感觉刺激，渐渐去替代抚摸生殖器所带给她的感觉刺激。如果她不吵不闹在被子里玩球就可以得到代币，如果出现了问题行为就会被没收 2 个代币。

3. 建立行为契约

尝试着跟小希达成简单的协议，配合代币奖励，形成契约，进行自我约束（见表 5-2），每天午睡之前都拿出行为契约跟小希读几遍，反复强调，提醒她遵守行为契约上的规定。

表 5-2 行为契约表

行为契约	
×××，每天中午午休时要做到以下几点：	
1. 中午睡觉时，躺着睡，奖励 1 个代币。	
2. 午休时，如果睡着了，奖励 3 个代币。	
3. 如果睡不着，就玩小球，奖励 1 个代币。	
4. 午休时，不能将手放进裤子里。	
5. 将手放进裤子里，一次扣 2 个代币。	
奖励的代币可以在每周的购物课去买食物。	
学生签名：	教师签名：

（二）针对性教育认知的干预

专门为小希制订了性教育的个别化教育计划，每天抽出一节课的时间对小希进行一对一的青春期性教育个训。一共进行了 10 节课，授课内容主要是：男女性别差异、“我”从哪里来、保护身体隐私、青春期生理变化等，这些性教育知识能让小希对于青春期生理心理变化、对于异性、对于隐私、对于性有一定的认知，对帮助她从认知上改变她的青春期性问题行为有重要的作用。

知识巩固

1. 简述情绪与人际交往障碍的表现及原因。
2. 简述暴发性行为与过度反应的联系与区别。
3. 注意力缺陷与活动过度的表现有哪些?
4. 简述自我刺激和伤害行为的表现及原因。
5. 饮食障碍的主要表现有哪些?
6. 青春期有哪些问题行为?
7. 试根据其他一种常见的问题行为设计一堂心理辅导课。